생각의 주인은 나

비행청소년
14

생각의 주인은 나

합리적이고 공정한 사회로 이끄는 사고 나침반

오승현 글
안병현 그림

풀빛

강연 현장에서 함께 웃고 고민을 나눴던 전국의 청소년들에게 감사합니다.
또, 해마다 저자 강연에 초대해 주신 홍천여고 선생님들과
뜨겁게 경청해 준 학생들에게도 감사 인사를 전합니다.
마지막으로, 글 쓴다는 핑계로 집안일을 소홀히 해도
불평 한마디 없는 당신. 묵묵히 응원해 주는 당신이 있어
내가 이렇게 글을 쓸 수 있답니다.

차례

프롤로그 : 내 생각의 주인이 되자 ___ 8

1장 / 어떻게 왕따를 없애지?

사회가 괴물을 만든다 ___ 20
왕따의 심리 ___ 25
왕따라는 죽음의 게임 ___ 35
가해자도 공모자도 되지 말자! ___ 45

2장 / 우리 사회에도 인종차별이 있을까?

누구도 예외일 수 없는 차별 ___ 56
우리 안의 인종차별 ___ 65
갈등인가, 차별인가? ___ 74
왜 고치려 하지 않을까? ___ 88

3장 / 쇼핑하고 후회하지 않으려면

소비를 부추기는 것들 ___ 96
합리적으로 소비하는 방법 ___ 101
현대인과 소비 ___ 112
소유와 욕망 ___ 120
소유에서 경험으로, 소비에서 나눔으로 ___ 130

4장 / 모두가 다 함께 잘 살 순 없을까?

조커는 우리의 모습일까? ____ 136

죄수의 딜레마 게임 ____ 141

협력의 놀라운 힘 ____ 146

'혼자'보다 '같이'가 더 힘이 세다 ____ 158

신뢰가 중요하다 ____ 167

5장 / 공정한 사회가 가능할까?

게임 이론으로 본 공정성 ____ 178

우리가 사는 세상 돌아보기 ____ 186

작은 차이가 큰 차이를 낳는다 ____ 198

어떤 보상이 공정할까? ____ 212

공정한 세상을 향해 ____ 220

6장 / 우리가 늘 합리적인 건 아니야

합리성에 대한 착각 ____ 232

무엇이 우리의 눈을 가리는가? ____ 236

어떻게 판단해야 할까? ____ 259

개인적 합리성을 넘어서 ____ 267

에필로그 : 공동체를 복원하자 ____ 276

내 생각의 주인이 되자

생각의 사슬, 편향된 존재

"인간은 자유롭게 태어났지만 어디서나 사슬에 묶여 있다." 루소가 《사회계약론》첫머리에서 한 말이야. 인간이 자연을 벗어나 사회를 이루고 살면서, 자연 상태의 자유를 잃어버리고 신분이나 소유의 사슬에 묶이게 되었다는 뜻이지. 루소는 이 말을 통해 사회질서의 구속 혹은 국가의 속박을 얘기하고자 했어. 나는 루소의 말을 좀 다르게 인용할까 해. "우리는 자유롭게 태어났지만 어디서나 생각의 사슬에 묶여 있다." 그 생각이란 세상이 던져 준 통념일 때가 많지. 우리는 친구들, 부모님, 선생님, 교과서, 신문과 방송, 인터넷과 SNS가 들려주는 정보 속에서 살아가지. 그 속에서 정말 자기 머리로 생각하며 살아가는 사람이 얼마나 될까? 스스로는 인정하지 않지만 대개는 정보의 바다에서 허우적거리고 있을 뿐이야. 자기 스스로 생각하기란 참 힘든 일이지. 그런 의미에서 우리는 세상이 정해 놓은 생각 안에 갇힌 수인囚人이 아닐까?

한때 임신부들에게 엑스레이 검사를 시행했던 의사들을 예로 들어 볼게. 대부분의 질병은 가난과 관계가 깊지. 그런데 1950년대에 예외적인 질병이 발생했어. 바로 소아암이야. 당시 소아암은 특이하게도 유복한 가정의 아이들에게서 주로 발견되었지. 이 문제에 관심을 갖고 파고들기 시작한 사람이 앨리스 스튜어트(Alice Stewart)라는 여의사야. 1950년대에 여의사가 드문 상황에서, 그녀는 영국왕립외과학회의 가장 젊은 회원이 될 정도로 실력이 뛰어났지. 당시의 의사들은 과도하게만 노출되지 않는다면 엑스레이(X-ray)가 산모와 태아에게 해롭지 않다고 생각했어. 하지만 이는 완전히 착각이었지. 실제로는 태아가 엑스레이에 노출되면 소아암에 걸릴 확률이 높아지지. 앨리스 스튜어트는 이런 사실을 최초로 밝혀냈어.

1956년 세계 3대 의학저널인 〈랜싯(The Lancet)〉에 발표된 앨리스 스튜어트의 논문은, 엑스레이와 소아암의 상관관계를 명확히 규명했지. 사람들은 매우 흥분했어. 노벨상 얘기까지 나올 정도였지. 앨리스 스튜어트는 관련 데이터와 증거도 빠짐없이 공개했어. 따라서 누구나 마음만 먹으면 엑스레이 촬영이 소아암 발병 확률을 40퍼센트나 높인다는 사실을 어렵지 않게 확인할 수 있었지. 그러나 당시 의사들은 이 사실을 받아들이려 하지 않았어. 때문에 산부인과 진단용 엑스레이 검사는 계속 이루어졌지. 의사들은 왜 명백한 증거를 인정하지 않았을까? 의사들은 일종의 확증편향에 빠져 있었어. 즉 자기가 믿는 것만, 믿고 싶은 것만 보려고 했던 거지.

의사들은 엑스레이가 태아에게 안전하다는 증거에만 주목했어. 그 이유는 두 가지였지. 첫째는, 앨리스 스튜어트의 주장을 인정하면 엑스레이 검사를 무조건 신뢰한 자신들의 부주의로 인해 소아암이 발생했다는 것을 인정하는 꼴이 되기 때문이지. 둘째는, 엑스레이 검사가 산모에게 위험하지 않다는 사회적 통념이 버티고 서 있었기 때문이야. 스튜어트가 혼신의 노력을 기울였지만, 영미 의학계에서 그녀의 발견이 인정되기까지는 무려 25년이 걸렸어. 앨리스 스튜어트는 25년 동안 홀로 싸워야 했지. 통념과 아집과 책임 회피가 똘똘 뭉쳐 스튜어트의 발견을 깔아뭉갰던 거야.('국정 교과서와 확증편향 그리고 설득이 불가능한 사람들', 〈매일경제〉 2015년 11월 11일 참고)

엑스레이 사례는 통념이 얼마나 끈질긴지 잘 보여 주지. 흡연자의 폐에 침착된 검은 담배연기[1]처럼 통념은 우리 머릿속에 깊숙이 들러붙어 있어. 우리는 자기 머릿속에 있는 통념을 스스로 창조하지 않았지. 그렇다고 여러 생각 중에서 선택한 것도 아니야. 그러니까 나의 생각이라고 가지고 있는 것들이 내 것이 아니라는 거야. 자기 머릿속 생각은 자기 생각이 아니고, 자기 입에서 나온 말은 자기말이 아닐 때가 많지. 이미 어디선가 보았고 누군가에게 들었던 것

---

1 혹시 오랫동안 흡연한 사람의 폐 내시경 사진을 본 적 있나? 인터넷 검색창에 '흡연자 폐'라고 치면 쉽게 볼 수 있다. 수십 년 동안 흡연한 사람의 폐는 마치 석탄가루를 뒤집어쓴 것처럼 검게 변해 있다. 폐에 침착된 담배연기의 흔적인데, 그 성분은 타르 등의 발암물질들이다. 한국인의 암 사망률 1위가 폐암이고, 폐암 발병 원인의 80퍼센트가 흡연 때문이다.

들이야. 지극히 개인적인 생각까지도 말이야. 결국 우리가 신줏단지 모시듯 소중히 여기는 '자기 생각'의 기반은 그만큼 허약한 셈이지.

가장 큰 문제는 우리가 자기 것도 아닌 생각들을 평생 머리에 이고 살아간다는 점이야. 우리는 그 생각에 기대어 판단하고 선택하고 행동하지. 마치 끈으로 조종되는 마리오네트 인형처럼 우리는 통념의 조종을 받으면서 말하고 생각하며 행동하는 거야. 끔찍하지 않아? 스스로 창조하지도, 선택하지도 않은 생각들이 평생 내 삶을 조종한다니 말이야. 따라서 우리는 스스로 생각하는 사람이 되어야 해. 그러려면 자기 생각에 대해서 생각해 봐야겠지. 영어로 표현하면 'thinking about thinking'이 되겠지. 즉, 생각을 다시 생각하는 거야.

무엇이 우리의 생각을 방해할까?

'왕따에겐 문제가 있다', '외국인 노동자는 게으르다', '많이 소비할수록 행복하다', '어차피 세상은 혼자다', '기회만 균등하면 공정한 것이다', '충분한 정보만 주어지면 합리적인 판단이 가능하다'…. 우리가 당연하게 받아들이는 생각들이야. 그런데 현실을 꼼꼼히 들여다보면 그러한 생각을 뒤집을 만한 사례들을 충분히 발견할 수 있지. 하지만 편향된 생각은 쉽사리 바뀌지 않아. 왜 그럴까? 편향된 생각은 어째서 계속 우리를 지배하는 걸까? 무엇이 편향된 생각을 부풀리고 강화하는 걸까?

첫째, 생각의 관성 탓이겠지. 오랫동안 믿고 생각해 온 대로만 믿고 생각하는 거야. 그게 편하니까. 철학자 스피노자는 "의식"의 성질은 고집"이라고 했어. 즉, 사람은 자기가 가진 생각을 고집하는 경향이 있다는 뜻이야. 그래서 우리는 우리가 생각하지 않는다는 사실은 생각지도 못한 채 별문제 없이 살아가지. 둘째, 통념이란 대체로 다수의 생각일 텐데, 만약 자기만 통념을 버리고 생각을 바꾼다면 그렇게 하지 않은 다수와 충돌할 수밖에 없겠지. 누구나 다른 이들과 불화하며 살고 싶어 하시 않잖아. 셋째, 세상이 끊임없이 그런 통념을 만들고 퍼뜨리기 때문이야. 아무도 생각을 가지고 태어나지 않아. 우리의 머릿속 생각은 스스로 채웠다기보다 살면서 자기도 모르게 갖게 되는 경우가 많지.

세 번째 문제의 예를 하나 들어 볼게. 혹시 '공짜 신문'에 대해서 들어 본 적 있어? 아파트 단지 입구에서 6개월 동안 공짜로 신문을 넣어 주겠다고 홍보하는 그런 신문 말이야. 자본주의 사회에서 신문이 어떻게 공짜일 수 있을까? 신문 재료가 종이여서 싼 걸까?(사실, 종이를 만들기 위해 베어지는 나무들을 생각하면 종이는 싼 게 아니지. 여기서 '싸다'는 것은 본질적 가치가 아니라 시장 가격을 말하는 거야.) 그러면 책도 싸야겠지. 공짜 신문은 종이값 때문이 아니야. 그렇다면 6개월간 공짜로 줘도 될 만큼 구독료 수입이 상당해서일까? 월 만 5천 원 하는 구독료로 볼 때 그것도 아닌 것 같아. 신문사가 땅 파서 신문을 찍어 내는 것도 아닐 텐데, 참으로 이상하지.

비밀은 바로 광고에 있어. 신문을 한번 펼쳐 봐. 대충 넘겨 봐도 광고가 수두룩하지. 광고가 신문을 먹여 살리는 셈이야. 신문사 수

익의 대부분이 광고 수익이거든. 대략 70퍼센트를 넘는다고 해. 덕분에 구독료에 기대지 않고도 신문사 운영이 가능하지. 이게 공짜 신문이 가능한 비결이야. 그렇다면 공짜 신문이 좋기만 할까? "공짜 점심은 없다"는 말이 있지. 공짜로 신문을 받아 보면 결국 비싼 대가를 치르게 마련이야. 그 대가란 신문사가 던져 주는 편향된 시각이지. 일례로 이런 신문사가 재벌과 대기업의 문제를 제대로 비판할 수 있을까? 그들의 비리나 횡포, 불공정함을 나무더라도 단신으로 짤막하게 처리하겠지.[2] 더 나아가, 근본적으로 기업의 관점에서 세상을 볼 여지도 많아.

우리는 다들 똑똑하지. 책 한 권 안 읽고도, 자기 머리로 생각해 보지 않아도, 자기가 제일 똑똑한 줄 알아. 머릿속엔 온갖 정보들로 가득하니까. 그러나 그건 어디까지나 미디어가 던져 준 정보일 뿐이야. 우리 머릿속은 미디어가 전해 주는 온갖 정보로 가득할 뿐이지. 미디어가 던져 준 정보는 늘 진실한 것도 아닐뿐더러, 때로는 왜곡된 프레임을 심어 줄 수 있어. 언론뿐만 아니라 SNS, 인터넷, 교과서, 친구들과 부모님과 선생님이 되풀이하는 '편견의 언어들'도

---

2 어떻게 그런 일이 있을 수 있느냐고? 객관적이어야 할 언론이 기업의 편을 든다는 게 믿기지 않을 수 있다. 2006년 〈시사저널〉이라는 시사 주간지 60~62쪽에 실리기로 한 기사가 인쇄소에서 갑자기 빠지고 그 자리에 광고가 실리는 사태가 벌어졌다. 편집국장이나 담당 기자가 기사를 뺀 건 아니고 잡지사 사장이 인쇄소에 직접 나가 해당 기사를 빼고 그 자리에 광고를 넣었다. 곧이어 편집권 독립을 요구하며 기자들이 파업에 돌입했다. 편집권 독립은 받아들여지지 않았고, 결국 〈시사저널〉의 전체 기자 24명 가운데 22명이 회사를 떠나야 했다. 문제의 발단이 된 기사는 삼성의 문제를 다룬 기사였다. 대체된 광고는 삼성 광고였다. 광고 수입에 의지하는 만큼, 언론은 광고주인 기업의 눈치를 살피게 된다. 좋은 언론이란 기업이 아니라 독자를 무서워하는 언론이다. 당연히 광고료가 아니라 구독료에 수익의 상당 부분을 기대는 언론이 좋은 언론일 가능성이 높다.

마찬가지야. 그래서 다들 비슷비슷하게 생각하지. 미국의 저널리스트 월터 리프먼은 이렇게 말했어. "모두가 비슷하게 생각할 때는, 아무도 깊이 생각하지 않는 것이다."

독서와 성찰이 우리를 자유케 하리라

따라서 우리는 세상과 사건을 보는 날카로운 시선을 벼릴 필요가 있어. 날 선 시선과 예리한 안목을 가지려면 '당연한 것'을 당연하지 않게 볼 수 있어야겠지. 그러려면 '친숙함'을 경계할 필요가 있어. 체코의 철학자 카렐 코지크는 이렇게 말했지. "친숙함은 인식의 장애다." 아침에 눈뜨면 당연한 듯 버티고 서 있는 '당연의 세계'(김승희 〈세상에서 가장 무거운 싸움 2〉)를 낯설게 보려면 의심하고 질문해야 해. 당연히 세상을, 교과서를, 언론 보도를, 사람들의 통념을 비판적으로 바라볼 수 있어야겠지. 비판의식을 갖고 최소한의 균형을 지키려면 어떻게 해야 할까?

자기 스스로 생각할 수 있는 '생각의 근육'을 키워야겠지. 생각의 근육을 기르는 데는 무엇보다 폭넓은 독서와 성찰이 중요할 거야. 우선, 아무 책이나 되는 대로 읽어선 안 돼. 좋은 책을 읽어야겠지. 어떤 책이 좋은 책일까? 카프카는 이렇게 말했지. "만일 우리가 읽는 책이 주먹질로 두개골을 깨우지 않는다면, 그렇다면 무엇 때문에 책을 읽는단 말인가? (…) 책이란 우리 내면에 존재하는 얼어붙은 바다를 깨는 도끼여야 해."(《그리운 친구여》, 38쪽) 한마디로 딱딱하게 굳은 머리와 생각을 우지끈 부러뜨리는 도끼 같은 책이 좋은 책

이라는 거지.[3]

또한 강자의 시선이 아니라 약자의 시선이 담긴 책을 읽어야 해. 미디어나 교과서는 대체로 강자와 기득권층의 목소리를 담고 있어. 물론 거기에 약자의 시선이 전혀 없지는 않을 거야. 하지만, 대개는 강자의 시선이 더 많은 부분을 차지하고 있어. 대놓고 강자 편을 들진 않더라도 어떤 정보를 알려 줄지 선택하는 것부터 이미 특정한 관점을 반영하지. 그 특정한 관점은 보통은 강자와 기득권층의 관점일 테고. 세상을 보다 깊고 폭넓게 이해하려면 약자와 소수자, 기회를 박탈당하고 자기 몫을 빼앗긴 이들의 시선으로 세상을 보려고 노력해야 해.

성찰도 중요해. 성찰은 하나의 질문에서 싹트지. 아인슈타인은 이런 말을 남겼어. "'왜'를 당신이 가장 좋아하는 단어로 삼으십시오." 우리는 세상에 대해서 끊임없이 '왜'라는 질문을 던져야 해. 어떻게 질문하느냐고? 첫째, 좋은 질문을 던져야겠지. 좋은 질문은 그럴듯한 대답보다 언제나 더 가치 있는 법이야. "나는 왜 이렇게 못생겼을까?"가 아니라 "세상은 왜 외모로 사람을 판단할까?"라고 물어야

---

3 좋은 책을 고르는 방법이 따로 정해져 있는 건 아니다. 권장도서목록 같은 것에 억지로 자신을 끼워 맞출 필요는 없다. 다만 참고할 만한 간단한 팁을 소개할까 한다. 첫째, 베스트셀러보다 스테디셀러를 읽는 게 좋다. 베스트셀러라고 다 나쁜 건 아니다. 다만 시간에 의해서 검증된 책이 진짜 좋은 책이다. 스테디셀러는 얼마간 시간의 검증을 통과한 책들이다. 둘째, 스테디셀러 중의 스테디셀러인 고전을 읽으면 좋겠다. 고전은 오랜 세월의 검증을 거쳤다. 물론, 억지로 고전을 읽을 필요는 없다. 고전은 좋은 약과 같지만, 무슨 약이든 절실한 사람이 먹는 것이다. 어떤 문제에 대해서 심각하게 고민하고 있을 때, 고전은 좋은 안내자가 되어 준다. 가령 국가에 대해서 고민한다면 플라톤의 《국가》가, 자본주의 사회에 대해서 고민한다면 마르크스의 《자본》이 얽힌 생각의 실타래를 풀어 줄 수 있다. 그러니까 고전은 읽어야 한다는 강박에서가 아니라 무언가를 깊이 고민 중일 때 찾아 읽으면 된다. 고민이 깊을수록 고전은 잘 읽힌다.

지. 그 질문을 통해 외모를 중시하는 세상에 맞서서 세상의 밑바닥을 훑고 세상 위로 솟구쳐 올라야 해. 외모가 전부가 아니라는 진실을 깨달았다면, 자기부터 외모로 사람을 판단하는 말과 시선을 걷어 내야겠지. 둘째, 거듭 물어야겠지. "왜 남자는 울어서는 안 되는가? 왜냐하면 그것은 남자답지 못하기 때문이다." 여기서 끝나면 안 돼. "왜 그것은 남자답지 못한 걸까?"라고 다시 물어야 해.(스트린드베리)

성찰은 복잡한 사회 문제가 아니라 자기 일상에서 시작하는 게 좋아. 그래야 끈덕지게 생각을 밀어붙일 수 있거든. 내 문제라야 그만큼 절실하고 성실할 수 있겠지. 자기 문제에서 시작해서 자기와 비슷한 고민을 하는 다른 사람의 문제로 생각을 확장해 가는 거야. 그러다 보면 어느새 복잡한 사회 문제에까지 관심을 가질 수 있겠지. 그렇다면 자기 일상에 대해서 어떤 식으로 고민해야 할까?《환대받을 권리, 환대할 용기》의 저자가 경험한 사례를 가지고 얘기해 볼게. 이 책의 저자는 한때 파리에 머문 적이 있는데, 일주일에 한두 번은 이웃 간의 언쟁을 목격했대. 원인은 세탁기 때문이었어. 스무 명 정도의 세입자가 한 대의 세탁기를 공동으로 사용했는데, 별도의 세탁실이 없다 보니까 복도 구석에 세탁기가 설치되어 있었나 봐. 그러다 보니 복도 구석에 사는 세입자는 늘 괴로울 수밖에 없었지. 시도 때도 없이 세탁실이 시끄러우니까. 복도 구석의 세입자와 다른 세입자들 사이에 잦은 언쟁이 벌어진 이유야.

우리 역시 비슷한 문제를 겪을 수 있겠지. 이런 문제에서 우리가 쉽게 빠지는 함정은 개인의 잘못으로 문제를 몰아가는 거야. "없는 것들이 요구 사항도 많고 성질도 까칠하다"라는 식으로 말이지. 과연 이런 분쟁의 원인이 세입자 개개인의 성격 탓일까? 분쟁이 해결된 과정은 우리에게 문제의 본질이 무엇인지 알려 주지. 마당에 세탁실을 새로 지으면서 이웃 간의 잦은 언쟁은 말끔히 해결됐어. 결국 원인은 개인이 아니라 집의 구조에 있었던 거야. 우리는 어떤 문제의 원인을 개인에게서만 찾을 게 아니라 구조에서 찾을 필요가 있어. 우리가 자신의 문제에 대해서 생각할 때도 이런 관점이 중요하지. 자기 안에서만 원인을 찾으려 하지 말고, 자기가 속한 집단(또래든, 학교든, 마을이든, 사회든)으로 눈을 돌려 보는 거야. 그러면 흐릿하기만 했던 것들이 보다 분명히 보일지도 몰라.

편향된 생각에 얽매이면 창조적 발전은 불가능하지. 창조는 편견과 고정관념이 깨지고 전복될 때 이뤄지거든. 우리는 카프카의 정신을 이어받아 단호히 '편견의 필경사(예전에 대신 글씨를 써 주는 일을 직업으로 삼았던 사람)'가 되길 거부해야 해. 편향된 기존의 생각을 그대로 주워섬기고 옮겨 적는 이가 바로 편견의 필경사야. 기존의 체제와 질서, 권력을 정당화하고 그 속에서 부지런히 편견을 옮겨 적지 않아야 한다는 거야. 다시 말해, 지금껏 당연하게 여겨져 온 편견의 편에 서지 않는 거야. 카프카가 말한 내면을 깨뜨리는 도끼는 될 순 없더라도, 이 책이 최소한 '뿅망치'라도 되길 바랄 뿐이야. 새로운 생각을 여는 '깨우침의 뿅망치'!

1.
어떻게
왕따를
없애지
?

사회가 괴물을 만든다

2015년 새해 벽두에 한 고등학생이 IS(이슬람 수니파 무장단체)에 가입하기 위해 시리아로 날아가 충격을 줬지. IS는 전 세계적 테러로 악명이 높은 이슬람 테러 조직이야. 나중에 알려진 바에 따르면 그 학생은 '왕따'를 당해 중학교를 자퇴하고 집에서만 지냈다고 해. 이런 내용을 접한 사람들은 대체로 "내 그럴 줄 알았다니까"라는 식으로 반응하지. 왕따였다면 분명 성격에 문제가 있었을 거고, 따라서 극단적인 테러 조직에 가담하더라도 별로 이상할 게 없다는 반응이야. 말하자면 그 학생은 본래부터 범죄자나 테러리스트가 될 '나쁜 피'를 지닌 괴물이었던 거지.(실제로 2015년 10월경에 '사망' 기사가 났을 때 대부분의 댓글이 "죽어도 싸다"였어.)

괴물의 대명사 프랑켄슈타인은, 비록 몸은 여러 시체를 가져다 얼기설기 꿰맞춘 기괴한 모습이었지만 마음만은 여리고 착하고 순수했어. 원작《프랑켄슈타인》을 읽어 보면 프랑켄슈타인은 원래 무시무시한 괴물이 아니었지. 고기도 먹지 않았고, 즉 살생도 하지 않았고, 굶주린 이들에게 먹을 걸 몰래 가져다주기도 했어. 게다가 괴테의《젊은 베르테르의 슬픔》을 읽을 만큼 교양도 갖추고 있었지. 그랬던 그가 어쩌다 괴물이 된 걸까?

프랑켄슈타인을 만든 박사는 그가 깨어나자 질겁했지. 프랑켄슈타인의 외모가 끔찍했기 때문이야. 박사는 프랑켄슈타인을 피해 도망 다녔어. 프랑켄슈타인은 박사를 쫓다가 실수로 박사의 어린 동생을 죽이고 말았지. 소리를 못 내게 하려고 입을 막았는데, 힘이 너무 센 탓에 그만 죽이고 말았던 거야. 어쩌면 진짜 괴물은 프랑켄슈타인이 아니라 그를 만든 박사일지도 몰라. 박사의 냉대와 멸시가 프랑켄슈타인을 괴물로 만든 셈이니까.

인간보다 더 인간적인 괴물과 괴물 같은 사람의 만남, 여기에서 비극은 시작됐을 거야. '프랑켄슈타인'의 이름이 이 아이러니를 드러내고 있는 듯하지. 사실 원작에서 프랑켄슈타인이라는 이름은 우리가 프랑켄슈타인으로 알고 있는 괴물이 아니라 박사의 이름으로 나오거든. 원작을 읽어 보면 괴물에게는 이름이 없지. 프랑켄슈타인과 마주친 사람들도 박사와 마찬가지로 프랑켄슈타인을 냉대했어. 냅다 도망치거나 무조건 공격하거나. 눈먼 노인만이 프랑켄슈타인의 이야기를 진지하게 들어 주었지. 오직 눈먼 노인만이 외모라는 허상이 아니라 진심과 진실을 보았던 거야.

《프랑켄슈타인》이 보여 주듯이 진짜 괴물은 다른 곳에 있는지 몰라. 우리가 생각하지 못하는 곳에 말이야. IS에 가입한 학생이 괴물이라면, 그 괴물을 만든 건 누구일까? 그를 왕따시킨 주변 학생들, 그리고 괴물로 자라게 방치한 사회(주변 사람들)겠지. 진짜 괴물은 바로 그들이 아닐까? 우리가 집단 따돌림 문제를 응시할 때 절대 놓쳐선 안 될 부분이지. 한국처럼 왕따가 만연한 사회에서는 더더욱 말이야.

왕따, 일상이 되다

예전엔 왕따가 중·고등학교에서 주로 벌어졌다면, 지금은 초등학교까지 내려갔어. 처음에는 초등학교 고학년에서 발생하다가 이제는 저학년, 심지어 어린이집에서도 왕따가 일어난다고 하지. 더구나 왕따는 청소년이나 어린이들의 문제만도 아니야. 물론 왕따의 가장 큰 피해자는 학생들이겠지만, 성인들끼리도 왕따를 시키니까. 집단 따돌림은 직장이나 사회에서도 비일비재하지. 사람들은 친목의 수단으로 험담을 이용하지. 세 사람만 모여도 네 번째 사람은 입방아에 오르기 마련이야.

한국에서 청소년들의 사망 원인 1위가 뭘까? 질병도 아니고 교통사고도 아니야. 바로 자살이지. 청소년 자살은 2007년부터 줄곧 사망 원인 1위를 차지하고 있어. 청소년 자살은 여러 이유에서 발생하지만, 학교폭력이나 가정불화 등 대인관계의 문제가 중요한 동기로 작용하지.(자살의 가장 큰 원인은 성적 비관이야.) 청소년폭력예방재단이

2013년 발표한 조사 결과에 따르면 최근 1년간 학교폭력의 피해를 당한 적이 있다고 답한 학생은 12.0퍼센트였어. 그중에서 가중된 학교폭력으로 인해 심각하게 자살 시도를 고민한 학생은 무려 44.7퍼센트나 되었지. 학교 안에서의 왕따와 폭력이 잠재적 자살 시도의 가장 큰 원인인 셈이야.(이동연 〈자살 권하는 사회〉 참고)

하루가 다르게 빠르게 변하는 세상에서 집단 따돌림의 방식도 변하고 있어. 요즘에는 스마트폰이나 인터넷을 이용한 왕따도 심각하지. 〈우아한 거짓말〉(2013)이라는 영화가 있어. 학교폭력 탓에 빚어진 자살 사건을 다룬 영화지. 영화에는 이런 장면이 나와. 생일파티에 혼자만 한 시간이나 늦게 초대받은 주인공이 다른 친구들이 모두 식사를 끝낸 뒤에 혼자서 밥을 먹는 장면이야. 주인공을 제외한 다른 친구들은 카톡 단체방에서 주인공이 혼자 밥 먹는 모습을 비웃으며 욕하지.

한국청소년정책연구원의 이창호 연구위원이 작성한 "학교 인터넷 따돌림 실태와 대책 방안"에 따르면, 설문 대상 학생의 27.7퍼센트가 최근 3개월 동안 사이버 괴롭힘을 당했어. 3명 중 1명꼴로 사이버 괴롭힘을 당했다는 거지. 설문 조사에서 괴롭힘 방식에 있어 개인 정보의 온라인 유출이 12.1퍼센트로 가장 많았고, 온라인 게임을 통한 괴롭힘 10.2퍼센트, 카카오톡 친구 신청 거부 또는 대화 제외 7.5퍼센트, 채팅 5.8퍼센트, SNS 3.4퍼센트, 동영상·사진 2.9퍼센트, 문자·이메일 2.8퍼센트 순이었어.(조사는 2014년 5월~6월까지 전국 중·고등학교 남녀 학생 4천 명을 대상으로 진행했지.)

이처럼 스마트폰 메신저나 SNS, 문자메시지 등 디지털 기기를 사용해 가상공간에서 욕설과 험담, 따돌림으로 상대를 괴롭히는 현상을 사이버 불링(cyber bullying)이라 불러. 사이버 불링은 온라인 게임에서 SNS까지 다양한 매체를 통해 이뤄지지. 가령 온라인 게임을 통한 괴롭힘은 게임 아이템을 강제로 보내게 하는 방법이 대표적이고, SNS의 경우에는 대량의 욕설 메시지 발송('떼카'), 대화방을 나가도 끊임없이 초대하기('카톡감옥'), 피해 학생을 초대한 뒤 한꺼번에 나가기('카톡방폭') 등이 있어. 사이버 불링의 가장 큰 문제는 가해자들이 이를 문제로 여기지 않는다는 점이야. 많은 학생이 이런 행위를 범죄로 생각지 않고 함부로 저지르지. 그저 놀이나 오락쯤으로 가볍게 여기는 경향이 있어. 한 명을 따돌리고 괴롭히면서 자기들끼리 더 친해진다고 생각하지.

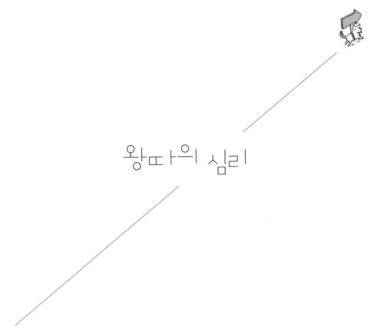

왕따의 심리

'한 아이를 키우려면 온 마을이 필요하다'는 아프리카 속담이 있어. 아이는 부모가 키우는 것처럼 보이지만, 사실 부모 말고도 이웃과 마을이 함께 키우지. 무슨 말이냐면, 부모가 아이를 24시간 돌볼 수는 없잖아. 평소에는 어린이집에 맡기고, 정 급할 때는 이웃집에 잠깐 맡길 수도 있겠지. 또, 아이가 부모에게 학대나 폭력을 당하고 있다면 주변 이웃이 경찰에 신고해서 학대를 막고, 아이가 놀이터에서 혼자 놀다가 다치기라도 하면 지나가는 어른이 살펴봐 주기도 하고…. 이렇게 한 아이를 키우려면 온 마을이 필요하지.

2016년 아카데미 시상식에서 작품상의 영광을 차지한 〈스포트라이트〉(2015)라는 영화가 있어. 영화는 사제의 아동 성추행 사실이 공개되지 않길 바라는 보수적인 마을 공동체와 이에 맞서 진실을 파헤치는 기자들의 사투를 다루고 있지. 영화에서 성추행 피해 아동들 편에 서서 싸우는 변호사가 이런 말을 해. "아이를 기르는 데 온 마을이 필요하다면 아이를 성추행하는 데도 온 마을이 필요하다." '아이를 추행하는 데 온 마을이 필요하다'는 건 무슨 뜻일까? 아동 성추행이 계속 벌어지는 건 사제 개인의 잘못이기도 하지만, 그러한 문제를 조용히 덮어 누려는 마을 공동체 탓이기도 하나는 뜻이야. 우리는 같은 관점에서 왕따 문제도 이해할 수 있을 거야. 왕따는 비뚤어진 개인의 잘못이기도 하지만, 따돌림을 방관하는 반 전체의 문제이기도 하니까.

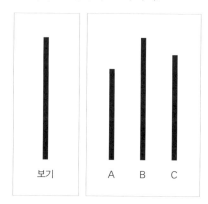

집단은 왜 약한 사람을 괴롭히는 걸까? 직접 괴롭히진 않아도 대다수가 문제라는 걸 알면서 방관하는 이유가 뭘까? 이 물음들의 답을 찾기 위해서 한 가지 실험을 같이 해 볼까. 너희가 실험 참가자가 되는 거야. 먼저 왼쪽에 있는 카드를 볼까? 그리고 왼쪽을 가리고 오른쪽의 카드를 보면 돼. 간단하지? 자, 이제 한 가지 상황을 추가해 볼게. 만약 실험에 참가한 다른 사람들이 모두 먼저 본 카드의 선과 길이가 같은 선을 C라고 말했다고 해 봐. 그런 상황에서 너희가 '보기'의 선과 같은 선이 무엇인지, 마지막 순서로 답할 차례가 됐어. 너희는 어떻게 대답할 것 같니?

솔로몬 애쉬가 진행한 유명한 동조 실험의 내용이야. 애쉬는 7명의 실험 참가자들을 모아 놓고 두 장의 카드를 보여 줬어. 대략 1m 정도 떨어진 거리에 두 장의 카드를 걸어 놓았지. 그리고 길이가 1.3~1.9cm 사이의 서로 다른 A, B, C 세 개의 선 가운데 어떤 것이 보기의 선과 길이가 같은지 물어보았어. 참가자들은 테이블에 둥그렇게 둘러앉아 있었어. 실험 참가자는 자기가 말할 차례가 오기 전까지 다른 사람들의 대답을 들을 수 있었지. 여기서 다른 사람들은 진짜 실험 참가자가 아니라 공모자였어. 즉 미리 오답을 말하기로 짜 놓았던 거야.

공모자들이 모두 답을 하고 실험 참가자가 최종적으로 답할 수 있도록 의자를 배치했지. 즉, 실험 참가자는 다른 사람들이 어떻게 답하는지 모두 확인한 뒤에야 자기 의견을 말하는 거야. 과연 참가자는 어떻게 대답할까? 별로 어렵지 않은 문제인데, 다른 사람들이 잘못 답한다는 사실을 이미 알고 있는 상태에서 말이야. 일부 참가자들은 다수 집단과 반대되는 의견을 내놓지 않기 위해 일부러 오답을 택했어. 6명의 공모자들이 하나같이 틀린 답을 하는 상황에서, 정답률은 63퍼센트로 나타났지. 혼자 있을 때는 정답률이 99퍼센트였는데 말이야. 이를 '동조 현상'이라고 불러. 자기 생각을 접고 다수의 생각에 따르는 거야. 애쉬는 후속 실험을 통해 단둘이 있을 때는 동조 현상이 거의 발생하지 않고, 동조자가 2명 이상일 때부터 동조 현상이 발생한다는 사실을 알아냈지. 또 동조자가 3명이 넘어가면 동조자의 수와 상관없이 동조율이 비슷하게 나타난다는 사실도 밝혀냈어.

애쉬는 실험을 끝낸 뒤 참가자들에게 왜 틀린 줄 알면서도 오답을 말했는지 물었지. 그들은 하나같이 자기가 아는 바와 집단의 대답이 다른 것을 보고 자기 생각을 의심하고 불확실한 기분에 사로잡혔다고 말했어. 순간적으로 '혹시 내 판단이 잘못된 게 아닐까, 내 시력에 문제가 있는 건 아닐까?' 그런 의심이 들었다는 거야. 그리한 의심과 불편함은 다른 사람들에게 인정받지 못할 수 있다는 불

안, 두려움, 고독감으로 연결되지. 다수의 입장에 대적함으로써 거부당하거나 웃음거리가 될지 모른다는 두려움을 느끼는 거지. 사람들에겐 남들과 잘 어울리고 남들에게 호감을 사고 싶은 강한 욕구가 있어. 때문에 집단의 의사에 쉽게 반하지 못하지. 이를 집단 압력혹은 사회적 압력이라고 불러.

애쉬의 실험은 17개 국가에서 100번 이상 재연되었어. 그 결과, 집단주의가 만연한 사회에서는 집단에 순응하는 비율이 개인주의가 강한 사회보다 더 높게 나타났지. 서유럽과 북미에서는 동조율이 25퍼센트 수준인 반면에 아시아에서 동조율은 37퍼센트를 보였어. 집단주의 문화권에서 개인의 정체성에 미치는 타인의 영향은 그렇지 않은 문화권에 비해 더 큰 편이지. 평균적으로 아시아인이 미국인보다, 미국인이 영국인보다, 노르웨이인이 프랑스인보다, 여성이 남성보다, 젊은 사람이 나이 든 사람보다 동조 성향을 강하게 나타냈어. 물론 개인적 요인도 작용하지. 자존감이 높은 사람은 집단의 영향력을 덜 받지만, 권위적 성격의 소유자는 그런 영향력에 더 많이 휘둘리거든.

이러한 영향력은 정치 분야에서 특히 두드러지게 나타나지. 스티븐 페인은 대학생 30명을 묶어서 조지 부시와 빌 클린턴의 미국 대통령 선거 토론을 보여 주고 두 후보를 평가하게 했어. 첫 번째 실험 상황에서 10명의 학생(공모자)은 부시에게 박수를 치고 클린턴에게 야유를 보냈지. 두 번째 실험 상황에선 반대로 클린턴 쪽으로 분위기를 몰아갔어. 세 번째 상황에선 박수나 야유가 전혀 없도록 했

지. 실험 결과는 참가자들이 박수를 받는 후보에게 더 호감을 갖는 것으로 나타났어.[1]

이런 관점에서 우리는 '여론'에 대해서도 진지하게 고민해 볼 필요가 있어. 최근 여러 선거에서 여론조사와 실제 투표 결과가 불일치하는 결과들이 나왔지. 이는 여론조사 방법의 문제에서도 기인하지만, 근본적으로 여론이 가진 한계에서 기인해. '사회적 고립'이라는 두려움 때문에 사람들은 자신의 진짜 생각을 숨긴 채 (타인에게 자신의 생각을 공개하는 상황에선) 다수 의견에 동조하는 듯한 모습을 보이지. 그렇게 여론조사에서는 다수에 서는 응답을 했다가, 실제 투표장에서는 자기 본심을 드러내는 거야. 투표장에서는 철저히 비밀이 보장되니까 말이야. 이를 엘리자베스 노엘레 노이만은 '침묵의 나선'이라 명명했어. 노이만은 이렇게 말하지. "사람들은 자신의 의견이 사회적으로 우세하고 다수 의견에 속하면 자신 있게 목소리를 내고, 소수 의견에 속하면 침묵한다."

왕따가 심신에 미치는 영향

우리는 누구나 타인과 긴밀한 관계를 맺기를 원하지. 긴밀한 관

---

1 밴드웨건 효과라는 게 있다. 동조 효과가 다수에 동조하는 현상이라면, 밴드웨건 효과는 동조의 결과로 승자가 독식獨食하는 상황을 가리킨다. 밴드웨건 효과는 경제와 정치 분야에 주로 적용된다. 많은 사람이 소비하는 상품, 즉 유행 상품이 더 많은 소비자를 끌어모으고, 현재 압도적 지지를 받는 후보가 더 많은 지지자를 끌어모으는 현상을 가리킨다. 1000만 관객을 동원하는 영화나 100만 권 이상 팔리는 책은 대개가 밴드웨건 효과 덕분이다. 예전에 마이클 샌델의 《정의란 무엇인가》라는 철학책이 100만 부 넘게 팔린 적이 있다. 책을 구입한 100만 명은 그 책이 정말 읽고 싶었을까? 일반 독자들이 읽기에 그리 재미있는 책은 아니었다. 철학책이었으니까. 어떤 도서 평론가는 그 책을 구입한 10명 가운데 1명 정도만이 끝까지 읽었을 거라고 얘기했다.

계가 아니더라도 최소한 원만한 관계를 맺고 싶어 하지. 그래서 소속감이라는 게 중요해. 소속감을 제대로 느끼지 못하거나 속한 집단에서 배척당한 이들은 여러 문제를 겪게 되지. 우선, 그런 이들은 체온이 떨어진다는 실험 결과가 있어. 즉 인간의 온기를 거부당한 사람들은 실제로도 체온이 떨어지는 거야. 이러한 사실은 캐나다 토론토대학에서 진행한 실험에서 확인됐어. 왕따를 당하거나 농구 팀에서 잘리는 등 사회적으로 배척당한 경험을 회상한 이들은 자기가 있는 방 안의 온도를 실제보다 5도가량 더 낮게 느꼈어. 옷을 한 겹 더 입어 보면 알겠지만, 5도는 지각에서 미묘한 차이가 아니야. 그들에게 무작위로 음식을 고를 기회를 주자 따뜻한 음료나 음식을 더 선호했지.

사회적 배척을 경험한 직후에 IQ 검사를 받은 사람들은 지능지수가 상당히 떨어진다는 실험 결과도 있어. 뒤에서 살펴볼 '푸른 눈, 갈색 눈' 실험에서 이와 비슷한 결과가 확인됐지. 차별을 당한 아이들은 그렇지 않은 아이들에 비해 학습 능력이 떨어졌어. 사실, 차별과 소외를 당하는 이들이 겪는 가장 큰 문제는 고통이야. 차별과 소외를 느끼는 이들의 뇌에서는 신체적 고통을 느낄 때 반응하는 배측 전대상피질(dorsal ACC)이 동일하게 활성화되지. 말하자면, 왕따는 피해자를 칼로 찔러 고통을 주는 것과 마찬가지 행위야. 한마디로 폭력이자 범죄인 셈이지. "죽고 싶을 정도로 고통스러웠다"는 왕따 피해자들의 호소는 비유가 아니야.

또, 사회적 배척을 경험한 사람일수록 술이나 음식에 탐닉하는 경향이 높았어. 폭력적인 성향도 그렇지 않은 사람에 비해 더 두드러지게 나타났지. 실제로 왕따 피해자는 자신을 따돌린 사람들에게 적의를 느끼고 복수하는 상황을 곧잘 상상하곤 해. 왕따 피해자가 더 잔인한 가해자가 되는 이유 중 하나일 거야. 물론 다시는 왕따를 당하지 않으려는 마음에서 더 잔인한 가해자가 되기도 하겠지. 왕따의 역설이야. 자신이 왕따가 되지 않으려고 다른 사람을 왕따시키는 역설.

듀크대학의 마크 리어리는 1995~2001년 사이에 미국에서 발생한 교내 총기 사건들을 연구했는데, 대부분의 총기 사건 가해자들이 주변 학생들에게 지속적으로 따돌림을 당했다는 사실을 발견했지. 누군가를 왕따로 만들어 괴롭힐 때 보이지 않는 곳에선 괴물이 만들어지고 있었던 거야. 끔찍한 상상이지만, 한국이 총기 소유가 허가된 나라였다면 어땠을까? 아마 미국보다 더 많은 교내 총기 사건이 발생했을걸. 그만큼 우리 사회의 왕따 문제는 심각한 수준이야.

반면에 타인의 존재는 우리에게 위로가 되기도 하지. 타인의 존재가 미치는 심리적 영향과 관련된 실험이 있어. 심리학 실험에 참가할 학생들을 두 집단으로 나누었어. 한 집단에는 기분 좋은 느낌의 전기 자극을 받게 될 거라고 말했고, 다른 집단에는 통증이 수반되는 전기 자극을 받게 될 거라고 말했지. 학생들은 혼자서 기다리거나 다른 학생들과 함께 대기하거나 둘 중 하나를 선택할 수 있었어. 그 결과, 고통스러운 실험에 참가하게 될 거라고 예상하는 학생일수록 다른 학생들과 함께 대기하려는 경향을 보였지.

타인과의 긴밀한 관계는 심리적 차원을 넘어 육체적 차원에까지 영향을 미치지. 긴밀한 관계는 여러 차원에서 신체적으로 이롭게 작용해. 타인과 좋은 관계를 누리는 사람은 평균 수명보다 더 오래 살고 신체적으로나 정신적으로 훨씬 더 건강하지. 부부가 함께 사는 노인은 혼자 사는 노인에 비해 암이나 독감, 폐렴, 우울증 등에 걸리는 확률이 훨씬 낮아. 아내와 잘 지내는 남성은 동갑내기 홀아비보다 다섯 살이나 젊어 보이지. 반면에 중요한 정서적 관계가 위기에 빠지면 삶의 여러 활동들이 뿌리부터 흔들리게 마련이야. 일례로 가까운 사람들에게서 정신적 위안을 얻지 못하는 사람은 심장질환에 걸릴 확률이 두 배나 더 높아지지. 이혼이나 별거 중에는 교통사고를 당할 위험이 네 배나 더 높아. 아마도 심리적 문제가 주의력을 떨어뜨리기 때문이겠지.

마틴 셀리그먼 교수는 222명을 대상으로 가장 행복하다고 여긴 10퍼센트의 특성을 분석했어. 가장 행복하다고 여긴 10퍼센트와 나머지 90퍼센트가 보인 가장 큰 차이는 뭘까? 돈도 아니었고 건강이나 직업, 종교, 취미 등은 더더욱 아니었지. 그 차이는 바로 관계였어. 최고로 행복한 사람들은 그렇지 않은 사람들에 비해 혼자 있는 시간이 적었고, 사람들을 만나고 관계를 유지하는 데 많은 시간을 할애하고 있었지. 그들의 관계는 풍성했으며, 친구들 사이에서도 인간관계가 매우 좋은 것으로 평가됐어.

왕따라는 죽음의 게임

왕따의 작동 원리

우리는 누군가를 왕따시키면서 "걔는 자기밖에 몰라", "걔는 분위기 파악을 못해", "걔는 너무 잘난 척이 심해" 이런 식으로 말해. 이런 말들은 따돌림을 당하는 사람에게 문제가 있어서 집단 따돌림 문제가 발생한다는 생각에서 나오지. 그러나 왕따의 원인을 가해자가 아닌 피해자에게서 찾는 태도는 문제가 있어. 그런 비난을 받는 친구는 정말 자기밖에 모르고 잘난 척이 심하며 분위기 파악을 못할까?

세상에는 성격이 괴팍하거나 행동이 유별난 사람이 분명히 있지. 그런데 가만히 생각해 보면, 정도의 차이가 있을 뿐 사람들 각자의 성격과 행동은 얼마간 다르기 마련이야. 이상하고 유별난 것들도,

조금만 달리 보면 '다른' 것 중 하나일 뿐이지. 다른데, 조금 더 다를 뿐이야. 그러니까 성격이 특이하고 행동이 다르다는 이유로 사람을 차별해선 안 되겠지. 그건 그냥 다른 거야. 우리는 모두 다르게 태어났지. 다른 모습과 다른 특징을 지니고서 말이야. 따라서 다르다는 것이 차별의 이유가 될 수는 없어. 모두가 다른데, 누가 누구를 차별할 수 있겠어.

나랑 생각이 나르면 그 사람을 미워하고 차별해도 될까? 외모와 행동 그리고 생각이 다르다고 해서 사람을 차별한다면 이 세상은 '만인에 대한 만인의 차별'로 넘쳐 날 거야. 사상가 볼테르는 이런 말을 남겼지. "나는 당신의 사상에 반대한다. 하지만 당신이 그 사상 때문에 탄압받는다면, 나는 당신의 편에 서서 싸울 것이다." 비록 나와 생각이 다를지라도 생각의 자유는 누구에게나 소중하다는 거야. 나에게 소중한 만큼 타인에게도 소중하다는 거지. 그렇다면 생각의 차이를 부정할 게 아니라 서로 인정하고 공존해야지. 서로의 차이를 확인하고 접점을 찾을 수 있도록 노력해야 해.

꼭 달라서 왕따를 당하는 것도 아니야. 너희 반에 일진이 있다고 해 볼까. 그 학생이 자기밖에 모르고 잘난 척이 심하며 분위기 파악을 전혀 못한다고 해 봐. 그 학생이 왕따를 당할까? 아무리 이상하고 문제투성이라 해도 그 사람이 힘세고 강하면 절대로 따돌림을 당하지 않지. 괴롭힘은 두 가지 조건에서 이루어지지. 첫 번째는 가해자가 쉽게 굴복시킬 만한 상대를 고른다는 거야. 두 번째는 가능한 한 많은 사람이 지켜보는 가운데 피해자를 괴롭힌다는 거지. 실제로 괴롭힘은 가해자와 피해자 단둘이 있을 때보다 주변에 보는 아이들이 많을 때 더 자주 발생하지.(이승연 〈일진에 속하면 덜 괴롭힐 것 같았어요〉 참고)

결국 괴롭힘이나 따돌림은 결함 때문이 아니라 약해서 벌어지는 거야. 따돌림을 당하는 대상에게 무슨 큰 문제나 결함이 있어서 따돌리는 게 아니지. 따돌림을 당하는 사람은 단지 힘없고 약한 사람이야. 집단 따돌림은 가장 약한 사람을 집단적으로 괴롭히는 거야. 이처럼 왕따는 대상의 문제가 아니야. 문제는 따돌림을 당하는 사람이 아니라 따돌리는 사람에게 있어. 그렇다면 누가 봐도 정말 문제가 많은 학생이라면 어떨까? 그런 학생은 왕따를 시켜도 될까? 어떻게든 참고 이해해 주려고 해도 그게 안 되는, 만나면 짜증만 나는 그런 사람도 있겠지. 하늘에서 내려온 천사조차 날개로 쳐 버릴 그런 사람 말이야. 그런 사람과 친하게 지내지 않는 건 어디까지나 개인의 자유일 거야. 그러나 친하게 지내지 않는 것과 왕따를 시키는 것은 전혀 다른 문제겠지.

피해자 유발론

여전히 따돌림을 당하는 사람에게 문제가 있다고 생각한다면, 이렇게 가정해 보자. 우리 반에 왕따를 당하는 친구가 있어. 그런데 그 친구가 왕따를 견디다 못해 결국 전학을 갔다고 해 봐. 이제 우리 반은 따돌림 없는 반이 될까? 그렇지 않다는 걸 너희도 잘 알 거야. 이제 새로운 친구가 왕따가 되겠지. 당연히 그게 너희가 될 수도 있고. 그러니까 교실에는 '왕따의 의자'가 늘 놓여 있는 거야. 물론 그 의자의 주인이 따로 정해져 있진 않지. 누구든 그 의자에 앉을 수 있어. 어제까지 앉아 있던 친구가 떠나 버리면 그 자리는 비게 되지. 누군가를 다시 그 자리에 앉히는 게 왕따의 작동 원리야. 우리가 따돌림을 당하고 있는 친구의 편이 쉽사리 되어 주지 못하는 이유도 그 때문이지. 자칫 그 친구의 편을 들어 주다 나중에 내가 그 의자에 앉게 될지도 모르니까 말이야.

그렇다면 따돌리는 아이들은 따돌림을 당하는 아이를 왜 비난하는 걸까? 그렇게 함으로써 자기 책임을 회피하는 거야. 이를 흔히 '피해자 유발론'이라고 부르지. 어떤 문제가 발생했을 때 그 문제의 책임을 피해자에게 떠넘기는 태도야. 예를 들어 성폭력을 당한 여성에게 행동거지를 잘못해서 성폭력을 당했다거나, 식민 지배를 받은 민족에게 무능하고 나약해 빠져서 식민 지배를 받았다고 몰아세우는 거지. 문제 발생의 이유와 원인을 가해자가 아니라 피해자에게서 찾는 '잘못된 사고방식'이야. 피해자 유발론이 만연한 사회일수록 피해자는 쉽사리 편견의 먹잇감이 되곤 하지.

피해자 유발론이 널리 받아들여지는 이유가 뭘까? '공정한 세상 오류(Just World Fallacy)' 때문이야. 심리학자 멜빈 러너(Melvin Lerner)가 제시한 이 개념은, 이 세상이 착한 사람은 상을 받고 나쁜 사람은 벌을 받는 공정한 곳이라는 믿음이지. 그런 믿음에 따라 누구나 자신이 한 일에 대해 응당한 대가를 받는다고 여기는 거야. 그런 생각이 왜 오류일까? 맞는 생각 아닌가? 그런 생각이 오류인 이유는,

누구든지 얻어야 마땅한 것을 얻으며 그들이 얻은 결과는 마땅한 이유가 있어 주어진다는 편견을 갖게 하기 때문이지. 세상이 공정해선 안 된다는 게 아니라, 실제 세상은 전혀 공정하지 않은데 마치 공정하다고 믿으면서 여러 편견을 낳는다는 거야.

사람들이 얼마나 공정한 세상 오류에 의지하는지 보여 주는 재미있는 실험이 있지. 멜빈 러너와 캐럴린 시먼스는 개인의 처벌과 보상을 바라보는 사람들의 심리를 알아보기 위해 다음과 같은 실험을 진행했어. 먼저 문제를 틀릴 때마다 전기 충격을 당하는 여자의 모습을 보여 줬지. 전기 충격은 실제는 아니었고 연기였어. 실험 참가자들에게 의견을 물었지. 실험 참가자들은 처벌을 받는 까닭을 몰랐지만, 처벌을 받는다는 이유만으로 피해자를 부정적으로 평가했어. 처벌받는 여성의 외모와 성격이 나쁘다고 말하거나, 심지어 일부는 전기 충격을 받아 마땅하다고 말했지. 그러니까 처벌받고 있기 때문에 처벌받아 마땅하다는 거야. 누군가 처벌을 받는다면 분명히 그 사람이 무언가 잘못했음에 틀림없다고 생각하는 거지.

왕따도 마찬가지야. 어떤 아이가 따돌림을 당하면, 분명 그 아이에게 잘못이 있을 거라고 생각하는 거야. 여기서 중요한 것은 현상(결과)만 놓고 거꾸로 이유(원인)를 추리한다는 점이지. 누군가 잘되면 그에 합당한 행동이나 자질 덕분으로 생각하고 반대로 누군가 낮은 보상을 받으면 능력이나 노력이 부족한 탓이라고 생각하는 게 '공정한 세상 오류'잖아. 마찬가지로 누군가 집단 따돌림을 당하면, 마땅히 그럴 만한 이유가 충분할 거라고 단정 짓는 거지.

한 걸음 더 나아가, 왕따를 유발하는 사회의 뿌리를 파고들어 볼까? 근본적 뿌리를 더듬는 데에 아우슈비츠 수용소에서 기적적으로 살아 돌아온 프리모 레비의 증언이 도움이 될 거야. "(수용소에서) 처음 받은 위협, 첫 모욕, 첫 구타는 SS(나치 친위대원들)로부터 온 게 아니라 다른 포로, '동료'들, 갓 입소한 사람들이 방금 갈아입은 것과 똑같은 줄무늬 유니폼 차림의 그 불가사의한 인물들로부터 왔던 것이다."(《가라앉은 자와 구조된 자》, 21쪽) 프리모 레비의 말은 여러 가지 생각거리를 던져 주는데, 그중 하나는 폭력적 구조가 폭력을 낳는다는 사실이지. 수용소라는 폭력적 상황 속에서 '동료'들끼리 서로를 적대시한 거야.(뒤에서 우리는 《아우슈비츠의 여자들》을 통해 완전히 정반대의 사례도 살펴볼 거야.)

기본적으로 학교라는 공간은 억압적이고 폭력적이야. 지금이야 교사가 학생을 마구 패는 일은 거의 사라졌지만, 여전히 많은 학교에서 체벌이 허용되고 있지.(학생인권조례가 제정된 경기, 광주, 서울, 전북 4개 시군구는 공식적으로 금지) 부산시 교육청의 〈2015학년도 학생 인권 실태 조사 결과〉에 따르면, 조사에 참여한 일반고 학생(5285명) 중 32퍼센트가 '체벌, 단체 기합, 폭언 및 욕설 등 신체적·정신적 학대를 받은 적이 있다'고 응답했어. 대놓고 이뤄지는 폭력도 문제지만, 지나친 입시 경쟁도 문제야. 등수 경쟁은 같은 반 학우를 친구가 아니라 적수로 생각하게 만들거든.

그런 식으로 억압을 받으면서 그 원인을 정확히 모를 때, 억압 때문에 쌓인 감정은 상대적으로 만만한 대상을 향하게 되지. 결국 왕따의 희생양이 되는 친구는 내 억눌린 감정의 샌드백일 뿐이야. 우리는 왕따에게 짜증을 내면서도 왜 그런지 모를 때가 많지. 많은 경우에 우리는 짜증을 유발하는 진짜 원인을 모른 채 감정을 표출하기 일쑤야. 그냥 왕따만 보면 짜증 난다고 생각하지. 그래서 대수롭지 않게 집단 따돌림에 동참하고. 그러나 자신의 감정을 잘 들여다보면 짜증의 진짜 원인이 상대가 아닐 수 있음을 알게 되지. 화가 난 사람이 샌드백을 치는 이유가 샌드백이 화나게 해서는 아니잖아. 실제로는 사회가, 학교가, 선생님이, 부모님이, 선배가, 친구가 우리를 억압하고 짜증 나게 만들지.

약자나 소수자에 대한 폭력은 대개 강자나 사회에 대한 불만의 대리 표출일 때가 많지. 폭력을 저지르는 이들은 인정하지 않겠지만, 강자나 사회에 대한 억눌린 분노가 사회의 가장 약한 고리로 향하는 거야. 김수영은 〈어느 날 고궁을 나오면서〉라는 시에서 "왜 나는 조그마한 일에만 분개하는가 / 저 왕궁 대신에 왕궁의 음탕 대신에 / 오십 원짜리 갈비가 기름 덩어리만 나왔다고 분개하고 / 옹졸하게 분개하고 설렁탕집 돼지 같은 주인 년한테 욕을 하고"라고 썼지. 여기서 왕궁은 권력을 뜻하고 설렁탕집 주인은 필부(匹婦), 즉 힘없는 보통 여자를 뜻하지. 시인 역시 권력에 대한 분노를 당당하게 표현하지 못한 채 자신의 억눌린 감정을 화풀이하듯 약자에게 표출하고 있는 거야.

역사에서도 이러한 예를 수없이 발견할 수 있는데, 프랑스 식민

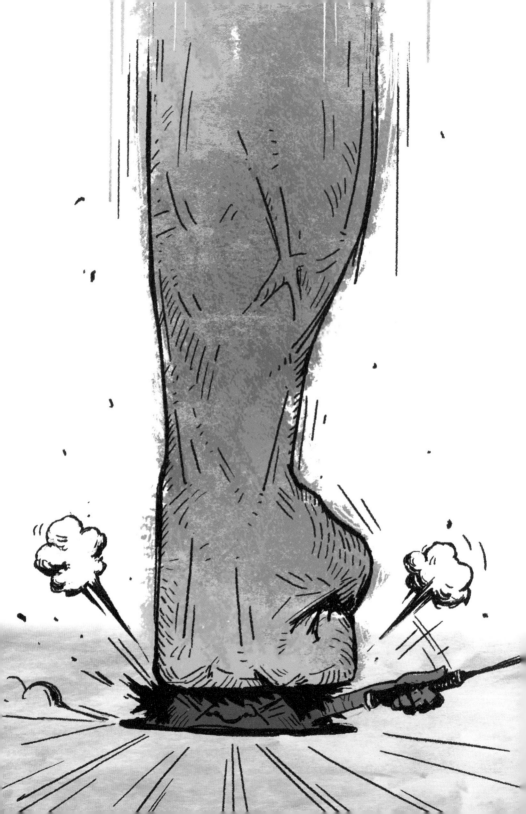

지 시절의 알제리에서 벌어진 무차별적인 폭력 사태가 그중 하나
지.[2] 식민 지배를 받는 사람들이 식민 권력에 저항하지 못하고 억눌

2   우리 역사에서도 비슷한 사례를 찾을 수 있다. 1931년 만주에서 조선인과 중국인이 충돌하는 사건이 발생
했다. 만주로 이주한 조선 농민과 중국 농민 사이에 벌어진 수로水路 공사를 둘러싼 충돌이었다. 비록 충돌은
있었지만, 실제 큰 피해가 있었던 건 아니다. 그런데 일제는 이 사건을 이용해 조선인과 중국인을 이간질했다.
대표적으로〈조선일보〉는 일제가 퍼뜨린 허위 정보에 낚여 '중국 농민과 조선 농민이 충돌해 많은 조선인이
피살됐다'고 보도했다. 이 보도로 조선인들의 반중反中 감정이 자극돼 중국인에 대한 습격 사건이 벌어졌다.
결과는 참혹했다. 중국인 상점과 가옥이 무차별적으로 파괴되었고, 127명이나 되는 중국인이 학살되었다. 사
실 조선인의 민족 감정이 향할 곳은 중국이 아니라 일제였는데 말이다. 이처럼 권력이나 체제에 대한 불만을
위로 풀지 못하고 폭력의 방향이 옆으로 향하는 사례를 여성, 장애인, 성적 소수자, 이주 노동자, 특정 지역 출
신자 등 사회적 약자나 소수자에 대한 차별에서 찾을 수 있다. 그중에서 인종차별에 대해서는 2장에서 더 자
세히 살펴보겠다.

린 감정을 같은 민족 중 가장 약한 이들에게 퍼부었어. 정신과 의사이자 사상가였던 프란츠 파농은 이를 '수평 폭력'이라 이름 붙였지. 파농은 이렇게 말했어. "수평 폭력은 자신을 억압하는 근원을 향해 분노를 표출하는 것이 아니라 자신과 비슷하거나 나약해 보이는 사람에게 대신 분노를 드러내는 것이다." 그러니까 식민 권력이 가하는 '수직 폭력' 탓에 위(권력)로 저항하지 못하고, 수직 폭력에서 발생한 스트레스를 옆(약자)에다 수평 폭력으로 해소하는 기야. 여기에는 크게 두 가지 문제가 있어. 첫째는 사회적 약자가 부당한 폭력을 당한다는 점이고, 둘째는 수직 폭력을 낳는 억압의 근원이 은폐된다는 점이지.

그러니까 왕따는 청소년만의 문제가 아니야. 이미 사회가 그런 식으로 작동하고 있는 거지. 최근에만 그랬던 것도 아니고, 늘 그래 왔어. 우리 속담에도 "종로에서 뺨 맞고 한강에서 화풀이한다"는 말이 있잖아. 강자의 권력, 혹은 근본적인 원인에 맞서지 못하고 비굴하게도 약자에게 쌓인 감정을 퍼붓는 거야. 무서워서 그렇기도 하고, 길들여져서 그렇기도 하지. 어쨌든, 어른들이 일상적으로 그렇게 살아가고 있지. 어른들이 그렇게 하니까 청소년들도 따라 배운 거야. 청소년은 어른의 거울이니까. 그런 점에서 왕따는 청소년의 발명품이 아니야. 그 사회의 어두운 일면들이 쌓이고 쌓여서 왕따의 형태로 나타날 뿐이지.

가해자도 공모자도 되지 말자!

한 명만 있으면 된다

누군가 적극적으로 나서서 왕따를 당하는 친구를 방어해 주면 좋겠지만, 그렇게 하기란 참 어려운 일이야. 자칫 나도 왕따가 될지 모른다는 두려움이 엄습하지. 사실 왕따는 누구나 당할 수 있는 거니까. 앞에서 우리가 살펴본 것처럼 꼭 이상한 아이들이 왕따를 당하는 게 아니니까. 자, 그러면 어떻게 해야 할까?

다시 애쉬의 실험으로 돌아가 보자. 공모자들이 만장일치로 그릇된 답을 하는 경우와 그렇지 않은 경우에 따라 동조의 정도가 크게 달라졌어. 애쉬의 실험에서 다수의 의견에 동조하지 않는 반대자가 한 사람도 없을 때는 37퍼센트나 다수 의견에 동조하는 것으로 드러났지. 그런데 다수 의견에 동조하지 않는 다른 반대자가 단 한 명이라도 있을 경우에는 6퍼센트만이 다수에 동조하는 경향을 보였어. 바로 이 한 사람이 실험 참가자로 하여금 다수의 의견에 동조하지 않도록 만드는 지지대가 되었던 거야.

이 실험 결과가 의미하는 내용이 뭘까? 모든 사람이 똑같이 말하는 상황에서 단 한 사람이라도 다른 의견을 말하면 주변 사람도 자기 의견을 자유롭게 말할 가능성이 높아진다는 거지. 그 단 한 사람이 '열쇠'야. 집단의 폭력을 잠재우는 열쇠. 그 단 한 사람 덕분에 나머지 사람들도 자기 생각을 자유롭게 말할 수 있게 되지. 뒷담화라는 말이 있다. 그 자리에 없는 사람에 대해서 이러쿵저러쿵 떠드는 걸 뜻해. 어느 사회나 집단에서도 서로에 대한 평가와 쑥덕공론이 사교에 지대한 영향을 미치지. 사람들의 사교 활동에서 60퍼센트는 그 자리에 없는 사람에 대해 이야기하고 그 사람을 평가하는 일이 차지한다고 해. 물론 긍정적인 것보다 부정적인 게 더 많겠지. 세 사람이 한자리에 모이면 네 번째 사람이 씹힐 수밖에 없는 거야.

왕따도 처음에는 뒷담화나 쑥덕공론에서 싹틀 가능성이 높지. 즉 따돌림을 당할 사람에 대한 평판은 당사자를 제외한 사람들 사이의 사회적 교류에서 결정되는 거야. 작은 집단에서 그 자리에 없는 사람의 얘기가 거론되면 대체로 그에 대한 평판은 두 번째로 나온 발언에 의해 결정되는 경향이 있어. 다시 말해 누군가 어떤 사람에 대해 안 좋은 얘기를 꺼냈는데 두 번째로 말하는 사람이 그 얘기에 맞장구를 쳐 주면 집단은 그 사람을 나쁘게 보기 시작하지. 반면에 두 번째 사람이 긍정적인 평가를 하면 앞서의 부정적인 평가는 상당 부분 힘을 잃게 돼.

말하자면 두 번째로 말하는 사람이 열쇠를 쥐고 있는 셈이야. 그렇다면 집단 따돌림이 실제로 벌어지기 전에 너희가 두 번째로 말하는 사람이 되면 되지 않을까? 즉 누군가 어떤 아이를 흉보거나 나쁘게 말하면 그 아이의 좋은 점을 들어 변호해 주는 거야. 그렇게 해서 문제를 사전에 막는 거지. 왕따가 벌어지는 실제 상황을 연구한 것 중에는 이런 연구 결과가 있어. 따돌림이나 괴롭힘이 벌어지는 상황에서 피해자를 옹호하거나 돕는 사람이 나타나면 가해자의 57퍼센트가 10초 이내에 가해 행위를 멈춘다는 연구 결과지. 가해 행동을 막는 방어 행동이 그만큼 중요한 거야. 이는 집단 따돌림이 벌어진 후에 방어해 주는 것보다 훨씬 안전해. 이미 따돌림이 벌어진 후에 방어해 주다가 자칫 나까지도 따돌림을 당할 수 있잖아.

그러나 그런 상황에서 피해자의 편을 들거나 돕는 일은 쉽지 않지. 자칫 잘못하면 내가 표적이 될 수도 있으니까. 따라서 지혜롭게 대처할 필요가 있어. 다른 이를 흉본 친구의 기분이 많이 상하지 않도록 해야겠지. 따돌림을 당할 만한 이유가 없어도, 누구나 왕따가 될 수 있으니까. 그런 두려움 때문에 왕따가 되지 않으려고 더욱 심하게 누군가를 왕따시키기도 하지. 이전의 왕따 피해자가 이후에 더 가혹한 가해자가 되는 이유일 거야. 앞에서 지적한 왕따의 역설이지. 결국 집단 따돌림은 나의 두려움을 잠재우기 위해 다른 사람을 희생시키는 비겁한 행위야.

따돌림을 당하는 친구를 적극적으로 돕지 못하더라도 뒷담화의 고리는 끊을 수 있겠지. 그조차 할 수 없다면 최소한 뒷담화에 동조하지 말아야 해. 가해 행동에 대한 주변인들의 묵인, 동조, 부추김 등이 괴롭힘을 더욱 자극하니까. 당연히 주변 사람들의 침묵이나 방관 또한 가해자에게 암묵적 지지로 받아들여질 위험성이 있지. 그래서 주변에서 적극적으로 괴롭힘을 막지 않을수록 괴롭힘이 더욱 심해지기도 해. 그럼에도 불구하고, 뒷담화에 동조하지 않는 것이 동조하는 것보다는 백배 더 낫지.

만약 지금 네가 왕따를 당하고 있다면

나도 어렸을 때 왕따를 당한 적이 있어. 서울에서 살다가 갑자기 부모님을 따라서 광주로 전학을 가게 됐지. 그때가 초등학교 5학년 때였어. 그전까지 왕따 같은 건 전혀 모르고 살았지. 그런데 어느 날 왕따가 되어 있는 날 발견했어. 시작은 내 서울말 때문이었지. 아이들이 내 발음을 놀리기 시작했는데, 어느새 왕따가 되어 있었어. 처음에는 나에게 문제가 있다고 생각했지. 그래서 내가 가진 문제를 찾으려고 고민했던 것 같아. 그런데 조금 지나고 생각이 달라졌지. '오승현'이라는 사람은 그대로인데, 서울에서 광주로 오니까 왕따가 되어 있었다는 걸 어렴풋이 깨달았던 것 같고. 그리고 이렇게 느꼈던 것 같아. 어쩌면 내가 문제가 아니라 나를 따돌리는 아이들이 문제라고 말이야. 물론 지금처럼 명확한 인식은 아니었지만.

너희에게도 큰 문제는 없어. 〈글로리 로드〉(2006)라는 영화에는 백인들에게 따돌림을 당하는 흑인들이 등장하지. 흑인들은 이렇게

이야기해. "백인들이 우리의 존엄성을 빼앗아 가려고 해요." 의기소침해진 흑인들을 향해 주인공인 농구 코치는 이렇게 말하지. "존엄성은 너희들 안에 있어(The dignity is inside you). 스스로 존엄성을 꺼내 주지 않는 한 아무도 그걸 꺼내 갈 수 없지." 너희도 마찬가지야. 누군가 너희를 짓밟고 상처 입혀도 너희의 가치는 결코 훼손되지 않아. 꽃에 흙이 묻었다고 꽃이 아닌 건 아니잖아. 그러니 스스로를 너무 학대하지 말았으면 좋겠어. 위험한 생각 같은 것도 절대 하지 말고. 삶이 조금 상처 입었다고 해서, 삶을 송두리째 포기하려고 해선 안 돼.

　말할 것도 없이 당사자의 고통은 누구도 이해할 수 없고, 대신 아파해 줄 수도 없겠지. 하지만 왕따가 영원히 지속되지 않으리라는 건 확실해. 설사 너희가 몇 년 동안 그런 고통을 겪었다 해도 그 고통이 영원하지는 않아, 절대로. 언젠가는 끝나지. 그러니 위험한 생각은 절대 하지 말길 바라. 지금은 죽고 싶을 만큼 괴롭겠지만, 지나고 보면 별일 아닐 수도 있거든. 어쨌든, 지금 너무 힘들어서 위험한 생각을 하는 친구가 있다면, 혼자 고민하지 말고 주변 사람에게 도움을 청하도록 하자.[3]

3　**헬프콜 청소년 전화**(1388, www.cyber1388.kr)
전문 상담원이 24시간 대기하고 있어 다급한 상황에서 즉시 도움을 받을 수 있는 곳이다. 교우관계, 가정 문제, 진로 고민 등의 일반 상담도 가능하고, 가출, 성폭력, 학교폭력 등의 경우에는 청소년을 직접 찾아가 구조 활동을 벌이기도 한다. 이곳은 전화상담, 사이버상담 등도 가능하고, 문자(#1388), 카카오톡 등으로도 상담받을 수 있다.
　생명의 친구들 자살예방상담(1577-0199, www.counselling.or.kr)
자살 위험에 처한 이들을 돕기 위해 만들어진 상담 사이트. 공개 상담실과 비공개 상담실로 구분돼 있어 자신이 선택해 상담받을 수 있다. 전화 상담을 원치 않는 친구들은 이곳을 이용하면 좋을 것이다. 갑자기 자살

아프리카 말라위의
한 부족의 성인식.
성인식에 참여하는
소년들이 위장을 한
모습이다.

　　다만 너 스스로도 변화를 모색하면 좋을 것
같아. 가만히 있으면 문제가 해결되지 않을 테
니까. 네 자신의 문제점을 찾아서 고치라는 그
런 뜻은 아니야. 다시 말하지만, 왕따가 벌어
지는 이유가 너 자신 때문은 아니니까. 다만 좀 더 적극적으로 다른
아이들과 어울리기 위해 노력할 필요가 있다는 거지. 고립은 더 큰
고립을 불러오기 때문이야. 물론 쉽지는 않겠지만 말이지. 어린애들
이 놀이공원 같은 데서 인형 복장을 한 사람을 아무 이유 없이 때리
는 경우가 있어. 왜 그럴까? 당하는 사람이 익명성을 띠고 있을 때

생각이 커져서 상담이 즉시 필요한 상황이라면 전화로도 상담받을 수 있다.

폭력성이 더욱 강해지기 때문이야.

반대로 자신을 익명적 존재로 위장할 때도 폭력적인 성향을 더 드러내지. 플로리다대학의 스콧 프레이저도 비슷한 관점에서 실험을 진행했어. 초등학생들에게 학교 축제에서 다른 아이와 힘을 겨루는 놀이를 하게 했지. 우선 다른 방에서 놀이용 가면과 옷을 사용하고 있으니 일단 놀고 있다가 나중에 변장 용품이 오면 그때 주겠다고 했어. 두 아이는 일단 평소 옷차림으로 놀기 시작했고, 이후에 변장 용품을 착용하고 놀이를 이어 갔지. 그런데 변장 용품을 착용하자 상대를 거칠게 밀거나 넘어뜨리는 등의 공격적 행동 비율이 42퍼센트에서 82퍼센트로 높아졌어. 변장 용품을 착용하면서 자기 존재를 잊고 다른 존재가 되는 거야. 변장한 사람은 '제 모습을 벗어던지고 무시무시한 타인'《파리대왕》이 되지.

인류학자 로버트 왓슨은 23개의 부족을 대상으로 전쟁과 폭력의 관계를 조사했지. 그가 조사한 바에 따르면, 부족 간 전쟁을 벌일 때 변장을 하거나 몸에 색칠을 하는 등 자신의 정체를 숨기는 부족은 그렇지 않은 부족에 비해 훨씬 더 폭력적이었어. 변장은 익명성과 관련되지. 변장을 하는 15개 부족 중에서 12개 부족이 극단적인 폭력성을 드러냈던 반면에, 변장을 하지 않은 8개 부족 중에서는 1개 부족만이 극단적인 폭력성을 드러냈어. 윌리엄 골딩의 《파리대왕》에서 난파당한 아이들이 폭력이 난무하는 원시 상태로 돌아갈 때 보여 줬던 모습도 바로 그랬지. "한쪽 볼과 눈가를 희게 칠하고 다른 한쪽은 붉은 찰흙을 발랐다. 그리고 오른쪽 귀에서 왼쪽 턱까지는 숯으로 검은 선을 그려 넣었다." 《파리대왕》에 등장하는 소년 잭은 얼굴에 분장을 하고 나서 문명의 금기를 깨고 폭력성과 공격성을 거침없이 드러냈어.

그러니까 교실 안에서 너 스스로를 익명적인 존재로 내버려 둬서는 결코 안 돼. 그러면 따돌림이 더욱 심해질 수 있지. 적극적으로 너를 알리고 친구들과도 어울리려고 노력해야 해. 물론 말처럼 쉬운 일은 아닐 거야. 친구들 사이에서 계속 상처를 받아 온 사람이라면 더더욱 쉽지 않겠지. 하지만 가만히 있어선 왕따가 해결되지 않아. 네가 먼저 용기를 내서 행동해야 해. 다른 누군가가 대신해 줄 수 없지. 친구들에게 다가서는 게 너무 어렵다면, 한 명부터 친해지는 방법을 써 봐. 그렇게 해서 조금씩 친구들을 늘려 가는 거지.

다른 것이 좋은 것이다

나와 다른 것, 우리와 다른 것에 대해서 좀 더 너그러워질 필요가 있다. 차별은 대개 다름을 인정하지 않는 태도에서 나온다. 장애인이 가진 장애, 혼혈인의 피부색, 동성애자의 성적 지향, 이주 노동자의 국적과 외모 등 우리 사회의 다수와 다른 특성을 가진 사람들이 차별받는다. 그런데 차이는 매우 소중한 가치다. 1847년, 아일랜드에서 대기근이 발생했다. 800여만 명의 아일랜드 인구 중 100여만 명이 사망하고,

300여만 명이 해외로 이주했다. 대기근의 원인은 감자였다. 감자는 아일랜드인의 주식이었는데, 감자 마름병이 퍼져 감자 수확량이 급감한 탓이었다. 당시 아일랜드는 단일 품종의 감자만 재배하고 있어서 피해가 컸다. 만약 여러 종류의 감자를 재배했더라면 병충해의 피해를 줄일 수 있었을 것이다. 이처럼 다양성은 인간의 생존을 위해서도 없어서는 안 될 가치다.

차이가 지니는 힘은 생존에만 중요한 게 아니다. 현명한 문제 해결과 의사 결정에서도 차이는 중요한 역할을 한다. 2차 세계대전 당시 독일은 에니그마 머신을 보유하고 있었다. 이것은 비밀 암호화 기계이다. 독일의 비밀 암호는 너무나 복잡해서 이를 풀 수 있는 확률은 15×10^{19}분의 1이었다. 거의 불가능에 가까웠던 것이다. 그런데 놀랍게도 영국군이 이 복잡한 암호를 풀어내는 데 성공했다. 비결은 바로 차이와 다양성에 있었다. 영국 정보부는 배경과 직업, 출신이 다른 암호 해독자들로 팀을 꾸렸다. 이 팀에는 무려 1만 명이 참여했는데, 수학자나 공학자는 물론이고 작가, 언어학자, 윤리학자, 고서적상, 체스 선수, 이집트 학자, 고대 그리스 로마 연구자 등이 포함돼 있었다. 이렇게 각양각색의 사람들로 이루어진 덕분에 불가능한 일을 해낼 수 있었던 것이다.

많은 연구에서 다양한 사람들로 구성된 집단이 그렇지 않은 집단보다 더 우수한 성과를 낸다고 보고하고 있다. 이 연구들은 경영진이나 이사회에 여성이 많은 기업이 더 높은 수익을 내고, 각양각색의 관점에 노출된 사람들이 우월한 사고력을 지닌다고 이야기한다. 그래서 월스트리트의 일부 회사들은 바벨링(barbelling)이라는 관행을 유지하고 있다. 바벨링은 젊은 금융 전문가와 쉰 살이 넘은 전문가를 파트너로 구성하는 방식이다. 이를 통해 젊은이가 지닌 추진력과 저돌성에 숭년의 관록에서 나온 신중함을 디하는 것이다. 이처럼 다름은 소중한 가치다. 똑같은 색깔만 존재한다면 세상은 아름답지 않고, 똑같은 멜로디만 노래한다면 하모니는 존재할 수 없다.

르,
우리 사회에도
인종차별이
있을까
?

누구도 예외일 수 없는 차별

인종차별, 바다를 건너오다

미국 뉴욕 주의 롱아일랜드 해안의 존스비치 공원으로 가려면 약 3m 높이의 다리 밑을 통과해야 해. 도대체 다리를 왜 이렇게 낮게 놓았을까? 비밀은 인종차별에 있었어. 다리 높이보다 높은 3.5m 버스의 진입을 막아 흑인들과 가난한 이들이 쉽게 접근하지 못하게 하려는 속셈이었지. 이들이야말로 버스의 주된 승객 아니겠어. 다리를 낮게 놓은 비밀이 고작 차별이었다니. 만든 사람의 의도를 간파하지 못했다면 가난한 흑인들은 이유도 모른 채 공원에 못 들어갔겠지. 우리가 두 눈을 부릅뜨고 차별을 째려봐야 하는 이유야.

인종차별은 대놓고 이뤄지기보다 은밀하게 이뤄지는 경우가 많지. 옛날에도 그랬어. 가령 미국에서 흑인 남자들의 투표권이 인정된 것은 1870년부터야. 수정 헌법 15조에 따라 '인종, 피부색 또는 이전에 노예 신분이었는지의 여부에 따라' 투표권을 부여하지 않는 조치들이 전면 금지됐지. 그러나 남부의 주들은 1890년(미시시피)과 1908년(조지아) 사이에 흑인들의 투표권을 박탈했어. 물론 노골적으로 박탈하지 않고 '존스비치 다리'처럼 은밀한 방식을 사용했지. 가령 식자 능력 시험과 인두세(일종의 주민세), 재산 요건과 같은 수단을 동원했지.

식자 능력 시험은 한마디로 읽고 쓸 줄 아는지 확인하는 시험이야. 투표를 하려면 기본적으로 글자를 알아야 한다는 논리였지.[1] 명분은 그럴듯했지만, 실상은 조잡하기 그지없었어. 시험 내용이 정말 쪼잔한 학교 시험 문제 같았거든. 일부러 틀리게 하려고 아주 지엽적인 문제를 내거나 아무도 맞히기 힘든 문제를 냈지. 예를 들어, 앨리배마 주의 67개 카운티, 즉 군의 이름을 모두 써 내기, 비누 한 개에 얼마나 많은 거품이 나는지 알아맞히기…(신시아 Y. 레빈슨《오늘, 우리는 감옥으로 간다》참고) 우리로 치면 "전국의 시를 다 써 봐라" 이런 식인 거야. 참고로 서울특별시, 6곳의 광역시를 제외하면 모두 74개의 시가 있어. 어때, 다 쓸 수 있겠어? 식자 시험이 얼마나 기만적이었는지 짐작할 수 있지.

흑인은 백인에 비해 문맹자가 많았고, 또한 수입이나 재산이 적

---

1 사실 글자를 전혀 몰라도 투표는 가능하다. 자기가 지지하는 후보자가 투표용지의 어느 칸에 있는지만 알면 투표하는 데 아무 지장이 없다. 따라서 식자 능력을 기준으로 투표권을 제한한 것은 꼼수에 불과하다. 식자 능력 시험의 경우에 백인들에게 다소 관대하게 적용됐다. 이것만 봐도 흑인을 차별하기 위해서 식자 능력과 투표를 연계했다는 사실을 알 수 있다.

어 인두세나 재산 요건에서 불리했어. 그 결과 소수의 흑인들만이 투표에 참여할 수 있었지. 10명 중 1명꼴이었어. 게다가 일부 가난한 백인들도 투표권을 상실했어. 차별의 결과는 분명하게 드러났지. 가령 루이지애나 주의 경우에 1896년 13만 명의 흑인들이 투표에 참여했어. 그런데 1900년에는 단 5천 명만이 투표에 참여할 수 있었지. 그들마저도 폭력의 위협 때문에 투표권 등록 절차를 제대로 밟지 못하거나, 능복을 했더라도 실제로 투표장까지 가지 못하기도 했지. 이런 차별은 투표권법이 제정된 1965년까지 이어졌어.

얼마 전까지 인종차별은 미국에서나 벌어지는 먼 나라의 이야기였지. 그러다 우리 사회에도 외국인이 점점 늘어나면서 인종차별 문제가 불거지기 시작했어. 2015년 기준으로 국내에 거주하는 외국인은 무려 180만 명에 이르지. 2006년만 해도 국내 거주 외국인은 54만 명 수준이었어. 10년 만에 무려 3배 이상 늘어난 셈이야. 다문화 가정은 40만 가구에 이르고, 그 수는 120만 명에 달하지. 국내 거주 외국인은 물론이고 다문화 가정도 갈수록 늘어날 거야. 다른 국적과 다른 핏줄, 다른 피부색을 가진 이들이 이렇게 늘어나고 있는데, 한국 사회는 이들을 어떻게 대하고 있을까?

2009년, 인도인 보노짓 후세인은 버스에서 모르는 사람에게 인종차별적인 욕설을 들었어. 후세인은 욕한 사람을 경찰서로 데려갔지. 그런데 그곳에서 더 황당한 일이 벌어졌어. 경찰이 한국에는 인종차별을 금지하는 법이 없다며 오히려 후세인을 몰아세웠지. 당시 후세인은 대학 교수 신분이었는데, 오히려 그의 신분에 대해 따져 물었지. "내가 백인이라도 그랬을까요?" 보노짓 후세인이 한 말이야. 몇 년 전에도 이자스민 새누리당(현재 자유한국당) 국회의원이 비난받은 적이 있지. 2012년 국회의원 선거에서 필리핀에서 귀화한 이자스민이 비례 대표로 당선되었어. 그런데 인터넷상에서 이자스민에 대한 비난 여론이 들끓었지. 듣도 보도 못한 사람이 갑자기 국회의원으로 당선된 것에 대한 불만이었어. 기본적으로는 새누리당에 반감을 가진 네티즌들이 주를 이뤘지만, 그 바탕에는 외국인에 대한 혐오와 인종차별이 깔려 있었지.

'푸른 눈, 갈색 눈'의 실험

인종차별과 관련된 유명한 실험이 있어. 일명 '푸른 눈, 갈색 눈' 실험이야. 1960년대 말은 미국에서 인종차별 문제가 한창 대두되는 시기였지. 1968년 제인 엘리어트 선생님은 초등학교 3학년 아이들을 대상으로 차별에 관한 실험을 진행했어. 실험 장소는 아이오와 주 라이스빌 초등학교였지. 이틀 동안 진행된 실험은 신체적 차이에 따른 차별을 경험하게 하는 것이 주된 내용이었어. 엘리어트 선생님은 학생들을 눈 색깔에 따라 푸른 눈과 갈색 눈으로 나누었지. 그리고 첫째 날 갈색 눈의 학생들이 푸른 눈의 학생들보다 더 우월하다고 선언했어. 처음에 학생들은 선생님의 갑작스러운 선언에 어리둥절했지만, 이내 달라진 상황을 받아들였지. 한 학생이 연필을 부러뜨리자 선생님은 이렇게 말했지. "그것 봐, 푸른 눈이라서 그런 거야." 학생들은 분위기를 파악하고 자기 역할에 적응하기 시작했어.

엘리어트 선생님은 갈색 눈의 학생들에게 여러 특혜를 주었어. 갈색 눈의 학생들은 쉬는 시간을 5분 더 누릴 수 있었고, 점심을 먼저 먹었으며, 음식도 더 먹을 수 있었지. 줄반장을 하는 것도, 교실 앞쪽에 앉는 것도, 장난감을 밖으로 가져가서 노는 것도 갈색 눈에게만 주어진 특권이었지. 게다가 푸른 눈의 아이들은 갈색 눈의 아이들에게 초대받지 않으면 갈색 눈의 친구들과 함께 놀 수도 없었어. 반나절 만에 '푸른 눈'은 아이들에겐 모욕적인 말이 되어 버렸지. 둘째 날에는 정반대로 푸른 눈의 학생들과 갈색 눈의 학생들의 역할을 뒤바꿔 주었지. 푸른 눈의 학생들은 전날 갈색 눈의 학생들이 받은 특혜를 누리며 하루를 보냈어. 어제까지 의기소침했던 아이들은 금세 기세가 등등해졌지.

실험 결과는 어땠을까? '열등하다'는 딱지가 붙은 학생들은 정말 열등한 학생들의 태도와 행동을 보였지. 성적도 나빠졌어. 반면에 '우월하다'고 선언된 학생들은 기가 살았고 성적도 좋아졌지. 푸른 눈이건 갈색 눈이건 '열등하다'는 딱지가 붙는 순간부터 실제로 열등해졌던 거야. 주변 친구들이 그렇게 대할뿐더러 자기 스스로도 그렇게 여긴 결과야. 게다가 실험 전까지 눈의 색깔과 상관없이 친했던 친구들조차 차별에 재미를 붙였지. 실험 후 제인 엘리어트는 편견은 차별의 원인이라기보다 결과라는 사실을 깨달았어. 즉 흑인이 열등해서 차별받는다고 생각하지만, 사실은 차별받기 때문에 열

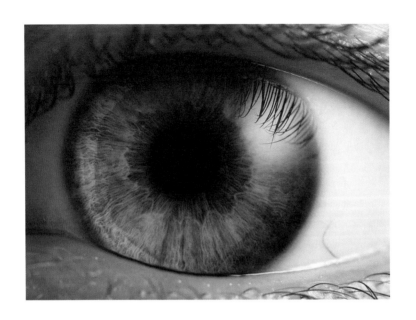

인종차별이란
'푸른 눈, 갈색 눈' 실험이
증명한 것처럼 임의로
열등과 우월을 나누는
의미 없는 딱지일 뿐이다.

등해지는 거야.[2] 아이들 역시 차별이 아주 사
소하고 어이없는 이유에서 벌어지고, 그렇기
때문에 나쁘다는 사실을 피부로 느꼈어. 실험
에 참가한 데비 앤더슨이라는 아이는 이렇게

말했지.

나는 미칠 것 같았다. 푸른 눈을 가진 아이들을 꽁꽁 묶어 버리고 학
교를 그만두고 싶었다. 왜냐하면 그 아이들은 뭐든지 먼저 했고, 우리
는 뭐든지 나중에 해야 했기 때문이다. 나는 기분이 더러워졌다. 차별

---

2 차별받기 때문에 열등해진다는 것은 두 가지 측면을 포함한다. 첫째는 차별적인 대우 때문에 열등한 처지
에 놓이게 되는 측면이고, 둘째는 사회에 만연한 차별이 '흑인은 열등하다'는 인식을 강화하는 측면이다.

은 하나도 재미있지 않다.

2003년 심리학자 코렐이 진행한 실험은 백인들을 대상으로 이루어졌지. 실험 참가자들은 비디오 게임을 하는 중에 갑자기 튀어나온 사람이 무기를 들고 있으면 '발사' 버튼을 누르고, 지갑이나 휴대폰 등 무기가 아닌 다른 물건을 들고 있으면 다른 버튼을 누르도록

지시받았어. 이때 화면에 등장하는 사람은 백인일 수도 있고 흑인일 수도 있지. 참가자들에게는 가능한 빨리 버튼을 누르도록 지시했어. 이 실험에서 나올 수 있는 실수는 두 가지야.

1. 무기를 들고 있지 않는데도 '발사' 버튼을 누르는 경우
2. 무기를 들고 있는데 '발사' 버튼을 누르지 않는 경우

실험 결과는 어땠을까? 1번 실수는 백인일 때보다 흑인일 때 더 많이 발생했고, 2번 실수는 흑인일 때보다 백인일 때 더 많이 발생했지. 왜 이런 차이가 났을까? 백인 참가자들이 흑인을 범죄자나 혹은 잠재적 범죄자로 생각했기 때문이야. 코렐의 실험은 일반인을 대상으로 한 것이었고, 나중에 심리학자 애쉬 플랜트가 경찰에게 유사한 실험을 진행했지. 백인 경관을 대상으로 진행한 실험의 결과도 앞서의 실험과 다르지 않았어. 미국에서 흑인을 대상으로 한 경찰의 오발 사고와 과잉 진압이 끊이지 않는 이유를 짐작할 수 있는 대목이지. 2016년에도 13세의 흑인 소년이 장난감 총을 가지고 있다가 경찰에게 사살당하는 일이 발생했어.

우리 안의 인종차별

이주 노동자의 현실

한국의 경우에도 2015년 기준으로 180만 명 이상의 외국인 주민이 거주하고 있고, 출생하는 아이 100명 가운데 4명이 다문화 가정출신이야. 2010년 국내에서 결혼한 부부 10쌍 중 1쌍이 다문화 가정일 정도로 이주자와 이민자가 늘어나고 있지. 그런데 그 수가 늘어날수록 그들을 향한 한국 사회의 벽도 높아지고 있어. 2007년 여수 출입국관리사무소(외국인보호소)에 불이 났어. 이 사고로 28명이불에 타 죽거나 다쳤지. 참변을 당한 이들은 외국인보호소에 갇혀있던 이주 노동자들이었어. 출입국관리사무소는 체류 서류가 준비되지 못한 외국인들을 잡아다 강제로 출국시키는 일을 하거든.

어떻게 민간 시설도 아니고 국가 시설에서 이렇게 많은 사람이

타 죽을 수 있을까? 이 사건은 우리 사회가 이주 노동자를 어떻게 대하는지 여실히 보여 주지. 당시에 여수 외국인보호소는 쇠창살과 카메라 등 감금 시설은 완벽히 갖췄지만, 살수 장치는 아예 없고 경보 장치는 고장 나는 등 소방 시설은 매우 허술했어. 가장 큰 문제는 이주 노동자들을 마치 일반 범죄자처럼 강제 구금한 데 있었지. 범죄자만 해도 법원에 의해 구금의 적법성과 적정성을 판단 받지만, 외국인보호소에 구금된 이주 노동자들은 그러한 판단조차 받지 못하거든. 심지어 구금 기간에 대한 제한도 없어. 사실, 강제 출국 대상 외국인들은 형법상 불법을 저지른 게 아니라 체류 자격을 위반한 것뿐인데 말이지. 그런데도 교도소에 수감된 재소자와 마찬가지로 쇠창살 안에 가둬 두고 있는 거야.

2011년 7월 국가인권위원회의 발표에 따르면 피부색, 인종, 민족, 종교, 출신 국가 등 다문화적 요소 때문에 차별당했다며 진정을 제기한 사례가 2005년과 비교해 2010년에 두 배로 급증했어. 또 2012년 4월 여성가족부가 성인 2500명을 대상으로 실시해 발표한 〈다문화 수용성 조사〉에서 "다양한 인종, 종교, 문화가 공존하는 것이 좋다"고 응답한 사람은 전체의 36퍼센트에 불과했지. 이는 유럽 18개국의 긍정 답변 비율인 74퍼센트의 절반 수준이지. 한국 사회가 인종 다양성에 대해서 마음의 빗장을 걸어 잠그고 있음을 여실히 보여 주는 조사 내용이야.

이주 노동자들은 회사를 마음대로 옮길 수도 없고, 회사에서 잘리면 불법 체류자로 전락하지. 열심히 일해도 회사가 문을 닫으면 하루아침에 불법 체류자로 전락할 수 있어. 현재 모든 이주 노동자는 외국인 고용 허가제의 적용을 받고 있지. 이 제도에 따라 이주 노동자는 최초 3년 동안 일할 수 있고, 사업주가 재고용하면 4년 10개월까지 일할 수 있어. 그런데 사업장을 마음대로 옮기지는 못하지. 휴업·폐업·폭행 등의 사유가 없으면, 계약이 끝나기 전까지 사업주의 동의 없이는 회사를 옮기지 못하도록 돼 있거든. 외국인 고용 허가제가 그렇게 돼 있어. 사업주가 이를 악용해 부당한 대우를 할 가능성이 있지. 인격 무시, 차별적 대우, 열악한 작업 환경 등의 이유로 이주 노동자가 회사를 그만두려 해도, 사업주가 동의해 주지 않으면 그대로 일할 수밖에 없는 현실이야. 고양이에게 생선가게를 맡긴 격이지.

사업장을 옮길 때는 3개월 안에 새로운 사업장을 구해야 해. 그렇지 못하면 불법 체류자 신분으로 전락하지. 계약이 끝나거나 사업주가 동의해 사업장을 옮기더라도 3개월의 구직 기간이 주어질 뿐이야. 경기 상황이나 개인 사정은 전혀 고려해 주지 않는 거야. 누구든 무조건 3개월이지. 결국 충분한 시간을 갖고 더 나은 조건의 일자리를 찾을 수 없는 거야. 심지어 일부 사업주는 일방적으로 이주 노동자를 쫓아내고 고용 센터에 사업장 이탈 신고를 해 버려. 그러면 이주 노동자는 불법 체류자가 되고 말지. 직장을 자기 마음대로 옮길 수 없다면 '노예 계약'이라 할 수 있겠지.[3] 단지 비유가 아니라,

---

3 2014년 10월 국제앰네스티는 자발적 사업장 이동이 불가능한 한국의 현실에 대해 "인신매매에 해당한다"고 비판했다. 유엔인종차별철폐위원회도 2012년에 이주노동자의 사업자 변경 제한 등이 포함된 현재의 고용

이직과 전직을 자유롭게 못한다면 정말 노예와 다를 게 없잖아. 자유로운 선택이 불가능한 자유란 진정한 자유가 아니지. 한국 사회에서 이주 노동자들은 현대판 노예들인 셈이야.

이주 노동자를 무한정 받아들이는 사회는 없어. 자국의 노동자들이 피해를 볼 수 있기 때문이지. 이주 노동자가 한꺼번에 많이 들어오면 일자리를 둘러싼 경쟁이 치열해지겠지. 뿐더러 주택이나 의료 같은 사회적 인프라에도 큰 부담을 줄 거야. 그렇게 되면 내국인과 외국인 사이에 긴장감이 조성될 수 있겠지. 더불어 언어적, 문화적 차이 등도 문제가 될 거야. 이주 노동자가 잠깐 일하고 고국으로 돌아가면 상관없겠지만, 이주 노동자는 내국인과 관계 맺으면서 살아가지. 이 점을 고려하면 문화적 배경이 다른 이주 노동자를 무제한 수용할 나라는 없어.

문제는 이미 들어와 뿌리내린 이주 노동자들이야. 사람들이 들어오는 문제는 그리 단순한 문제가 아니거든. 물건 같으면 필요할 때 쓰고 버리면 그만이겠지. 그러나 사람은 물건이 아니잖아. 사람이 들어와 살게 되면 새로운 삶이 시작되고 새로운 관계가 만들어지거든. 결혼을 한다든가, 아이를 낳는다든가. 그렇게 긴밀한 관계가 형성됐는데 사람을 헌신짝 버리듯 그냥 내쳐도 될까? 그러나 이들이 영주권을 얻거나 귀화하는 일은 하늘의 별 따기야. 조건이 매우 까

허가제를 바꾸라고 한국 정부에 권고했다. 하지만 한국 정부는 얼어붙은 빙벽처럼 꿈쩍하지 않는다. 그나마 이주 노동자들의 '노동 3권'은 대법원의 이주 노조 합법화 판결로 가능해졌다. 2005년 설립된 서울·경기·인천 이주노동자노동조합은 2015년 8월에야 정식 노조 허가를 받았다.

다롭거든. 5년 이상 한국에 체류, 3천 만 원 이상의 예금 또는 부동산 보유, 연간 소득이 한국인 1인당 총소득의 2~3배, 한국어 능력 및 한국 문화 이해 필기시험 등의 자격을 두루 갖춰야만 영주권을 받을 수 있어. 국적을 취득하려면 이런 조건을 바탕으로 더 까다로운 면접 심사도 통과해야 하지.

다문화 가정의 그늘

매년 그 수가 가파르게 늘고 있지만, 다문화 가정 2세들의 삶은 예전에 비해 크게 달라지지 않고 있어. 한 해 결혼하는 부부 10쌍 가운데 1쌍은 국제결혼이야. 앞에서 언급한 것처럼 다문화 가정은 40여만 가구에 달하고, 다문화 가정 인구만 120만 명에 이르지. 그런데 다문화 가구 가운데 41퍼센트가 사회적 차별을 경험하고, 다문화 가정 2세 10명 가운데 1명꼴로 학교폭력(단순 왕따가 아니라 학교폭력이야)을 당하고 있어. 이것만 봐도 차별과 편견이 얼마나 심한지 알 수 있지. 혼혈인 출신인 가수 윤미래는 〈검은 행복〉이라는 노래에서 이렇게 고백했지. "유난히 검었었던 어릴 적 내 살색. 사람들은 손가락질해. (…) 모든 게 나 때문인 것 같은 죄책감에 하루에 수십 번도 넘게 난 내 얼굴을 씻어 내."

여러 문제가 있지만 가장 우려되는 문제는 교육이야. 다문화 가정 학생이 대략 6만 명 정도라고 해. 다문화 가정의 형편이 매우 열악하기 때문에 이들 대부분은 제대로 된 교육을 받지 못하는 실정이야. 다문화 가정 자녀의 학교 중도 탈락은 일반 가정의 학생에 비해 초등생은 166배, 중학생은 222배에 달할 정도지. 다문화 가정의 자녀는 부모의 불안한 일자리와 경제적 빈곤 탓에 언어 습득과 학업 능력, 또래 문화 경험 등에서 전반적으로 어려움을 겪고 있어.

한국 사회가 다문화 가정 2세를 무조건 밀어내는 건 아니야. 가령 다니엘 헤니 같은 연예인을 봐도 그렇지. 무조건 혼혈인을 차별한다면, 다니엘 헤니 같은 백인계 혼혈인도 똑같이 차별받아야겠지. 그러나 그이는 차별이 아니라 인기를 누리지. 혼혈인에 대한 편견과 차별이 널리 퍼진 한국 사회에서 이를 어떻게 설명해야 할까? 다니엘 헤니는 백인계 혼혈인(미국인)이야. 우리는 얼굴이 하얀 백인들을 친근하게 여기지. 그러나 흑인계나 동남아계 혼혈인에 대해서는 그렇지 않아. 흑인계나 동남아계 연예인이 매우 드문 이유야. 마찬가지로 같은 백인계라 해도 영어가 서툴다거나 한부모 가정 출신이라면 차별받을 가능성이 적지 않지. 결국 혼혈인 차별에 유색인종 차별이 더해진 거야. (백인의 관점에선) 우리 한국인도 유색인인데, 그런 우리가 같은 유색인종을 차별하는 거지.

부모 가운데 외국인이 있다고 해서 그 자식이 대한민국 국민이 되지 못하라는 법은 없어. 대한민국 헌법에 동의하고 대한민국 국민의 의무를 지킨다면, 그 사람은 부모의 피와 상관없이 엄연히 대한민국 국민이지. 중요한 것은 뿌리가 아니라 현재가 아닐까? 그들이 대한민국 땅에서 대한민국 국민으로 살아가고 있다는 사실 말이야. 대한민국은 민주 공화국이지 한민족 공화국이 아니야. 피는 물보다 진하다지만, 민주 공화국에서는 시민의 피를 가리지 않지. 그들 역시 공화국의 자식들이야.

2007년 8월 19일, 유엔 인종차별철폐위원회(CERD)는 한국 정부가 제출한 '모든 형태의 인종차별 철폐에 관한 국제 협약'과 관련한 실천 보고서를 심사한 뒤 "외국인과 혼혈을 차별하는 단일민족 국가 이미지를 극복하라"는 보고서를 발표했어. 보고서는 한국이 단일민족을 강조하는 것은 한국에 사는 다양한 인종들 간의 이해와 관용, 우의 증진에 방해가 될 수 있다는 우려를 표시했고, '순혈'과 '혼혈' 같은 용어도 인종적 우월주의를 드러낸다고 꼬집었지.

단일민족, 상상의 공동체

예로부터 우리는 단일민족을 귀에 못이 박힐 정도로 들어왔어. 단일민족에 집착할수록 혼혈인, 더 나아가 외국인에 대한 배타성은 커지지. 혼혈인과 외국인은 단일민족의 혈통과 문화를 훼손하는 이들로 비난받게 돼. 단일민족의 순수성과 관련해서 혼혈인은 실제적 훼손의 이유로, 외국인은 잠재적 훼손의 혐의로 배척되지. 혼혈인은 실제로 훼손이 벌어진 결과인 셈이고, 외국인은 내국인과 결합해 혼혈인을 낳을 위험이 있으니까 말이야.

역사 시간에 우리는 두 가지 상반된 사실을 배우지. 우리 민족이 유구한 역사를 지닌 단일민족이라는 것과 어느 민족보다 많은 외침을 받았다는 것! 무언가 이상하지 않아? 그 둘은 현실적으로 함께 성립하기 어렵지. 수많은 외침 속에서 단일민족의 정체성을 유지하기란 불가능하니까. 외침은 늘 '피 섞임'을 동반하니까 말이야. 때로는 주변국들에 침입당하고, 때로는 주변들과 교류하면서 이민족의 피가 섞이고 흘러들었다고 보는 게 역사적 진실에 더 가깝겠지.

한민족은, 한국인이 지금까지 믿어 왔던 것만큼 단일하지 않아. 예로부터 이 땅에는 여러 인종과 민족들이 흘러들어 와 섞여 살았지. 우리는 그 후손이야. 이희근의 《우리 안의 그들, 역사의 이방인들》은 우리 역사에서 이방인들이 어떻게 섞이고 스며들었는지 보여 주지. 13세기에 다수의 몽골인을 포함한 귀화인이 7만 명에 이르렀다고 해. 고려 시대의 인구는 대략 400만 명 정도로 추정되지. 우리 안에는 일본, 중국, 거란, 여진, 말갈 등의 피가 섞여 있는 거야. '민족'이라는 말도 1906년 이전까지는 거의 사용되지 않았지.

단일민족이란 실제로 존재하지 않는 허상이야. 단일민족은 역사적 사실이라기보다는 상상적 믿음의 소산이지. "인간은 서로 비슷한 사람들과 한패가 되는 게 아니라, 한패가 되고 나서 비슷하다고 판단한다." 심리학자 데이비드 베레비가 《우리와 그들, 무리짓기에 대한 착각》에서 한 말이야. 베레비의 말을 빌리자면, 단일민족이라서 하나의 국가를 유지하는 것이 아니라 하나의 국가 아래 살면서 단일민족 의식을 키워 온 셈이지. 그러니까 우리는 처음부터 단일한 민족으로 존재한 게 아니라 사후에 단일한 민족으로 묶여진 거야.

'혼혈'이라는 개념은 순혈을 중심에 놓고 만들어진 개념이지. 혼혈을 '잡혈'이라고도 해. 그 개념은 한민족과 다른 민족 사이에서 태어난 사람을 따로 범주화하지. 그 사이에서 태어난 사람은 한민족도 아니고 이민족도 아닌 거야. 그는 '제3의 범주'에 속할 뿐이야. 혼혈인은 순수한 한국인과 그렇지 않은 한국인을 나누는 개념이야. 순혈주의자에게 혼혈인은 어디까지나 '불순한 한국인'에 불과하지.

우리말에서 '잡-'이 들어간 말들은 하나같이 부정적이야. 잡놈, 잡것, 잡종, 잡일, 잡말, 잡음, 잡담, 잡티, 잡초, 잡풀, 잡탕, 잡귀, 잡념, 잡생각, 잡소리, 잡상인…. 여기에서 '잡스러움'을 말끔히 거둬내려는 덧없는 욕망을 읽을 수 있어. 그나마 잡채나 잡곡 정도가 덜 부정적으로 들리지. 잡곡조차 쌀을 최고로 치던 시절에는 푸대접을 받았어. 그러다 건강에 대한 관심이 커지면서 긍정적으로 바뀌기 시작했지. 잡곡이 우리 몸에 이롭듯이 잡종은 사회의 건강에 유익해. 잡종이 넘치는 사회는 그만큼 다양한 사회니까 말이야. 오늘날 다양성은 사회 발전에 매우 중요한 가치가 되었지. 획일성이 아니라 다양성이 좋듯이 단일민족이 아니라 다민족이 좋은 거야.

갈등인가, 차별인가?

인종차별의 한국 버전

우리에게는 앞서 살펴본 인종차별 말고도 다른 종류의 인종차별이 있어. 바로 전라도(인) 차별이지. 당연히 전라도 사람이 다른 인종인 건 아니야. 다만, 인종차별이 특정한 인종을 차별하듯이 그것은 특정한 지역 출신을 노골적으로 차별해 왔다는 점에서 인종차별에 가깝지. 한마디로 인종차별의 한국 버전이라 할 수 있어. 혹시 '전라디언'이라는 말을 들어 봤어? 전라디언은 전라도와 인디언이 합쳐진 말이야. 인터넷에서 많이 볼 수 있는 말인데, 전라도 사람들을 일부러 깎아내리는 표현이지. 전라디언 말고도 홍어, 홍어좌빨, 전라좌빨, 전라좀비, 전라민국 등 전라도 사람을 깎아내리는 표현들

이 많이 있어.[4]

2014년 초 '염전 노예 사건'으로 전국이 한동안 떠들썩했지. 신안 군의 일부 염전 사업장에서 노숙자를 데려다 월급도 주지 않고 노 예처럼 부려 먹은 사건이었어. 신안군이 바로 전라도에 속하지. 바 로 이 점 때문에 인터넷상에서는 '전라도 섬 노예'라는 이름으로 전 라도가 엄청 비난받았어. 2011년과 2012년에도 비슷한 사건이 있 었지. 그 이전에도 노예 청년과 노예 할아버지가 언론 보도로 알려 진 적도 있어.

그러나 그들의 경우 누구도 지역이 문제되지 않았지. 왜 그랬을 까? 전라도가 아니었기 때문이야. 지금까지 비슷한 사건이 여러 번 발생했지만, 단 한 번도 지역이 문제된 적은 없었어. '염전 노예 사 건'도 전라도의 문제로 봐서는 안 돼. 그런 문제는 지역과 상관없이 인권 의식이 부족하면 어디에서든 벌어질 수 있으니까. 전라도라고 유난히 인권 의식이 낮고 서울이라고 특별히 인권 의식이 높은 건 아니야. 그렇다면 이 사건만 왜 '전라도 섬 노예' 사건으로 불린 걸 까? 전라도에 대한 편견과 차별 때문이겠지.

---

4 홍어는 전라도에서 즐겨 먹는 물고기이다. 특히 삭힌 홍어는 독특한 향 때문에 그 맛에 익숙하지 않은 사 람은 잘 먹지 못한다. 처음 먹는 사람은 역한 느낌을 받기도 한다. 그러니까 전라도 사람을 그들이 즐겨 먹는 물고기에 빗대 '역한 족속'으로 깎아내리는 표현이 '홍어좌빨'이다. '좌빨'은 아마도 '좌파(진보) 빨갱이'를 줄인 말로 보인다. 빨갱이는 공산주의자를 멸시적으로 부르는 말이다. 정확히는 좌파와 공산주의가 개념상 반드시 일치하는 건 아니다. 공산주의는 좌파에 속하지만, 모든 좌파가 공산주의는 아니기 때문이다. 좌파左派는 정 치적 이념이 보수주의의 왼쪽에 있는 사람들을 가리킨다. 여기에는 공산주의자를 비롯해서 아나키스트(무정부 주의자), 환경주의자, 생태주의자 등이 두루 포함된다. 참고로, 좌파나 우파라는 말은 프랑스혁명에 기원을 두 고 있다. 1789년 혁명 직후 소집된 국민공회에서 왕을 지지하는 왕당파가 의장석의 오른쪽(우파)에, 중도 성향 의 파벌이 가운데에, 그리고 혁명을 지지하는 공화파가 의장석의 왼쪽(좌파)에 앉은 것에서 유래되었다. 그래 서 우파는 정치적으로 보수적·점진적 정파를, 좌파는 혁신적·급진적 정파를 의미하게 되었다.

전라도에 대한 차별은 우리 일상 곳곳에 숨어 있어. 가령 경상도 출신의 여성이 전라도 출신의 남성과 결혼하려고 하면 "전라도 사람은 안 된다"면서 반대하는 부모님들이 드물지만 여전히 있지. 사실 실제적인 차별보다 근거 없는 편견이 더 심각한 편이야. 인터넷에 전라도 사람을 치면 "전라도 사람은 배신을 잘해", "전라도 사람은 뒤통수를 잘 친다", "전라도 사람은 겉과 속이 다르다"라는 식의 글들이 수두룩하지. 전라도라는 말의 앞뒤에는 사기, 배신, 뒤통수가 당연하다는 듯이 따라붙어.

전라도에 대한 편견과 차별은 너희들 사이에서 벌어지는 집단 따돌림과 비슷하지. 특별히 전라도 사람들이 이상해서 따돌리는 게 아니야. 누군가를 왕따시키면서 "걔는 자기밖에 몰라", "걔는 너무 잘난 척이 심해", "걔는 분위기 파악을 못해" 이렇게 비난하는 거랑 비슷하지. 그런 비난을 받은 친구는 정말 자기밖에 모르고 잘난 척이 심하며 분위기 파악을 못했을까? 앞에서 살펴본 것처럼, 왕따는 따돌림받는 사람의 문제로 발생하는 게 아니야. 따돌림을 당하는 사람은 대개 가장 약한 이들이지. 진짜 문제는 따돌리는 사람에게 있어.

전라도 차별도 마찬가지야. 전라도 사람들이 예전부터 줄곧 차별받아 왔고, 또 힘이 없어 보이니까 계속 따돌림을 당하는 거지. 어떤 문제가 발생했을 때 '전라도 사람이라서 그래' 이런 식으로 생각하면 안 돼. 출신 성분은 그 사람이 저지른 문제와 아무 관련이 없을 때가 많거든. 보통은 차별이 이런 식으로 시작된다는 사실을 기억할 필요가 있어. "여자라서 그래", "혼혈아라서 그래", "부모가 없어서 그래", "동성애자라서 그래", "대학을 안 나와서 그래", "동남아 출신이라서 그래", "흑인이라서 그래"….

　너희들은 나이가 어려서 지역감정에서 자유로울까? 아직 사회의 편견과 고정관념에 완전히 물들기 전이라 자유로울 것 같지? EBS 다큐 프라임에서 방영한 〈끝나지 않은 전쟁, 한국의 지역감정을 말하다〉의 제작팀이 광주광역시교육청, 대구광역시교육청과 함께 '지역감정 인식 설문 조사'를 했어.(2015년 5월) 총 300명의 중학생을 대상으로 조사한 결과, 15살의 청소년들조차 지역감정에서 자유롭지 않다는 사실을 확인할 수 있었지. 광주 학생들은 '경상도 사람들이 유능하기는 하지만 차갑다'라고 생각했고, 대구 학생들은 '전라도 사람들이 따뜻하기는 하지만 능력이 그렇게 뛰어나지 않다'라고 생각했어. 정말로 경상도 사람은 차갑고, 전라도 사람은 무능력할까? 누구나 조금만 생각해 봐도 그렇게 말하기 어렵다는 걸 알 수 있지. 결국 지역감정과 지역 차별은 어른들만의 문제가 아닌 거야.

갈등이 아니라 차별이다

　'지역감정', '지역 갈등'이라는 게 있어. 흔히 영호남 지역 갈등이라고도 하지. 먼저 우리는 '지역감정', '지역 갈등', 이런 말들이 잘못되었다는 점을 생각해 봐야 해. 지금으로부터 100년 전에 우리 민족은 일제의 식민지였지. 그 당시를 회상하면서 아무도 대한민국과 일본의 갈등이라고 말하지 않잖아. 명백한 억압이었음을 누구나 알고 있지. 그러나 전라도에 대한 차별에 대해서는 갈등으로 생각해. 대부분의 차별이 그런 식이지. 흑인에 대한 차별을 흑백(흑인과 백인) 갈등으로 부르니까. 마치 엇비슷한 힘을 가진 두 집단이 똑같은 이유로 싸우고 있다는 듯이 말이야. 차별받는 사람 입장에서 차별은 갈등일 수 없어. 장애인 차별은 장애인에게 차별일 뿐이지 결단코 갈등이 아니야. 표면상 갈등으로 비칠 뿐, 실상은 차별일 뿐이지.

전라도를 무시하고 차별하는 것은 경상도 사람만이 아니야. 경상도 사람이 아니라도 전라도 사람을 이상하게 바라보고 깎아내리는 이들이 있지. 그런 점만 봐도 우리 사회에 지역 갈등은 없어. 지역 차별이 있을 뿐이지. 어떤 사람이 "전라도 사람이라서 그래"라고 말한다면, 그 사람은 전라도라는 집단을 통해 개인을 판단하는 동시에 전라도를 열등하고 다른 지역을 우월하게 바라보는 인종주의자라고 볼 수 있어. 많은 사람이 인종주의가 나쁘다고 생각하지만, 전라도에 대한 편견과 차별에 대해서는 둔감한 편이지. 아마 이 문제를 전라도와 경상도의 갈등과 다툼으로 생각하기 때문일 거야.

일부에서는 전라도에 대한 차별과 편견은 잘못됐지만, 전라도 사람들의 행태를 보면 그럴 만하다고 생각하기도 하지. 아마도 가장 문제 삼는 부분은 선거 때마다 볼 수 있는 몰표일 거야. 매번 선거에서 전라도와 경상도의 지역주의 투표가 문제시되지. 전라도는 민주당, 경상도는 새누리당으로 편이 갈려서 표가 한쪽으로 심하게 쏠리곤 해.[5] 가령 지난 18대 대통령 선거 당시 새누리당의 박근혜

5　이와 같은 지역주의 투표 성향이 조금씩 균열하고 있는 것도 사실이다. 2014년 4월 실시된 제20대 국회의원 선거에서 민주당은 부산에서 5석, 영남에서 3석, 대구에서 1석 등을 차지했다. 마찬가지로 새누리당은 호

후보는 대구, 경북에서 80퍼센트 이상 득표했고, 마찬가지로 민주당의 문재인 후보는 광주, 전라에서 80퍼센트 이상 득표했지. 겉으로 나타난 수치만 놓고 보면 경상도보다 전라도의 표 쏠림이 좀 더 심한 편이야. 18대 대선에서 문재인 후보는 광주에서 92퍼센트, 전남 89퍼센트, 전북 86퍼센트 등 압도적인 지지를 받았거든.

문제는 두 지역의 표 쏠림을 똑같이 봐서는 안 된다는 점이야. 1980년 5월 18일, 신군부가 광주 시내에 모인 시위대를 향해 총칼을 겨눴지. 그리고 언론을 통해서는 북한 간첩이 부추겨서 폭동이 일어났다고 거짓 선전했어. 실제로 시위대가 요구한 것은 한 가지였어. 바로 '민주화'였지. 오랜 군사 독재 정권이 박정희의 갑작스러운 죽음으로 끝나는가 싶더니, 다시 전두환, 노태우 등의 군부 세력이 12·12 쿠데타를 일으켰지. 신군부는 계엄령(일종의 비상 긴급 명령)을 발표하고 무력으로 정권을 찬탈하려 했어. 이에 광주 시민들은 계엄 해제와 민주화를 요구하는 시위를 벌였던 거야. 그러나 돌아온 것은 잔혹한 학살이었지. 10일간 이어진 항쟁에서 민간인 191명이 계엄군에 의해 죽임을 당했어. 부상자는 852명에 달했고.

그 뒤로 여러 번의 5월이 지나갔지. 5월에 5월을 거듭하며 광주의 진실이 조금씩 사람들에게 알려지기 시작했어. 그리고 수평적

남에서 2석을 확보했다. 이 같은 변화가 진일보한 진전인 것은 맞지만, 지역주의 투표 성향은 여전하다. 또 하나, 20대 총선에서 전라도는 민주당 대신 국민의당을 밀어줬다. 광주에선 8석 모두를 국민의당이 석권했다. 민주당 대신 국민의당을 선택했다 해도, 변하지 않는 것은 전라도가 여전히 강력한, 야권 지지를 버리지 않았다는 점이다. 야권에 대한 전라도의 높은 지지율은 지역 차별에 대해 전라도 유권자가 할 수 있는 최소한의 저항이다.

정권 교체가 이뤄지고 민주화가 되면서 제대로 된 이름조차 없었던 그 사건은 '5·18 민주화 운동'이라는 이름을 갖게 되었지. 그와 함께 희생자에 대한 보상도 이루어졌어. 그러나 1980년 광주에서 벌어진 학살에 대해 공개적으로 사죄한 사람은 아무도 없지. 심지어 학살의 최종 책임자인 전두환은 2017년 회고록을 출간하면서 자신을 "광주 사태의 희생양"으로 주장했어. 가해자가 피해자 코스프레를 하는, 정말 웃지 못할 상황이 벌어졌지. 전라도의 몰표는 그 반작용으로 이해할 수 있어. 제대로 청산된 적 없는 정치 세력(새누리당의 전신인 민자당은 김영삼의 통일민주당과 전두환의 민주정의당이 합당해서 탄생했거든)에 대한 거부인 셈이야. 현재 자유한국당의 인적 구성이 민주정의당을 그대로 계승한 건 아니지만(시간이 흐르면서 인물들이 어느 정도 교체되긴 했으니까), 그 뿌리를 부정할 순 없으니까.

사실 이 문제의 뿌리는 시간을 좀 더 거슬러 올라가서도 찾을 수 있지. 일제강점기 이후 산업화 과정에서 전라도가 다른 지역에 비해 소외되었다는 것도 하나의 이유일 거야. 우선 한국전쟁 당시 낙동강 방어선이 형성되면서 경상도 지역은 피해를 덜 입게 됐지. 게다가 1950~60년대의 경제가 주로 미국과 일본과의 항만 무역 형태로 발전하게 됐어. 그 결과 인천항을 중심으로 한 수도권과 부산항을 중심으로 한 경상도가 비약적으로 발전한 반면 전라도는 그렇지 못했지. 전라도 사람들이 소외감을 느낄 만했어. 이후에도 경상도는 정권의 전폭적인 지원 아래 산업 단지와 고속도로 등을 건설하며 승승장구했지. 반면에 전라도는 불균형 발전의 최대 피해자가 되었

어. 박정희부터 전두환, 노태우, 김영삼, 김대중, 노무현, 이명박, 박근혜까지 그 출신만 봐도 짐작해 볼 수 있지. 김대중을 제외하면 모두가 영남 출신들이야.(물론 부산 출신인 노무현의 위치는 다소 특수하겠지만. 영남 출신이면서도 민주당 간판을 내걸고 대통령이 되었으니까 말이야.)

전라도가 소외되고 고립되는 데에는 정치가 적지 않은 역할을 했지. 경북 구미 출신의 박정희는 대통령 당선을 위해 일부러 지역감정을 부추겼어. 선거에서 강력한 경쟁 후보로 등장한, 전남 목포 출신의 김대중 후보를 견제하기 위해 '박정희=경상도, 김대중=전라도'의 구도로 선거를 끌어갔지. 지금도 그렇지만 당시의 경상도는 전라도에 비해 인구수가 많아서 그와 같은 구도라면 선거에서 이길 가능성이 높다고 판단했던 거야. 1971년 대통령 선거에서 벌어졌던 일이지. 당연히 전라도 사람에 대한 편견을 박정희가 처음 만들어 낸 건 아니야. 하지만 이때부터 전라도를 왕따시키는 생각이 널리 퍼졌지. 박정희 정권 내내 구미를 비롯한 경북이 비약적 발전을 이루는 동안, 전라도는 정체를 거듭해 왔어.

다시 강조하자면, 차별받는 사람 입장에서 차별은 갈등일 수 없어. 장애인 차별은 장애인에게 차별이지 비장애인과의 갈등이 절대 아니야. 유색인종[6]을 차별하는 백인이 가진 인종주의적 태도는 백

---

6 유색인종이라는 말 자체가 백인 중심적이다. 유색인종이라는 말은 백인이 다른 인종을 그 다양성과 상관 없이 뭉뚱그려 부르는 개념이다. 그 개념 아래 백인 이외의 모든 인종은 하나로 뭉뚱그려진다. 백인의 관점에서 흑인이나 황인은 유색인종일 뿐이다. 여기서 유색有色은 그러니까 색깔이 있다는 뜻이다. 그렇다면 정작 백인은 무슨 색일까? 무색인종? 아니면, 흰색인종? 무색은 아니고 흰색이다. 그러나 흰색인종이라는 말은 없다. 백인의 흰색은 다른 인종의 피부색을 분류하는 척도일 뿐이기 때문이다.

인우월주의지만, 흑인이 그런 백인에게 갖는 정당한 분노와 저항은 흑인우월주의가 아니지. 그것은 흑인과 백인이 동등한 인간이라는 평등주의일 뿐이야. 게다가 앞에서 언급한 것처럼 전라도를 차별하는 것은 경상도 사람만이 아니거든. 경상도 사람이 아니라도 전라도 사람을 이상하게 바라보고 깎아내리곤 하지. 이런 점만 봐도 우리 사회에 지역 갈등은 없다고 볼 수 있어. 오직 지역 차별이 있을 뿐이지. 차별하는 백인의 감정과 그에 맞서는 흑인의 감정이 똑같지 않듯이, 패권을 누리는 영남의 감정과 그에 맞서는 호남의 감정을 똑같이 볼 수는 없지. 따라서 '지역감정'이라는 말도 조심할 필요가 있어.

일베라는 악취미

지역 차별에 대한 마지막 얘기로 일베 문제를 잠깐 다뤄 볼까. 우선, 일베에 대해서 잘 모르는 친구들을 위해 잠깐 설명해 줄게. 일베는 '일간베스트'라는 사이트 이름을 줄인 거야. 이 사이트는 회원들이 쓴 글들을 추천 순위에 따라 '베스트' 게시판에 배열하는데, 추천 방식이 특이하지. 대개의 게시판이 '공감/비공감', '추천/비추천' 등을 쓰는 반면 일베는 '일베로/민주화'를 쓰지. 즉, 글이 마음에 들면 '일베로'를 누르고, 마음에 안 들면 '민주화'를 누르는 거야. 비추천 의사를 표하기 위해 '민주화'를 쓴다는 것만 봐도 이 사이트가 어떤 성격의 사이트인지 대충 짐작이 갈 거야.

일베에 가 보면 '5·18 광주 민주화 운동'을 여전히 폭동으로 매도하는 이들이 있어. 5·18 광주 민주화 운동을 빨갱이(공산주의자)들의 폭동이라고 주장하지. 북한의 사주를 받은 빨갱이들이 5·18 광주 민주화 운동을 일으켰다는 거야. 빨갱이는 사회주의자, 공산주의자를 폄하해서 부르는 말이지. 요즘에는 좌빨(좌파를 폄하하는 말)이나 종북좌빨(북한을 추종하면 그것이 곧 좌파라며, 북한 추종과 좌파를 동일시함으로써 좌파를 폄하하는 말) 등의 표현도 잘 쓰여. 우리는 동족상잔의 비극을 겪으면서 공산주의(사)를 증오하게 되었지. 과거 권위주의 정권은 빨갱이라는 말을 전가의 보도처럼 사용했어. 정권에 비판적인 사람들을 잡아다가 탄압하고 사회적으로 매장할 때마다 빨갱이라는 꼬리표를 붙였지.[7]

5·18 광주 민주화 운동을 북한의 사주를 받은 폭동으로 보는 건 관점의 문제가 아니라 진실의 문제야. 5·18은 이미 역사적 평가가 내려진 사건이야. 교과서에도 올라가 있고, 전 세계의 많은 양심적 지식인들도 인정하는 민주화 운동이란 말이지. 결코 정치적 입장의 문제가 아니야. 야당이든 여당이든 5·18이 민주화 운동이라는 사실을 부정하는 정치 집단은 대한민국에 없어. 그런데도 34년 전 광주에서 민간인들의 학살을 지시한 신군부가 퍼뜨린 거짓말을 아직

---

7 어떤 사상이 절대적으로 옳고, 다른 사상이 절대적으로 틀리라는 법은 없다. 공산주의/사회주의도 마찬가지다. 누군가 그런 사상을 신봉한다고 해서 죄가 될 순 없다. 대한민국은 사상의 자유를 인정하는 민주 공화국이니까.(헌법 19조) 헌법이 보장한 사상의 자유가 자유민주주의만을 가리키는 건 아니다. 민주 공화국이라면 어떤 사람이 가진 사상으로 그 사람을 처벌할 수는 없다. 설령 그 사상에 어떤 해악害惡이 담겨 있다 하더라도 말이다. 처벌은 구체적 행위에 대해서만 이뤄질 수 있다. 어떤 사상을 신봉하여 실제로 누군가를 해치거나 사회에 직접적 피해를 입혔을 경우에만 처벌의 대상이 된다. 볼테르는 사상의 자유와 관련해서 중요한 말을 남겼다. "나는 당신의 사상에 반대한다. 하지만 당신이 그 사상 때문에 탄압받는다면, 나는 당신의 편에 서서 싸울 것이다."

까지 주워섬겨선 안 되겠지.

이 같은 왜곡된 시선이 단지 개인의 문제일까? 한국 현대사에 대한 정확한 역사 교육이 이뤄지지 못한 탓이 크겠지. 학교 교사들은 5·18에 대해 잘 알지 못할뿐더러 관심조차 없다고 해. 초등학교 교사 김준산은《교사, 가르고 치다》라는 책에서 학교 현장의 분위기를 이렇게 전하지. "5·18을 기꺼이 잊고 싶은 윗분들의 입김이 거세기 때문에, 학교에서 5·18은 매우 조용한 날입니다. 3·1절이나 광복절의 계기 교육(학교 교육 과정과 상관없이 특정 기념일 등에 특정한 주제를 가르치는 교육)은 빠지지 않고 하지만, 5·18에 대한 계기 교육은 '피할 수 있으면 피하라'는 식입니다." 정치적 중립을 강조하는 학교가 더 정치적인 셈이지. 이처럼 교육은 정치적이야.[8]

일베에는 약자에 대한 조롱이 넘치지. 이들이 약자를 조롱거리로 삼는 이유는 간단해. 안전하기 때문이야. 앞에서 살펴본 '수평 폭력'

---

8 기존의 한국사 교과서가 좌편향이라며 교과서를 국정화한 박근혜 정부의 태도도 마찬가지다. 2016년 박근혜 정부는 집필진을 비공개한 채 국정 교과서를 제작했다. 그렇게 해서 유례없는 '작자 미상 교과서'가 탄생했다.(철저히 비밀에 부쳐졌던 집필진은 교과서가 다 만들어진 후에야 뒤늦게 공개됐다.) 국정 교과서는 정치적으로 중립적일까? 보수 정권하에서는 우편향이 될 가능성이 높다. 교육의 중립성을 표방하는 정부가 나서서 교육의 중립성을 훼손하는 셈이다. '교육의 중립성'은 허구다. 여기서 '정치적 중립의 정치성'에 대해서 고민하게 된다. 정치적 입장이 전혀 없다고 생각되는 것들이 사실은 더 정치적일 수 있다. 가령 자기계발서, 재테크 서적, 힐링 관련 심리서 등은 특정한 정치적 입장과 무관한 책 같아 보인다. 그러나 정치색이 없어 보이는 대부분의 책들은 기능주의적 시각에서 쓰인 책들이다. 쉽게 말해 현재의 체제나 질서를 긍정하고 거기에 적극적으로 복무하는 책들인 셈이다. 그런 의미에서 기능주의적 책들의 속살은 보수주의적 정치색을 감추고 있다.
탈정치적인 듯 보이는 것들이 오히려 더 정치적인 법이다. 게다가 "정치성을 표방하는 경우보다 정치적 효과도 크다."(정희진《정희진처럼 읽기》) 작가 조지 오웰은 이렇게 말했다. "어떤 책이든 정치적 편향으로부터 진정으로 자유로울 수 없다. 예술은 정치와 무관해야 한다는 의견 자체가 정치적 태도인 것이다."(《나는 왜 쓰는가》, 294쪽) 어느 한쪽으로 털끝만치도 안 치우친 입장은 없다. 세상 모든 입장이 그렇다. 다만 그 사실을 인정하느냐, 부정하느냐의 문제일 뿐이다. 현실에서 중립 같은 건 없다. "달리는 기차 위에 중립은 없다."(하워드 진) 그렇다, 현실은 달리는 기차와 같다. 정지된 진공의 상태가 아니다. 그러므로, 중립은 없다.

기억나지? 자신을 억압하는 근본 원인을 향해 분노를 표출하지 못한 채, 그저 자신과 비슷하거나 더 약해 보이는 사람에게 대신 분노를 드러내는 태도 말이야. 일베에 글을 쓰는 이들은 힘없는 하위계층이지. 그들 역시 실패와 좌절을 경험하고, 사회에 분노를 느낄 거야. 그들은 강자의 입장에서 약자를 조롱하면서 마치 스스로 강자가 된 듯 느끼겠지만, 현실에선 그들 역시 좌절 속에서 허우적대는 약자일 뿐이지. 그러나 자신들의 좌절을 분석할 지식도, 자신들의 분노를 해결할 방법도 그들에겐 없지. 책임 당사자인 권력에 도전할 용기는 더더욱 없고. 그래서 선택한 방식이 "'분노해야 할 대상'에게 분노하기보다 '분노할 수 있는 대상'에게 분노하는"(강인규 《대한민국 몰락사》, 264쪽) 거야. 약자가 피해의식에서 벗어나는 가장 쉽지만 나쁜 방법은, 자기보다 더 약한 사람을 찾아서 그를 욕보이는 거지.

혹시 너희 중에 일베에 자주 들어가거나 혹은 거기에 글을 쓰는 사람이 있다면 다음을 꼭 지키도록 하자. 일베 사이트에서 활동하면서 첫째는 역사적 진실을 왜곡해선 안 되고, 둘째는 소수자에 대한 편견을 강화해선 안 되지. 그 사이트에서 활동하는 건 개인의 자유지만, 그 두 가지는 지키도록 노력하자. 역사적 진실의 왜곡과 소수자에 대한 폭력의 언어가 정당한 표현의 자유일 순 없지. 자유의 이름으로 타인에게 폭력을 일삼는 행위는 결코 자유의 본령(근본이 되는 특질)이 아니야. 나의 자유가 너의 자유를 억압할 때, 우리는 자신의 자유를 근본적으로 돌아볼 필요가 있어. 그렇다면 어떻게 해야 할까? 최소한의 균형 잡힌 시각을 지니기 위해서 노력해야겠지.

일베에 있는 글들만 읽지 말고 더 다양한 볼거리와 읽을거리를 접할 필요가 있어. 최소한의 균형 잡힌 시각을 지니려면 말이야. 그래서 몇 가지 볼거리와 읽을거리를 추천해 줄게. 영화를 보며 쉽게 당시 상황을 이해하고 싶은 사람들은 〈화려한 휴가〉(2007)와 〈26년〉(2012)을 보도록 해. 〈화려한 휴가〉는 1980년 당시의 이야기를, 〈26년〉은 그로부터 26년이 지난 이야기를 다루고 있지. 〈26년〉의 원작은 강풀의 만화니까 만화를 찾아봐도 좋을 거야. 소설을 읽고 싶은 사람은 한강의 《소년이 온다》를 읽어 봐. 평소에 책을 잘 안 읽어서 아주 쉬운 책을 보고 싶은 사람은 《왜 5·18 민주화 운동이 일어났을까?》를 보도록 하자. 혹시 좀 더 깊이 있는 내용을 알고 싶은 사람은 《오월의 사회과학》이나 《5·18 그리고 역사》, 《철학의 헌정》 등을 찾아서 보면 좋을 거야. 《죽음을 넘어 시대의 어둠을 넘어》는 광주의 실상을 알린 최초의 출판물이라는 점에서 역사적 의미가 있는 책이지. 학살이 벌어지고 5년 뒤인 1985년에 처음 출판됐거든.

왜 고치려 하지 않을까?

A : 유대인의 문제란 자기들밖에 모르는 데 있어요.

B : 그러나 지역 사회 모금 운동을 보면 유대인은 그 인구에 비해 다른 민족들보다 훨씬 많은 돈을 냈던데요.

A : 그게 바로, 언제나 남에게 호감을 사려 하고 기독교적 사업에 끼어들려 하는 유대인의 특성이지요. 그들은 돈밖에 생각하는 게 없고, 그래서 유대인 중에 은행가들이 많지요.

B : 그렇지만 최근 연구 결과를 보면 금융계에 종사하는 유대인의 비율은 비유대인의 비율과 비교할 때 무시해도 좋을 만큼 적던데요.

A : 바로 그렇다니까요. 그들은 좋은 사업에는 별로 참여하지 않고, 영화 제작이나 나이트클럽 같은 유흥·향락 사업에만 종사

하고 있지요.

제시된 대화는 극단적인 유대인 혐오증을 앓고 있는 반유대주의자 A가 다른 사람과 나누는 대화를 가상으로 만든 거야.(김찬호《사회를 보는 논리》참고) 대화는 편견의 작동 방식을 잘 보여 주지. 우리는 자기 생각이 객관적 현실을 반영하고, 또한 현실이 변하면 그에 따라 변화한다고 여기지. 그러나 앞의 대화가 보여 주는 것처럼, 생각은 현실의 결과라기보다 현실을 해석하는 틀에 가깝지 않을까? 사람들은 이미 자기가 가진 관념이나 가치관을 뒷받침해 주는 것들만을 받아들이는 경향이 있지. 즉, 자기가 보고 싶은 것들만 보면서 기존의 관념을 강화하는 거야. 심리학에서는 이를 '확증 편향'이라고 부르지. 철학자 니체는 이렇게 말했어. "사실이란 것은 없다. 오직 해석만 있을 뿐이다." 인간은 자기가 가진 기존 관념에 따라 현실을 자기 식대로 수용하고 해석하는 거지.

마찬가지로 특정 인종에 관한 편견도 객관적으로 현실을 반영한 결과가 아니라 주관적으로 현실을 왜곡하는 원인이야. 편견이란 대체로 그렇지. 대상이 편견을 낳은 원인이라고 생각하기 쉽지만, 사실은 편견이 대상을 그렇게 보도록 만드는 원인일 때가 많아. 그렇다면 사회가 인종차별을 개선하기 위해 적극적으로 나서지 않는 이유가 뭘까? 여기에는 여러 이유가 있을 거야.

첫째, 법을 제정하고 집행하는 이들, 즉 국회의원이나 대통령 등 정치인의 입장에서 적극적으로 나설 이유가 없지. 자기 문제가 아니기 때문이야. 또한, 이주노동자 등 인종차별의 피해자 대다수가 유권자가 아니라서 크게 신경 쓰지도 않지. 그렇다면 지역 차별은 어떨까? 어쨌든, 차별받는 특정 지역 주민들은 이주노동자와 달리 유권자잖아. 여기서는 지역주의에 편승하는 기회주의적인 정치인들이 한몫을 하지. 그들은 대통령 선거 등에서 전라도를 아예 버리는 카드로 생각해. 앞서 지적한 것처럼, 경상도가 전라도에 비해 유권자 수가 훨씬 많기 때문이야. 서울 등 수도권에선 백중세, 경상도에선 우세, 전라도에선 열세, 이렇게 판이 갈리면 결국 이기는 쪽은 경상도의 지지를 받는 쪽이 되겠지. 만약 수도권에서 열세라면, 그제야 전라도에 관심을 주는 척하겠지.

　미국 사회에서 흑인에 대한 인종차별이 쉽사리 근절되지 않는 이유도 비슷하지 않을까? 흑인 역시 유권자임에도 불구하고, 숫자상으로 소수인 데다 사회·정치적으로 비주류이기 때문에 부당한 차별이 계속되는 거겠지. 물론, 수가 적다고 해서 무조건 비주류가 되는 건 아니야. 수가 적어도 주류가 될 수 있지. 아니, 정확히 말하면 일반적으로 주류는 수가 적어. 실제 주류에 속하는 이들은 소수에 불과하지만, 주류의 가치를 추구하는 이들이 다수인 거지. 주류의 힘은 바로 거기서 나오는 거야. 가령 전체 수험생 가운데 서울대에 진학하는 학생이 몇 명이나 될까? 1퍼센트도 안 되지. 그런데 아무나 명문대생이 될 순 없지만 누구나 명문대생이 되길 원하잖아. 서울대를 비롯한 일부 명문대가 한국 사회를 틀어쥐고 있으니까. 그렇다면 주류냐 아니냐의 문제는 숫자가 아니라 힘과 지위, 영향력

등에 의해서 결정된다고 봐야겠지. 알다시피 미국 사회에서 흑인은 여론 주도층으로서 영향력이 거의 없어. 정치인들이 흑인들을 무서워하지 않는 이유야.

둘째, 대놓고 차별을 부추겨야 자기에게 이롭다고 생각하는 이들이 있기 때문이지. 그들은 사회적 불만을 진짜 원인이 아닌 다른 쪽으로 돌리려 하지. 기득권층에 대한 불만을 사회적 약자에게 표출하게 함으로써 마치 불만이 해소되는 듯한 착각을 하게 만드는 거야. 일종의 '허수아비 공격'이지. 진짜 문제는 따로 있는데, 엉뚱한 허수아비를 세워 놓고 공격하게 만드는 식이야. 사회·경제적 불평등을 극복할 가능성이 차단된 사람일수록 그러한 꼬임에 쉽게 넘어가 '가상의 적'을 공격하는 데 몰두하지. 그러나 근본적으로는 아무 문제도 해결되지 않지. 독재자들이 주로 이 방법을 쓰는데, 독일의 히틀러가 대표적이었어. 히틀러는 실제로 존재한 적도 없는 아리안 족을 독일 민족의 조상으로 내세워 독일 민족의 우월성을 강조했지. 그 과정에서 유대인 같은 다른 민족을 탄압했어. 그러니까 히틀러는 유대인이라는 허수아비 표적을 세워 놓고 독일 국민들의 불만을 거기에 집중시켰던 거야.

1차 세계대전에서 패전한 뒤에 독일은 엄청난 배상액을 떠안아야 했어. 전쟁을 치르며 전체 인구의 10퍼센트, 영토의 13.5퍼센트를 잃은 데다 1320억 마르크라는 막대한 배상금까지 물어 줘야 했지. 배상금을 다 갚으려면 매년 22억 마르크씩 60년이 걸렸어. 당시 독일의 1년 세입이 60~70억 마르크 정도였으니까, 해마다 국가 재정의 3분의 1을 배상금을 갚는 데 써야 했던 거야. 독일 중앙은행은 배상금을 마련하려고 마르크화를 닥치는 대로 찍어 냈지. 화폐량이 늘어나다 보니 화폐 가치가 떨어지고 물가와 환율은 수만 배 폭등하는 '초⁹인플레이션'이 발생했어. 이 같은 위기 상황을 타개하려고 히틀러는 유대인을 표적으로 삼았지. 인플레이션으로 화폐 가치와 자산 가치가 동반 폭락한 독일로 몰려든 것은 다름 아닌 돈 많은 유대인이었거든. 그 당시 미국, 영국 등에 퍼져 있던 부유한 유대인들이 독일의 초인플레이션을 틈타 다량의 자산을 매입하는 한편 고리대금업을 벌여 시중의 돈을 쓸어 담았어. 갈수록 경제가 어려워지자 유대인에 대한 독일인의 불만도 덩달아 커졌지.

셋째, 편견에 젖어 차별을 일삼는 이들이 스스로 나설 이유가 없기 때문이지. 편견을 가진 이가 자신의 편견을 돌아본다? 하늘에서 별을 따는 것만큼 어려운 일이지. 차별을 일삼는 가해자의 문제의식은 피해자에 비해서 늘 안일한 편이야. 가령 2013년 9월, 미국의 〈월스트리트저널〉이 "마틴 루터 킹 목사의 꿈이 이뤄졌다고 생각하

9 인플레이션은 통화량의 증가로 화폐 가치가 떨어지고 물가가 오르는 경제 현상을 뜻한다. 초인플레이션(영어로 하이퍼인플레이션hyper inflation이라고 한다)은 물가가 극단적으로, 그러니까 통제가 불가능할 정도로 오르는 현상이다. 당시 독일에서는 하루에 16퍼센트의 물가 상승을 경험했다. 1922년 시작된 초인플레이션은 1923년 새로운 화폐인 렌텐마르크가 도입되기 전까지 지속됐다. 그사이 물가는 무려 100억 배가 뛰었다. 다시 말하지만, 100배가 아니라 100억 배다. 이런 상황이라면 화폐는 휴지 조각보다 값어치가 떨어지게 된다. 당시 독일에서는 신문 한 장을 사는 데 돈 한 수레가 필요할 정도였다. 결코 과장이 아니다. "제 부친은 변호사였습니다. 1903년에 보험에 가입해서 20년 동안 보험료를 꼬박꼬박 내셨죠. 그런데 만기된 보험금을 가지고 살 수 있었던 것은 고작 빵 한 조각이었습니다." 애덤 스미스(《국부론》을 쓴 그 애덤 스미스는 아니다)의 《페이퍼 머니》에 소개된 독일 태생의 월터 레비의 일화다. 일부 학자들은 이 초인플레이션 때문에 나치 세력이 팽창했다고 주장한다. 초인플레이션이 당시 바이마르 공화국의 자유주의 체제에 대한 불만을 낳았고, 그 틈을 비집고 싹튼 게 나치의 전체주의 체제라는 것이다.

나요?"라는 질문을 가지고 여론조사를 했지. 마틴 루터 킹은 1960년대 흑인 인권 운동을 주도한 인물이야. 그의 꿈이란 인종차별이 없는 세상에서 모두가 평등하게 살아가는 것이었어. 50년이 흘러 미국은 마틴 루터 킹이 꿈꿨던 사회가 됐을까? 이 질문에 백인은 60퍼센트가 그렇다고 대답했던 반면, 흑인은 고작 20퍼센트만이 그렇다고 답했어.

지극히 당연한 말이지만, 편견에 젖어 있는 이들이 자신의 편견을 돌아보기란 대단히 어렵지. 편견을 가진 쪽은 다수이고, 편견으로 고통받는 쪽은 소수야. 다수는 소수의 문제를 자기 문제처럼 생각하기 쉽지 않지. 편견을 근본적으로 성찰하는 이들은 다수의 가해자가 아니라 소수의 피해자야. 피해자의 성찰이 깊어지고 힘이 커질 때 가해자 역시 편견을 돌아볼 수 있지. 미국에서 흑인 인권이 그나마 신장된 것도 1963년 8월 28일 링컨기념관 광장에 수십만 명의 흑인들이 모이고 나서였어. 인종에 대한 편견이든, 여성에 대한 편견이든, 성소수자에 대한 편견이든 다 마찬가지야. 편견은, 편견을 가진 이들이 아니라 편견 때문에 고통받는 이들에 의해서 깨지고 극복되지.

그렇다면 소수가 힘을 키울 때까지 우리는 손 놓고 가만히 기다리기만 하면 될까? 어떻게 하면 자기에게 익숙하고 편한 대로 정보를 받아들이고 세상을 해석하는 한계를 넘어설 수 있을까? 편견을 깨려면 '반대로 생각하기'를 시도해야 해. 즉, 편견에 둘러싸인 대상에게서 자신의 편견을 재확인할 게 아니라, 편견을 뒤집는 증거를 찾으려고 의도적으로 노력하는 거지. 이를 통해 우리는 '확증 편향'이라는 색안경을 벗어던질 수 있어. 즉, 자기가 가진 기존의 믿음을 과감히 넘어서서 생각의 지평을 넓히고 상대를 이해할 수 있는 거야. 우리가 여행(그저 먹고 즐기고 구경하는 관광이 아니라 보고 느끼고 배우는 여행이라면)을 가서 새로운 것을 접하고 인식을 확장할 수 있는 것도 '반대로 생각하기'의 과정과 비슷하지. 만약 여행지에서의 새로운 경험들을 기존의 관념을 강화하기 위한 근거로만 받아들인다면 여행을 통해서 아무것도 배울 수 없겠지. 새로운 것을 접하고 배우는 것은 편견을 깨고 생각의 지평을 넓히는 과정이라고 말할 수 있어.

크,
쇼핑하고
후회하지
않으려면

소비를 부추기는 것들

청소년 알바의 풍경

생각보다 우리 주변에는 일하는 청소년들이 많지. 너희 중에도 알바를 해 본 사람이 있을 거야. 학기 중에는 드물지만 방학 중에는 많이들 하겠지. 2009년 기준으로 학교를 다니는 청소년 10명 가운데 3명은 아르바이트 경험이 있었어. 중학생은 22퍼센트, 고등학생은 25퍼센트였지. 특성화고로 가면 무려 53퍼센트에 달했어. 학교를 다니지 않는 청소년들만 놓고 보면 그 비율이 훨씬 높았지. 무려 89퍼센트에 달했으니까.

청소년 알바는 불량·불우 청소년들의 전유물이 절대 아니야. 문제아들이 유흥비를 벌기 위해서, 혹은 불우 청소년들이 생계를 위해서 돈을 버는 차원을 넘어섰어. 찬성하든 반대하든, 청소년 알바는 우리가 당면한 현실이야. 그러니까 청소년 알바는 일탈 행위로 치부될 문제가 아니지. 일반적인 경우에서 벗어난 게 일탈인데, 현실에선 이미 많은 청소년이 알바를 하고 있거나 해 봤으니까 말이야.

청소년 알바는 편의점이나 패스트푸드점 등이 주를 이루고 있어. 10명 중에 5명은 이런 일을 하지. 그다음으로는 전단지 및 스티커 배포(25퍼센트), 신문이나 우유 배달(7.5퍼센트), 공장 및 건설 노동(5.3퍼센트), 주유소 주유원(3.7퍼센트) 등이 그 뒤를 잇고 있어. 서빙을 하든 전단지를 돌리든 배달을 하든 많은 10대들이 알바를 하지. 그렇다면 왜 알바를 할까? 집안 사정이 어려워서 하는 게 아니라면, 보통의 청소년들이 일하는 이유가 뭘까? 자기가 사고 싶은 걸 사기 위해서지. 부모님이 주는 용돈만으로는 부족하니까.

2011년 청소년들 사이에서 노스페이스 점퍼가 대유행했지. 노스페이스 계급도라는 것도 있었어. 노스페이스를 가격대별로 쭉 나열해 놓고선 가장 비싼 점퍼가 가장 높은 계급인 것처럼 묘사한 그림이었지. 그 후로 다소 꺾이긴 했지만, 2015년 겨울에는 일명 캐몽이 새로운 등골 브레이커(부모님의 등골을 휘게 한다는 뜻이야)로 등장하기도 했어. 캐몽은 캐나다구스와 몽클레이어를 합친 말이지. 이를 두고 어른들은 '철없는 애들'의 과시적 소비라고 말하기도 하지.

노스페이스 점퍼가 유행할 때 "다른 애들은 다 입는단 말이야"라면서 부모님을 졸라 패딩을 얻어 낸 청소년들도 많았지. 그래서 등골 브레이커라는 말이 나오기도 했잖아. 미국의 사회학자 데이비드 리스먼은 《고독한 군중》에서 이를 '타인 지향형(타인 지향의 인간)'이라고 비판했어.[1] '타인 지향'은 '혹시 내가 시대에 뒤떨어져 보이는 건 아닐까' 그런 걱정으로 늘 타인의 시선과 평가를 의식하는 태도야. 타인 지향형 인간은 자기 내면의 목소리보다 타인의 평가에만 골몰하지.

'다 있는데, 나만 없어!'

그러나 한편으로 그런 청소년들이 충분히 이해되기도 해. 다 있는데 나만 없다? 철이 들었든 안 들었든 상대적 박탈감은 누구에게나 견디기 힘든 감정이니까. 게다가 이는 상대적 박탈감의 문제만도 아니야. 노스페이스 점퍼를 입고 자신 역시 또래의 일원임을 증명하지 않는다면 교우관계가 어려워질 수도 있으니까. 유행이나 시류를 쫓지 않고 당당하게 살아간다면 더없이 좋겠지만, 체면과 평판, '타인의 시선'을 중시하는 문화에 길든 청소년들이 저 홀로 당당하기만을 기대하기는 어렵겠지.

어른들이 그런 세상을 만들어 놓고, 청소년들에게만 당당하라고 요구해선 안 될 거야. 물론 이렇게 반문하는 어른들도 있겠지. "내가 그런 세상을 만든 건 아니다. 나 역시 피해자다. 어른이 되어 보

---

1 데이비드 리스먼은 사회를 세 종류로 나눈다. '전통 지향형', '내적 지향형', '타인 지향형'이 그것이다. '전통 지향형'은 말 그대로 전통적 삶의 모습을 간직한 사회다. 산업이 발달하면서 '전통 지향형'은 무너지고 '내적 지향형'이 늘어난다. 사람들은 일자리를 찾아 옮겨 다니고, 하는 일도 그때그때 달라진다. 그러나 무슨 일을 하건 성실과 근면이 중요하게 여겨진다. 즉 내적인 도덕과 가치를 중시하는 것이다. 산업의 시대에서 상업의 시대로 넘어가면서 '내적 지향형'도 스러진다. 상업이 지배하는 세상에서는, 머릿수가 중요하다. 사람들이 많이 선택할수록 이윤이 늘어나기 때문이다. 이제 다수의 남들이 좋다고 여기는 게 중요해진다. 따라서 다수가 좋다고 여기면, 그것이 옳은 것이다.

니 세상은 이미 그런 모습이었고, 나 역시 거기에 적응해 살아남기 바빴다." 그런데, 그런 세상에 군말 없이 적응한 바로 그 태도가 그런 세상을 더욱 단단하게 만든 건 아닐까? 어른이 되었을 때 그런 세상을 거부하고 다르게 살고자 노력했다면, 적어도 자기 한 사람의 크기만큼은 세상이 달라졌겠지. 그런 부모 아래 자란 자녀라면 자연스레 자기 부모를 따라서 '당당하게' 살아가겠지. 부모가 당당하게 살라고 시키지 않아도 말이야.

시류를 쫓는 문제가 '철없는 아이들'만의 문제일까? 노스페이스 점퍼에 열광하는 부모님은 없지만, 어른들 역시도 특정 브랜드를 유행에 따라 사곤 하잖아. 사실, 유행을 쫓는 소비나 과시적 소비는 청소년이 아니라 어른들이 먼저 해 왔지. 한 드라마에서 여주인공이 입어서 유명해진 캐나다산 패딩 점퍼 가격은 150만 원이 넘었어. 그런데도 없어서 못 팔 정도로 인기였다지. 캐나다구스는 125만 원, 무스너클은 158만 원이었어. 그런데 이런 패딩 점퍼들은 해외직구 사이트에선 거의 반값에 팔렸지. 158만 원짜리 무스너클은 54만 원이면 살 수 있었다고 해. 즉 한국에서 팔리는 가격에는 상당한 거품이 끼어 있는 거야. 당연히 거품의 진원지는 소비자들의 무분별한 소비에 있겠지.[2]

---

2 지나치게 비싼 패딩 점퍼가 날개 돋친 듯 팔리는 이유는 뭘까? 아이러니하게도, 비결은 '지나치게 비싸다'는 데에 있다. 다시 말해, 비싸서 더 잘 팔리는 셈이다. 이는 우리의 상식과 어긋난다. 싸고 좋은 물건일수록 더 잘 팔린다는 게 우리 상식 아닌가? 이런 일이 어떻게 가능한 걸까? 《설득의 심리학》에 소개된 시바스리갈 스카치위스키의 사례를 가지고 알아보자. 시바스 브라더스는 해당 제품이 팔리지 않자 경쟁사들보다 훨씬 높게 가격을 책정했다. 가격을 올리자마자 제품 판매가 갑자기 급등했다. 제품 자체는 그대로였는데 말이다. 뇌 스캔 연구를 통해 그 이유는 밝혀졌다. 피험자들은 같은 와인을 마시면서도 5달러짜리라고 생각할 때보다 45달

이런 걸 보면 어른들이 청소년들보다 더 철없어 보이지 않아? 노스페이스 계급도를 신봉하는 청소년들은 샤넬이나 루이뷔통, 람보르기니를 욕망하는 어른들의 판박이일 뿐이야. 모든 어른들이 다 그런 건 아니라고? 물론 다 그렇진 않겠지. 하지만 많은 어른들이 그러고 있잖아. 명품까지는 아니더라도 자기 소비 수준에서 유행과 시류를 쫓고 있지. 가령 아웃도어 시장은 2007년 1조 5000억 원에서 2010년 3조 2500억 원, 2011년 4조 3500익 원, 2012년 5조 5000억 원, 2013년 6조 5500억, 2014년 7조 4000억 원으로 급성장했어. 7조 원을 넘는 아웃도어 시장이 유행이나 주변 시선과 무관하다고 말할 수 있을까? 일부 어른들만이 아웃도어를 소비한다고 말할 수 있을까?

어쨌든 부모님 등골 빼먹는 친구들에 비하면 자기가 일해서 번 돈으로 원하는 것을 사는 친구들이 대견해 보이지. 자, 그렇게 어렵게 모은 돈을, 또 부모님께 받은 피 같은 용돈을 함부로 써선 안 되겠지. 이제부터 소비에 관한 몇 가지 실험을 살펴보면서 똑똑하게 소비하는 방법에 대해서 알아볼 거야. 똑똑한 소비는 돈 버는 일만큼 중요하지. 똑똑하게 소비한 만큼 돈을 아낄 수 있고, 결국엔 그만큼 돈을 버는 것과 같으니까.

러짜리라고 생각할 때 더 맛있다고 평가했다. 뿐만 아니라 쾌락과 관련된 뇌 중추의 활성화 수치도 상승했다. 우리나라에서 비슷한 실험을 진행한 적이 있다. 2천 원짜리 커피와 4천 원짜리 커피를 주고 맛을 평가해 달라고 요구했다. 사실은 두 커피의 성분은 완전히 동일했다. 당연히 혀에 느껴지는 맛도 같았을 것이다. 하지만 많은 사람이 4천 원짜리 커피가 2천 원짜리보다 더 맛있다고 답했다. 게다가 "나는 맛에 민감한데, 4천 원짜리는 설탕 없이도 단맛이 난다", "4천 원짜리가 부드럽고 마시기 편하다" 등 상당히 구체적인 이유를 들어 설명하는 이들도 있었다. (김대식 《내 머릿속에선 무슨 일이 벌어지고 있을까》 참고)

합리적으로 소비하는 방법

낚이지 마라

나이가 어릴수록 하지 말라고 하면 더 하려고 하지. 아마 너희도 그럴 거야. 하지 말라는 일은 더 하고 싶고, 하라는 일은 왠지 더 하기 싫고. 흔히 청개구리 심보라고 하지. 사실 너희만 그런 것도 아니야. 정도의 차이야 있겠지만, 어른들도 비슷하거든. 아이나 어른이나 대개는 비슷하지.

1976년, 미국 텍사스 오스틴대학의 제임스 펜베이커와 데버러 샌더스 교수는 이와 관련된 실험을 진행했어. 그들은 대학 캠퍼스에 위치한 목욕탕 벽에 이렇게 써 붙였지. "어떤 경우에도 벽에 낙서하지 마시오." 그리고 다른 목욕탕에는 수위를 낮춰 "낙서하지 말아 주세요"라고 정중히 써 붙였어. 몇 주 후에 확인해 보니, "어떤 경우에도 벽에 낙서하지 마시오"라고 썼던 목욕탕 벽이 훨씬 더러워졌지. 왜 그랬을까? 심리적 반발심 때문이지. 누군가 특정 견해를 강요하거나 특정 행위를 금지할 때 사람들은 심리적 저항감을 느끼고 반대로 행동하려고 하는 거야.

"인간은 자유다. 인간은 자유 그 자체다." 철학자 사르트르가 한 말이지. 인간은 본능적으로 자유를 추구하는 존재야. 누군가 자기의 자유를 구속하면 기를 쓰고 자유를 되찾으려고 하지. 잘하던 일도 누군가 하라고 지시하거나 명령하면 잘하던 일도 갑자기 하기 싫어지고, 거꾸로 하지 말라고 하면 이유 없이 더 하고 싶어지지. 너희도 많이 느꼈을 거야. 공부할 참이었는데, 때마침 공부하라는 엄마의 잔소리를 들으면 하고 싶은 마음이 싹 달아나 버리잖아.

자유를 억압하는 외부 압력에 대한 반발은 자연스럽고 또 필요해. 그런데 그 반응이 필요 이상으로 과장될 때 문제가 되지. 이를 심리적 반발 편향이라고 불러. 음주를 법으로 금지한 청소년기에는 어떻게든 술을 사 마시려고 하지. 그러나 술을 진탕 마셔도 되는 나이가 되면 그렇게까지 심하게 마시지는 않아. 대학교 신입생들을 제외하면 말이야. 그 시기에는 지옥 같은 수험 생활에서 풀려난 해방감에 술을 떡이 되게 마시기도 하니까. 어쨌든 억압에 대한 반발 심리는 소비에도 그대로 적용되지.

"오늘 단 하루! 1000개 한정 판매!"

여기서 '단', '한정'이란 말들이 우리의 발길을 붙잡지. 평소에 별로 관심 없던 상품도 저런 문구를 보면 발길이 멈춰 서게 되지. 이것은 선택의 자유가 박탈되기 전에 그 자유를 누리고 싶은 욕구와 관련이 있어. 소비의 자유가 제한될 수 있다고 생각하면, 사람들은 자유를 향유하기 위해 구매에 더 열을 올리게 되지. 몇 시까지만 판매한다는 방송도 비슷해. 또는 상품이 몇 개 안 남았다는 호객 행위도 마찬가지야. 이런 표현들은 모두 소비자의 구매욕을 자극하기 위한 것들이지.[3]

나에게 없으면, 내가 가질 수 없으면 왠지 더 매력적으로 보이는 거야. 흔히 '남의 떡이 더 커 보인다'고 말하잖아. 남의 떡은 내 선택을 떠나 버린 거잖아. 그럴 때 선택할 수 없게 된 물건이 더 갖고 싶어지는 법이지. 즉 선택의 자유를 회복하고 싶어 하는 소망이 강해져서 그 물건이 더 매력적으로 보이는 거야. 그러니 한정판이니 특별 할인 기간이니, 그런 말들에 혹할 필요가 없어. 매장에서는 한정 판매나 특별 할인 기간을 내세우면서 "지금 사시면 돈 벌어 가시는 거예요"라고 선전하지. 그러나 변하지 않는 사실은 쇼핑은 돈을 버는 행위가 아니라 쓰는 행위라는 점이야. '지금 사면 돈 벌어 간다'는 말은 마치 소비가 돈을 버는 행위인 것처럼 교묘하게 틀을 바꿔 제시하는 것에 불과하지.

더러는 소비자의 자유 욕구를 이용하는 수준을 넘어서 악용할 때

---

3 '최대 90% 세일', '1만 원부터' 등등의 표현도 주의할 필요가 있다. '최대 90% 세일'이라고 하면 사람들은 '90% 세일'만 보고 현혹되기 쉽다. 그러나 몇 퍼센트 앞에는 대개 '최대'라는 표현이 아주 작게 표시된 경우가 대부분이다. 혹은 '10%~90% 세일' 이런 식으로 작은 글씨로 최소 할인율을 표시해 둔다. 저가상품도 비슷한 방법이 동원된다. 모든 상품이 '1만 원부터'라고 하면 사람들은 역시 '1만 원'만 생각한다. 그러나 그 뒤에는 분명 '부터'라는 조사가 아주 작게 붙어 있음을 기억해야 한다.

도 있어. "당신은 이런 것 못 사니까, 관심 *끄세요*"라며 단호하게 선을 긋는 경우를 생각해 봐.(직접 그렇게 말하진 않더라도, 눈빛이나 태도 등을 통해서 그런 메시지를 전달하겠지. 침묵은 때로 그 어떤 말보다 더 많은 의미를 담고 있으니까.) 이 경우에 소비자는 무엇에 홀린 것처럼 딱히 살 생각이 없었던 상품을 살 수 있지. 판매자는 원하는 방향과 반대되는 메시지로 소비자를 자극해서 결국 자기가 원하는 바를 얻어 내는 거야. 상대방이 너무 티 나게 무시하거나 강한 어조로 설득하려고 하면, 우선 경계하고 그 의도를 곰곰이 따져 보는 게 좋겠지. 상대가 원하는 방향으로 쉽게 끌려가지 않고, 자기 뜻과 의지대로 결정하고 싶다면 말이야.

이와 같은 심리적 반발은 대략 세 살부터 나타나기 시작해. 이때부터 자아 개념이 형성되면서 자연스럽게 자유라는 개념도 생겨나게 되지. 천사 같은 아이가 '미운 세 살'이 되는 이유야. 사회 심리학자 브렘은 이와 관련해서 생후 24개월을 넘긴 남자아이들을 대상으로 실험을 했지. 낮은 높이의 유리벽 앞뒤로 두 개의 장난감을 놓았을 때는 선호도의 차이가 발생하지 않았어. 그런데 높은 유리벽 앞뒤로 두 개의 장난감을 놓았을 때

는 유리벽에 막혀서 만질 수 없게 되자 유리벽 뒤의 장난감을 더 갖고 싶어 했지.

떼 지어 있으면 피하는 게 상책

우리는 자기도 모르게 다른 사람들의 행동에 영향을 받아 덩달아 똑같이 행동하는 경향이 있어. 예를 들어 교통사고가 나서 구경꾼이 몰리면 괜히 들여다보고 싶어지지. 특별히 구경할 것도 없는데 말이야. 그냥 자동차 범퍼가 찌그러지거나 운전자들 사이에 실랑이가 벌어진 정도인데도, 괜히 기웃거리게 되지. 시트콤이나 코미디 프로그램에 삽입된 녹음된 웃음소리도 같은 원리야. 가짜 웃음을 들으면 더 많이 웃게 되지. 누구나 가짜 웃음이라는 사실을 알고 있어. 그런데도 가짜 웃음은 우리에게 영향을 미치지. 같은 이유에서 바텐더들은 영업 시작 전에 팁을 담는 병에 미리 지폐를 몇 장 넣어둔다고 해. 마치 다른 손님들이 준 팁인 것처럼 말이야.

미국의 심리학자 스탠리 밀그램은 이와 관련해 아주 재미있는 실험을 했지. 밀그램은 뉴욕 번화가의 인도를 실험 장소로 선택했어. 그러곤 실험 보조자 몇 명에게 인도에서 갑자기 발길을 멈추고 차도 건너편에 있는 건물의 6층을 올려다보도록 했지.

밀그램은 보조자 수를 1명, 2명, 3명, 5명, 10명, 15명 등으로 묶어서 실험했어. 보조자들은 자연스럽게 움직이다가 갑자기 발길을 멈추고 일제히 차로 건너편의 건물을 올려다보았지. 그때 길을 가던 사람들 가운데 몇 명이 보조자들처럼 발길을 멈추고 빌딩을 올려다보는지를 조사했어. 다소 엉뚱해 보이는 실험이지만, 이 실험은 우리에게 중요한 통찰을 보여 주지. 발길을 멈추고 건너편 건물을 올려다본 사람이 얼마나 될까? 보조자가 1명일 때는 통행인의 4퍼센트가 올려다보았어. 그런데 보조자의 수를 늘리니까 덩달아 올려다보는 통행인의 수도 늘어났지. 보조자를 15명으로 늘리자 전체 통행인 가운데 40퍼센트가 발길을 멈추고 건물을 올려다보았어.

발길을 멈추지는 않았지만 걸음을 늦추면서 빌딩을 올려다본 사람의 비율은 더욱 놀라웠지. 보조자가 1명일 때 42퍼센트, 보조자가 3명일 때 60퍼센트 이상, 보조자가 5명일 때 무려 85퍼센트에 달했어. 이렇게 많은 사람이 보조자가 올려다보는 빌딩을 덩달아 쳐다본 거야. 보조자를 많이 쓰지 않아도 이런 효과를 거둘 수 있어. 통행인이 한 사람 멈추면 다른 통행인이 멈추는 식으로 연쇄 반응이 일어날 수 있으니까. 그렇다면 보조자를 몇 명으로 해야 효과적으로 사람들을 모을 수 있을까? 3명이야. 딱 3명만 있으면 거대한 집단을 움직일 수 있지.

유능한 판매원들은 밀그램의 실험은 몰라도 경험적으로 이를 활용하기도 하지. 우선 한 명의 손님을 유인해. 그 사람에게 꼭 물건을 팔지 않아도 상관없어. 다른 손님이 올 때까지만 그 손님을 붙잡아 두면 되는 거야. 이런저런 물건을 골라 주고 잡담을 하다 보면 어느새 다른 손님이 오겠지. 그렇게 서너 사람만 모이면 나중에는 알아서 모여들게 되는 거야. 백화점 판매대에 사람들이 모여 있으면 나도 모르게 기웃거리게 되잖아.

우리는 많은 사람이 하는 행동에는 타당한 이유가 있고, 거기에 끼지 못하면 뭔가 손해를 볼 것 같다는 심리를 가지고 있어. 그래서 사람들은 무엇이 옳은지 판단할 수 없을 때 사람 수가 많을수록 정당성이 있으리라 판단하고 그쪽으로 기울게 되지. 밀그램은 이를 '유인력'이라고 표현했어. 경제학에서는 이를 '양떼 현상'이라 부르지.[4] 다른 사람의 행동을 기준으로 상황을 판단하고, 남들이 하는 대로 양떼처럼 따라 한다고 붙여진 이름이야.

흥정은 이렇게

우리의 생각과 판단은 자유로운 것 같지만 사실 그렇지 않아. 여러 조건과 제약 속에서 편향되게 생각하고 판단하는 경우가 많지. 물론 스스로는 그렇게 생각하지 않겠지만. 1974년 미국 프린스턴대학의 대니얼 카너먼과 아모스 트버스키 교수는 다음과 같은 간단한 실험으로 기준점 설정에 관한 편향을 확인했어. 말이 좀 어렵지? 실험 내용을 살펴보면 금방 이해할 수 있어.

---

4 자기 양떼 현상이라는 것도 있다. 자신의 먼젓번 행동을 기준으로 상황을 판단하는 것을 자기 양떼 현상이라 부른다. 스타벅스는 던킨도너츠에 비해 커피 가격이 훨씬 비싸다. 그런데 스타벅스에 한두 번 가 본 경험이 이후의 소비를 지배하게 된다. '지난번에 스타벅스에 가 봤는데, 분위기도 좋고 커피맛도 괜찮았지.' 이미 몇 차례 그곳에서 마시기로 결정을 내린 바 있으므로, 앞으로도 똑같이 마시겠다고 생각하는 것이다. 던킨도너츠처럼 커피를 더 싸게 파는 곳도 있지만, 커피의 맛과 종류, 분위기 등 이전에 경험한 스타벅스의 여러 이점이 스타벅스로 계속 발걸음을 옮기게 만든다. 마치 도미노가 쓰러지듯 앞선 자신의 행동이 나중의 행동을 결정하는 식이다. 우리에겐 지극히 당연해 보이는 현상이지만, 반복된 결정이 이후의 합리적 결정을 방해한다는 점에서 자기 양떼 현상은 주목할 필요가 있다. 왜냐하면 그 매장이 늘 같은 커피맛과 분위기, 서비스 등을 제공하는 것은 아니기 때문이다. 따라서 가장 합리적인 것은 매번 가격과 함께 다른 요소를 비교해서 판단하는 것이다. 자기 양떼 현상은 미국 듀크대학의 댄 애리얼리 교수가 《상식 밖의 경제학》에서 제시한 개념이다.

1. 다음 계산의 답은 얼마인까? 5초 이내로 답하시오.

   8×7×6×5×4×3×2×1=?

2. 다음 계산의 답은 얼마인까? 5초 이내로 답하시오.

   1×2×3×4×5×6×7×8=?

1번과 2번 문제는 계산의 순서만 다를 뿐 답은 똑같지. 하지만 사람들은 1번 문제의 답이 2번 문제의 답보다 더 크다고 생각해. 물론 우리는 지금 두 가지 문제를 한 번에 비교할 수 있으니까 그렇게 생각하지 않겠지. 하지만 문제를 따로 풀면 너희도 똑같은 오류를 범하게 될걸. 실험 참가자들은 1번 문제의 답을 평균 2250이라고 말했어. 하지만 2번 문제에는 평균 512라고 답했지. 답이 같은데도 어떻게 4분의 1이나 작게 생각할 수 있을까?

이런 차이는 초깃값 때문에 발생하지. 2번 문제를 푼 사람은 1번 문제를 푼 사람과 달리 1이라는 초깃값을 접하게 되지. 그래서 최종 판단도 초깃값, 즉 기준점에서 멀지 않은 상대적으로 적은 숫자로 답하는 거야. 참고로 이 문제의 정답은 40320이야. 1번 문제를 풀건 2번 문제를 풀건 양쪽 참가자가 답을 맞히지 못했다는 점에서는 같아. 하지만 모두 최초의 기준점에 바탕을 두고 최종 판단을 내리는 기준점 설정에 관한 편향을 보여 주고 있지.

일상생활에서 기준점 설정에 따른 편향은 물건값을 흥정할 때 자주 볼 수 있지. 정찰제가 아닌 곳에서 상인이 5만 원을 부르는데 웬만해선 5천 원에 사겠다고 말하지 못하지. 그러나 똑같은 물건이라도 상인이 1만 원을 부르면 5천 원으로 깎지. 만약 우리가 물건의 가치를 객관적으로 판단하고 가격을 흥정한다면 이런 차이는 생기지 않을 거야. 하지만 우리는 물건의 가치를 객관적으로 판단할 정보가 없지. 즉 그 물건의 원가나 마진율 등의 정보를 정확히 모르잖아. 그러다 보니 초기에 제시된 기준점을 바탕으로 흥정을 시작하게 되는 거야. 초기에 제시된 기준점은 바로 가격표나 상인이 제시한 가격이 되겠지.

한 실험에 의하면 사람들은 식료품을 살 때 20분을 더 걷더라도 1만 원을 절약할 수 있는 상점을 선택했어. 그런데 145만 원짜리 양복을 144만 원에 살 수 있다고 해서 20분을 더 걷겠다고 하는 사람은 아무도 없었지. 자, 과연 이 같은 행동은 합리적일까? 20분만 걸어가면 1만 원을 아낄 수 있는 똑같은 상황인데도, 비싼 양복을 살 때는 마음이 헐거워지지. 기준점이 달라지기 때문에 발생하는 결과야. 그러나 비합리적인 선택인 것은 분명하지. 20분은 어디까지나 같은 20분이고, 1만 원도 어디까지나 같은 1만 원이니까 말이야.

해외여행, 특히 중국 여행을 가면 재래시장에서 물건을 살 때 최대한 물건값을 많이 깎으라는 조언을 듣곤 하지. 하지만 막상 여행가서는 그렇게 하지 못해. 이 역시 상인이 제시하는 최초 가격에 매달리는 기준점 편향 탓이야. 상인이 정직하게 가격을 제시했는지 전혀 알 수 없는데도 말이지. 일반적으로 경제학이 상정하는 시장은 소비자의 수요와 공급자의 공급이 만나는 지점에서 가격이 결정되는 곳이지. 그러나 소비자의 판단 기준점은 권장소비자가격,

1+1(원플러스원), 할인행사 등 공급자가 일방적으로 제시한 것들이지. 그러니까 우리의 상식과 달리 소비자의 수요, 즉 선호를 소비자 스스로 통제하기 어려운 거야. 당연히 소비 의지 또한 조작이 가능하지. 이게 시장의 진실이야.

이 같은 기준점 편향을 거꾸로 이용하면 흥정에서 덜 손해 볼 수 있지. 상인이 가격을 제시하기 전에 너희 스스로 마음속 가격을 정하는 거야. 당연히 이때는 여행국의 물가 수준을 고려해서 정해야겠지. 중국처럼 물가 수준이 낮은 나라라면 너희 기준에서 비상식적으로 느껴질 정도로 가격을 낮추는 게 좋겠지. 그렇게 해도 현지인들에겐 비상식으로 느껴지지 않을 가능성이 높으니까. 어쨌든 그렇게 기준점을 상대가 아니라 너희가 설정하게 되면, 상대방이 거꾸로 너희의 기준점에 맞춰 가격 흥정을 시도하게 되지. 이 원리는 가격 흥정뿐만 아니라 용돈 협상(?) 등에서도 활용할 수 있지. 너희가 받고 싶은 용돈이 얼마이든 무조건 그보다 높은 금액을 제시하는 거야. 그래야만 부모님과의 용돈 협상에서 우위를 차지할 수 있지. 그렇다고 지나치게 높은 금액을 부르지는 말고. 그러다가 용돈을 한 푼도 못 받을 수 있으니까.

현대인과 소비

우리는 기호를 소비한다

"나는 민족중흥의 역사적 사명을 띠고 이 땅에 태어났다." 1980
년대까지 학교는 학생들이 '국민교육헌장'이라는 이름의 주문을 외
우게 했어. 오늘날 그 문장은 이렇게 고쳐 쓸 수 있지 않을까. "나는
'소비'라는 역사적 사명을 띠고 이 땅에 태어났다." 다소 과장스러운
표현이긴 하지만, 우리의 삶을 돌이켜보면 '물건을 사기(buy) 위해
사는(live) 건 아닐까' 하는 생각이 들 정도야. 소설가 서유미는《판
타스틱 개미지옥》이라는 소설에서 소비 중독에 걸린 현대인의 모습
을 다음과 같이 묘사했어. "가방 앞에서 살까 말까 망설일 때만 해
도 가방만 사고 나면 모든 갈증이 다 사라질 것 같았다. 세상을 다
가진 것처럼 행복해지고 더 이상 사고 싶은 것도 없을 줄 알았다.

그런데 겨우 며칠 사이에 사고 싶은 게 또 생기고 자꾸 목이 마르다. 바닷물을 퍼 마시고 있는 것 같다.″(44쪽) 소비 중독에 시달리는 주인공은 "백화점에서 받은 월급을 고스란히 다시 백화점에 들이붓″(132쪽)지.

소비의 욕구는 채워질 줄 모르지. 어쩌면, 그것은 해소할 수 없는 갈증인지도 몰라. 마시면 마실수록 갈증을 느끼는 바닷물처럼, 소비 욕망은 채우면 채울수록 더욱 채워지지 않지. 왜 채워지지 않을까? 분명 내 손에는 그토록 갖고 싶었던 물건이 들려 있는데 말이야. 그 이유는 우리가 물건 그 자체를 원한 게 아니기 때문일지도 몰라. 우리는 물건이 아니라 기호를 소비하는 거야. 기호를 소비한다는 게 무슨 뜻일까? 질문에 답하기 전에 상품을 둘러싼 세 가지 가치를 이해할 필요가 있어. 옷은 몸을 가리고 추위를 막아 주지. 이런 옷의 기능을 사용가치라고 불러. 사용가치는 일상생활에서 상품의 사용과 향유와 관련되지. 또 옷은 다른 것과 교환될 수 있어. 즉 돈을 매개로 사고팔 수 있지. 이처럼 시장에서의 거래되는 가치를 교환가치라고 해. 마지막으로 옷은 부유함과 행복함을 과시하는 사회적 가치를 가지기도 하지. 이를 기호가치라고 불러.[5]

우리는 겉으로는 상품을 소비하는 듯하지만, 실제로는 기호를 소비하는 거야. 우리는 기호를 먹고 기호를 마시고 기호를 입지. 굳이

---

5 기호가치는 방한이나 보호라는 옷의 1차적 기능과는 아무 상관이 없다. 기호記號라는 표현은, 상품이 다른 어떤 것을 표현하는 역할을 한다는 의미를 담고 있다. 상품이 표현하는 다른 것들 가운데에 대표적인 것이 상품 소유자의 물질적 부다.

기호라는 표현을 쓰는 이유는 상품을 둘러싸고 일정한 의미작용이 발생하기 때문이야. 즉 상품에는 일정한 '의미'가 담겨 있어. 뿐더러 그 의미는 개별적으로 존재하지 않고 거대한 의미의 체계 속에 자리하지. 우리가 사용하는 개별 단어가 거대한 언어 체계 속에 포함돼 있듯이 말이야. 가령 승용차의 이름에 담긴 기호를 볼까. 중형차의 경우 체어맨이나 에쿠스('개선장군의 말'이라는 뜻의 라틴어)처럼 남성적 중후함이 강조되는 반면, 소형차로 길수록 모닝치럼 경쾌한 이름이 붙어. SUV 차량의 이름은 스포티지, 투싼(미국의 레저 도시)처럼 스포츠와 레저의 역동적인 느낌을 주지. 원래 SUV는 거친 산길을 달리기 위해 만들어졌어. 그러나 현실은 아스팔트만 줄곧 달리는 SUV가 태반이지. 실제로는 거친 산길을 달릴 일도 거의 없으면서 강한 느낌에 끌려 SUV를 타는 거야. 즉 실제 쓰임과 필요보다 기호를 소비하는 거지.

기호를 소비하는 것은, 상품의 용도나 필요 때문이 아니라 상품의 느낌과 이미지를 소비하는 거야. "세탁기는 도구로서 쓰이는 것과 함께 행복, 위세威勢 등의 요소로서의 역할도 한다."(장 보드리야르 《소비의 사회》, 98쪽) 빨래를 세탁하는 기능이 바로 사용가치야. 반면에 '그 세탁기를 가지면 더 행복해질 거야' 또는 '그 정도 세탁기는 써 줘야지'처럼 생각하는 것이 바로 기호가치지. 그러니까 기호란 광고가 보여 주는 기호일 수도 있고, 사회적 지위나 개성이라는 기호일 수도 있어. 기호의 소비를 통해 강조되는 것은 감성, 유행, 분위기, 구별 짓기 등이야. 특히 구별 짓기, 즉 '차이'에 대한 욕망이 중요하지. 말하자면 사람들이 기호를 소비하는 근본적 이유는 차별적 지위를 과시하는 데에 있어. 프랑스 사회학자 장 보드리야르는 《소비의 사회》에서 행복이나 위세와 같은 기호가치의 영역이 아예 소비의 영역이라고 주장했지. 즉, 사용가치나 교환가치는 그다지 대수롭게 여기지 않았어.[6]

광고와 소비, 그 밀월 관계

상품의 생산 과정을 유심히 들여다보면 기호의 생산이 얼마나 중요한지 실감할 수 있어. 신상품이 나왔는데, 소비자가 그 상품에 대해 전혀 모른다면 어떻게 될까? 혹은 판매자가 그 상품을 몰라서 판로가 확보되지 않는다면? 그런 상품은 애초에 선택의 기회조차 갖지 못할 거야. 기존에 없던 새로운 상품일수록 더욱 그렇겠지. 새로운 상품의 사용가치를 알지 못하는 소비자는 그 상품을 소비할 리 없을 테니까. 따라서 생산자는 상품을 생산하는 것뿐만 아니라 그 상품이 사용가치가 있다는 정보와 믿음을 소비자에게 주어야 해. 그런 믿음이 없다면 상품은 팔리지 않겠지. 그런 믿음을 주는 게 커뮤니케이션 노동이야. 대표적인 커뮤니케이션 노동이 바로 홍보와 광고지. 팔리지 않는 상품을 상품이 아니라고 본다면, 홍보·광고되

---

6 물론 보드리야르처럼 극단적으로 이해할 필요는 없다. 실제로 소비 행위는 사용가치와 교환가치, 기호가치 등이 맞물려서 이뤄진다. 다시 말해 물건의 기능, 가격, 기호 등은 '이것 아니면 저것'의 양자택일적 관계로 선택되지 않는다. 우리는 상품의 쓰임을 따지고 가격을 고려하면서 기호에 이끌린다.

지 않는 상품은 상품일 수 없겠지.[7]

여기에 자본주의가 작동하는 비밀이 숨어 있어. 만약 필요에 의해서만 소비한다면 자본주의는 원활하게 작동하지 못할 거야. 필요는 충족되면 그만이니까. 그런데 자본주의는 상품의 기호를 욕망하게 만들지. 특정 브랜드에 대한 선호가 대표적이야. 가령 명품 브랜드를 선호하는 이유는 특정한 기능이나 용도 때문이 아니지. 브랜드의 가치를 통해 자기를 브랜드화 혹은 등급화하기 위해서야. 명품에 지불되는 금액은 상품 그 자체보다 타인들의 선망 어린 시선에 대한 비싼 대가지. 헌데 명품조차 희소하지 않잖아. 비싸긴 하지만 돈만 있으면 누구든 살 수 있으니까. 그래서 등장한 것이 '한정판'이 아닐까? 샤넬이나 에르메스, 루이뷔통 등의 명품 백에 한정판 모델들이 등장하고 있지. 자본주의는 새로운 대상을 끊임없이 욕망하게 만들어. 그래서 기호의 욕망은 충족될 줄 모르지.

상품은 늘어났고, 게다가 기술 발전으로 내구성까지 높아졌지. 소비를 자극하지 않으면 판매가 쉽지 않은 상황이야. 가만히 손 놓고 있다간 상품은 팔리지 않고 쌓여만 갈 테지. 이를 타개하기 위해 개발된 것이 바로 광고와 유행이야. 소비 사회에서 광고는 매우 중요한 기능을 맡고 있어. 광고의 눈으로 세상을 보면 우리는 전혀 다른

---

7 '홍보의 아버지'로 알려진, 프로이트의 조카 버네이스는 '선전(프로파간다)'이라는 부정적인 표현을 쓰지 않으려고 '홍보(PR : Public Relations)'라는 신조어를 만들어 냈다. 그는 다양한 제품을 두고 소비자의 기호를 묻는 전형적인 마케팅 기법을 탈피하여 시장 조사의 혁신을 주도했다. 버네이스의 동업자였던 폴 마주르는 이렇게 말했다. "미국은 필요(needs)에서 소유욕(desires)의 문화로 탈바꿈해야 한다. (…) 기존의 것이 소진되지 않더라도 사람이라면 모름지기 새로운 무언가를 바라는 데 길들여져야 한다. 소유욕이 필요를 능가해야 한다는 이야기이다."(앨 고어 《앨 고어, 우리의 미래》, 255쪽 재인용)

풍경과 마주하게 되지. 우리가 사는 도시를 볼까. 사람들이 많은 곳, 시선을 둘 만한 곳에는 어김없이 간판과 전광판과 광고판이 걸려 있지. 예외가 없어. 광고가 없는 곳은 후미진 골목이거나 건물 뒤편 뿐이야. 즉, 사람의 눈길과 발길이 미치지 않는 곳이라고 보면 틀림 없어. "도시는 도시인의 두 눈을 채널로 삼아 도시인을 소비자로 살아가게"(이문재 〈도시와 마을을 보는 문인들의 상상력〉) 하지.

기업들은 해마다, 아니 계절마다 새로운 유행과 스타일을 만들어 내고 이를 사회에 널리 퍼뜨리기 위해 온갖 수단을 동원해. TV 광고, 잡지 광고, 패션쇼, 이벤트(판촉 행사, 티저 영상(상품에 관한 정보를 제공하지 않고 호기심을 자극해 다음번 광고나 예고편 등에 관심을 갖게 하는 영상)), 연예 기사, 연예인에 대한 협찬(드라마를 보라. 새로운 스타일을 '쓰고 신고 걸친' 연기자들이 우리에게 유행하는 스타일을 친절히도 가르쳐 주지 않나?) 등을 통해 끊임없이 우리에게 새로운 것들을 보여 주고 환기시키지. 새로운 스타일, 그것만이 중요할 뿐이야. 광고와 유행은 모두 '새로움'을 내세우며 우리를 유혹하지. 프라다라는 명품 브랜드가 있지. 프라다의 수석 디자이너 미우치아 프라다(창업주의 손녀다)는 한 인터뷰에서 "악마는 무슨 옷을 입습니까?"라는 질문에 이렇게 답했어. "새로움(Something new)!" 우리에게 끊임없이 무언가를 소비하도록 부추기는 자본의 악마는 '새로움'의 옷을 입고 있지.

잡지를 펼쳐 보자. 화려한 이미지에 시선을 빼앗겼던 옛 기억은 잊고, 잡지에서 광고가 차지하는 분량을 냉정하게 헤아려 볼까. 광고 지면이 못해도 거의 절반은 될 거야. 현대인에게 잡지는 '삶의 교과서'와 다름없어. 옷, 신발, 헤어, 액세서리 등 패션과 스타일부터 연애 생활에 대한 조언, 재테크와 처세술에 이르기까지 삶의 거의 모든 분야를 커버하고 지도하지. 헬스 잡지, 여행 잡지, 인테리어 잡지 등 온갖 잡지가 다 있으니까. 잡지가 우리에게 무엇을 살지, 어디를 갈지, 어떻게 살지 알려 주는 거야. 우리 시대의 잡지는 "소비 패턴을 촘촘한 계획표로 짜 주는 역할"(김선희《팝콘을 먹는 동안 일어나는 일》, 43쪽)을 하지. 즉, 잡지는 소비의 길잡이가 되었어.

어디 그뿐일까. TV를 켜 보자. 프로그램 하나에 수많은 광고가 고구마 넝쿨처럼 치렁치렁 붙어 있지. 우리는 방송을 보려고 광고를 보지만, 기실 방송국은 광고를 보여 주려고 방송을 내보내고 있어. 이를 단적으로 보여 주는 게 바로 중간광고지.[8] 중간광고는 말 그대로 방송 중간에 내보내는 광고야. 드라마를 보고 있는데 결정적인 장면에서 광고를 내보내는 거야. 방송의 한허리를 광고가 차지한 셈이지. 미국 같은 나라에선 중간광고가 대세야. 이제, 광고가 방송의 목적이 돼 버렸어. 광고 덕분에 방송국이 먹고사니까. 방송이 수단이고 광고가 목적인 이유야. 인터넷에 범람하는 수많은 낚시성 기사들도 비슷한 맥락에 놓여 있어. 기사를 많이 클릭할수록 광고비가 올라가지. 그래서 기사 내용과 무관한 선정적인 제목들이 난무하는 거야. 시청률, 구독률, 조회수를 둘러싸고 방송국, 신문사,

---

8 우리에겐 다소 낯설지만, 미국, 일본, 호주 등 대부분의 선진국에서는 중간광고를 허용하고 있다. 사실 우리에게도 완전히 낯선 건 아니다. 지상파와 달리 JTBC, TV조선 등과 같은 종합편성채널 등에서는 이미 중간광고를 하고 있으니까. 현행법은 종편의 중간광고만 허용하고 지상파의 중간광고는 허용하지 않는다.

인터넷 매체는 모두 같은 원리로 작동하지.

　광고와 유행은 자본의 선전술이자 동원령이야. 우리는 광고를 보고 상품을 골랐다고 생각하지만, 실제로는 광고가 우리를 고르는 거야. 광고와 상품은 분명한 타깃을 두고 만들어지지. 신라면을 예로 들어 볼까. 일단 제품을 만들어 놓고 나서 "매운 라면 신라면"으로 광고하는 게 아니야. 제품을 출시하기 전에 철저하게 시장 조사를 하지. 이를 통해 라면의 주 소비 계층이 젊은이들이며 이들이 '매운 맛'을 선호한다는 사실을 파악하는 거야. 그에 따라 어떤 상품을 생산할 것인가가 결정되지. 상품명과 구체적인 마케팅, 광고 전략 역시 그 연장선상에서 이루어지지. 따라서 상품은 철저히 타깃화된 결과물이며, 상품 소비는 그런 전략에 포섭된 결과로 볼 수 있어.(김주환《디지털 미디어의 이해》참고)

소유와 욕망

욕망은 무한하지 않다

이제까지 합리적으로 소비하는 방법을 살펴보았다면, 지금부턴 소유의 욕망에 대해서 살펴보도록 하자. 우리는 '욕망'이라는 단어를 들으면 보통 무한성을 떠올리지. 욕망은 과연 무한할까? 욕망을 뭉뚱그려서 생각하면 한없이 무한해 보이지. 하지만 욕망을 구체적으로 나타내면 달라지지. 가령 신발을 신고 싶은 욕망은 무한하지 않아. 양으로 치면 상당히 제한되어 있지. 만약 좋아하는 나이키 운동화 3만 켤레가 공짜로 생겼다고 해 봐. 매일매일 새 운동화를 평생 신을 수 있지. 좋아하는 운동화를 이렇게나 많이 가진 사람은 마냥 행복할까?

신발이 많으면 좋을 것 같지만, 실제로는 난감한 일들이 한둘이 아닐 거야. 산더미 같은 신발은 금세 골칫거리가 될지도 몰라. 우선 신발을 보관하려면 커다란 창고가 필요하겠지. 게다가 그 많은 신발을 관리하려면 얼마나 힘들겠어. 더 큰 문제는 선택의 어려움이야. 매일 새로운 신발을 골라 신는 일은 너무나 피곤하지. 신발이 천 켤레 정도만 있어도 그날그날 새로 골라 신기가 어려울 텐데, 3만 켤레 가운데 고르려면 얼마나 힘들겠어. 매일매일 머리에 쥐가 나지 않을까? 처음에는 골라 신겠지만, 며칠도 안 돼서 아무거나 잡히는 대로 신게 될걸.

선택과 관련해서 재미있는 실험이 있지. 컬럼비아대학의 쉬나 아이엔가 연구팀은 식료품 가게에서 잼을 늘어놓고 파는 실험을 했어. 한쪽 판매대에는 24종의 잼을 펼쳐 놓았고, 멀리 떨어진 다른 판매대에는 6종만 올려놓았지. 어느 쪽이 더 많이 팔렸을까? 손님들은 24가지 잼이 진열된 판매대에서 더 오래 고민했어. 그러나 잼을 산 사람은 3퍼센트에 불과했지. 반면에 6가지 잼이 진열된 곳에서는 손님의 30퍼센트가 잼을 샀어. 이 사례는 선택할 대상이 많아질수록 고민이 깊어진다는 사실을 잘 보여 주지. 이처럼 상품이 지나치게 많아져 어떤 상품을 선택할지 어려워질 때 흔히 '결정 장애'라고 말하지. 짜장면과 짬뽕을 두고 고민하는 이들을 위해 나온 짬짜면은 '결정 장애'를 한방에 해결해 준 메뉴라고 할 수 있어.

초콜릿을 가지고도 비슷한 실험을 해 봤지. 정재승의 《도전 무한 지식》에 소개된 실험인데, 학생들을 두 집단으로 나눈 다음, 한 집단에겐 6가지의 초콜릿을 맛보게 하고, 다른 집단에겐 30가지의 초

콜릿을 맛보게 했지. 그리고 나서 각자 맛본 초콜릿에 어느 정도 만족하는지 물었어. 6가지 초콜릿보다 골라 먹는 재미가 있는 30가지 초콜릿을 맛본 이들의 만족도가 더 높았을 것 같지만, 결과는 예상과 달랐지. 오히려 6가지 초콜릿을 맛본 학생들 사이에서 만족스럽다는 반응이 더 많이 나왔어.

 이번에는 실험에 참여한 대가로 돈 대신 초콜릿을 받겠느냐고 물었지. 돈과 초콜릿 가운데 하나를 선택하게 한 거야. 돈과 초콜릿 중에서 초콜릿을 선택한 사람도 6가지 초콜릿을 맛본 학생들 쪽에서 더 많이 나왔어. 돈보다 초콜릿을 더 선호한 거야. 그만큼 초콜릿이 맛있었고 만족스러웠다는 뜻이지. 우리는 선택지가 늘어날수록 선택에서 느끼는 행복도 커질 거라고 생각해. 하지만 실험은 반대의 결과를 보여 주지. 선택이 늘어나면 불만족도 늘기 마련이야. 선택의 폭이 커질수록 고민도 커지고, 선택하고 나서도 그 선택이 적절한지 아닌지 확신이 서지 않기 때문이지. 또 무얼 사든 안 산 제품에 대한 미련이 남는 탓이야. 사진작가 앙드레 브레송은 이런 사태를 두고 촌철살인의 말을 남겼지. "우리에게 두 가지 선택이 주어진다면, 후회가 남을 가능성도 두 가지다."[9]

나이키 신발을 다른 대상으로 바꿔 생각해도 마찬가지야. 햄버거를 좋아한다고 30만 개의 햄버거가 주어지면 행복할까? 물론 이렇게 생각할 수 있겠지. "내가 언제 그걸 다 쓴다고 했나? 팔아서 돈으로 바꿀 생각인데." 그러면 욕망은 다시 무한한 것처럼 보이지. 그렇게 돈으로 바꿀 수만 있다면 3만 켤레가 아니라 30만 켤레, 300만 켤레가 생겨도 귀찮지 않을 거야. 여기서 한 가지 사실이 분명해지지. 무한한 것은 구체적인 욕망이 아니라 돈에 대한 욕망이라는 사실이야. 돈에 대한 욕망은 아주 독특한 욕망이지. 돈에 대한 욕망은 미래의 가능성을 확장하고자 하는 욕망이라 할 수 있어. 쉽게 말해 내가 원하는 것을 마음대로 선택할 수 있고, 외적 상황에 휘둘리지 않으려는 욕망이지. 한마디로 자유에 대한 욕망이라 할 수 있어.

---

9 새로운 정보가 넘쳐 나고 선택지가 늘어날수록 사람들은 선택의 어려움을 겪게 마련이다. 이렇게 쉽사리 선택하지 못하는 상태를 '결정 장애'라고 부른다. 단호하게 결정을 내리지 못하고, 자신이 내린 결정에 대해 확신이 서지 않아 불안해하는 상태를 뜻한다. 이런 상황에서 손쉬운 선택을 돕는 것은 '타인의 평가'다. 즉, 결정 장애를 앓는 이들은 남들의 결정을 따라 하는 경향이 있다. 선택의 폭이 커질수록 그런 경향은 더 강해진다. 오늘날 책이든, 영화든, 음악이든 점점 더 '순위표'가 힘을 발휘하는 이유다.

그래서 러시아 소설가 도스토옙스키는 "돈은 주조 된 자유"라고 말했지.

인간은 일정한 사회적 관계 안에서 살아가지. 그런 의미에서 돈에 대한 욕망, 즉 자유에 대한 욕망은 관계에 대한 욕망으로도 볼 수 있어. 돈을 가진 만큼 사회 속에서 더 많은 가능성을 누릴 수 있으니까. 간단한 예를 들자면, 돈이 없으면 사람도 만나기 어렵잖아. 연애도 못 하고, 친구도 사귀기 어렵지. 돈이 없다는 것은 불편함 그 이상이야. 그것은 자유의 박탈이자 관계의 박탈이지. 돈은 우리 시대의 '절대 반지'가 됐어. 《반지의 제왕》에서 절대 반지를 손에 넣으면 부와 권력을 거머쥘 수 있잖아. 그래서 반지만 보면 모두들 탐욕에 눈이 멀어 이성을 잃게 되지. 우리 모습도 그와 같지 않을까? 벌건 눈으로 돈이 될 만한 것들만 찾고, 돈의 잣대로 모든 것을 평가하니까 말이야.

결국은 돈에 대한 욕망

사실 돈 그 자체는 아무 쓸모도 없지. 돈은 먹을 수도, 입을 수도 없어. 대신 돈은 쓸모 있는 무언가와 교환되지. 그 자체로 아무런 쓸모가 없는 돈이 빵이 되고 옷이 되어 돌아오는 거야. 이런 교환이 어떻게 가능할까? 한낱 종잇조각을 '돈'으로 만드는 것은 바로 믿음이야. 세계의 여러 지폐들에는 '약속한다(promise)'나 '신뢰한다(trust)'라는 표현이 들어 있지. 가령 1달러 뒷면에는 이런 말이 쓰여 있어. "In God We Trust One Dollar" 돈에서 믿음은 중요하지. 만 원이 '만 원'일 수 있는 이유는 모두가 그것을 '만 원'만큼의 가치가 있다고 믿기 때문이야. 이런 믿음이 존재하지 않는다면 화폐는 화폐로서의 가치를 상실하게 되지.[10] "돈은 금속이 아니다. 금속에 새겨 넣은 신뢰다." 경제학자 나이올 퍼거슨이 한 말이야.

믿음에 대한 강조는 역설적으로 화폐 제도가 얼마나 믿기 어려운 제도인지 말해 주지. 1914년 남극 탐험에 나선 탐험가 어니스트 새클턴은 탐사선이 침몰해 조난당했어. 새클턴과 27명의 대원들은 18개월 동안 영하 60도의 추위 속에 고립됐지만 모두 무사히 살아 돌아왔지. 생환의 비결은 새클턴의 결단에 있었어. 새클턴은 배를 포기하고 대원들에게 개인당 1킬로그램씩 최소한의 짐만 챙기도록 했지. 새클턴이 가장 먼저 버리도록 한 것이 무엇일까? 무거운 돈뭉치였어. 화폐는 국가라는 어항 속에서만 살아서 헤엄칠 수 있지. 그런 점에서 본다면 모든 화폐 제도는 허구에 불과한 것을 공동의 믿음에 의지해 '진실'로 받아들이기 때문에 가능한 거야. 허구의 환상이 쉽게 깨지진 않지만, 허구의 체계는 한번 무너지기 시작하면 순식간에 붕괴될 위험성을 안고 있어. 돈의 체계가 무너지면 사회도 덩달아 흔들리지. 그래서 경제학자 케인스는 이렇게 말했어. "사회의 토대를 전복시키는 데는 통화를 붕괴시키는 것보다 더 정교하고 확실한 수단은 없다."

---

10 사람들은 자기가 건네는 종잇조각이 '만 원'(으로 여겨질 것)이라고 믿기 때문에 그것을 '만 원'으로 내밀 수 있다. 화폐는 믿음의 체계 위에서만 존재한다. 그런 의미에서 화폐는 곧 믿음이다. 국가는 돈을 둘러싼 믿음의 울타리다. 국가가 보증한 덕분에 사람들이 종이 쪼가리를 주고받으며 거래와 교환을 할 수 있는 것이다. 국가가 법으로 보증함으로써 종이 쪼가리는 화폐가 된다.

먹지도 못하고 입지도 못하는 돈. 그 자체로 아무 유용성도 없는 돈은 쓸모 있는 무언가와 교환될 수 있기 때문에 유용한 것이 되지. 쓸모 있는 것과 돈을 맞바꾸는 행위를 바로 '소비'라고 부르지. 결국 돈을 통해 누리고자 하는 자유는, 소비의 자유인 셈이야. 자기가 원하는 것을 원하는 때에 사서 갖고 입고 먹는 자유지. 소비에 대한 욕망은 권력에 대한 욕망과도 통해. 이때의 권력은 정치권력을 뜻하진 않아. 다른 사람보다 위에 서려는, 다른 사람에게 영향력을 미치려는 욕망을 뜻하지. 명품이나 유명 브랜드에 대한 욕망도 그와 다르지 않을 거야. 명품을 바라보는 시선, 그러니까 명품을 두른 이에 대한 태도가 달라지는 건 누구나 잘 알고 있잖아. 너희끼리도 특정 메이커로 서열을 정하기도 하잖아. 이처럼 소비 사회란 소비할 능력이 있는 이들만이 (소비의) 자유와 권력을 누리는 사회인 거야.(엄기호《이것은 왜 청춘이 아니란 말인가》, 204쪽 참고)

사람들은 몸에 명품을 두르고 걸침으로써 남들의 시선을 받고 싶어 하지. 명품을 통해 자신의 부와 지위, 권력의 우위를 드러내려 하는 거야. 이러한 성향은 남성보다 여성에게서 오히려 더 높게 나타난다고 해. 부와 지위, 권력의 우위 등을 과시하려는 태도에서는 남녀의 차이가 없겠지만, 명품을 통해서 이러한 것들을 드러내려는 태도에서는 여성이 더 적극적이라고 해. 왜 그럴까? 남성은 자신에 관한 정보를 분명하게 보여 줄 명함 같은 수단을 가지고 있지. 고급차도 그중 하나일 거야. 반면 사회생활을 하지 않는 전업 주부라면 자신의 부와 지위를 보여 줄 방법이 상대적으로 적은 편이겠지. 그래

고급 옷, 명품 핸드백, 외제 차…, 사람들은 남에게 보여지는 물건을 통해 자신을 과시하고 싶어 한다.

서 눈으로 확인할 수 있는 패션이나 액세서리를 통해 자기 정보를 드러내려 하는 거야. 물론 모든 액세서리가 그렇다는 건 아니야.

그렇다면 사람들은 명품이나 값비싼 귀금속을 두른 사람을 정말로 다르게 대할까? 이와 관련해서 심리학자 레너드 빅먼이 뉴욕 중앙역과 케네디 공항에서 실험을 진행했어. 고급스러운 옷을 차려입은 사람이 공중전화 부스에 동전을 두고 갔다가 잠시 후 다른 사람이 전화를 걸 때 다시 와서 말을 걸었지. "죄송합니다만 제가 조금 전에 여기에다 동전을 놓고 간 것 같아요. 혹시 동전 못 보셨나요?" 이 사람이 동전을 돌려받을 확률은 77퍼센트에 달했어. 하지만 허름한 옷차림을 한 사람이 똑같이 물었을 때

는 그 확률이 38퍼센트로 떨어졌지.[11]

그런데 남보다 많이 가져서 남 위에 서면 정말 행복할까? 남 위에 군림하면 행복하기만 할까? 결론부터 말하자면, 지나친 욕망은 자신을 망가뜨릴 수 있지. 과도한 위산 분비가 위벽을 헐게 하듯이, 과도한 욕망은 내면을 피폐하게 만들거든. 갖고 싶은 걸 못 가져서 괴로워했던 '불면의 밤'을 떠올려 봐. 경제학자 폴 새뮤얼슨은 '행복 $= \frac{\text{가진 것}}{\text{욕망}}$'으로 규정했지. 즉, 가진 것을 늘리거나 욕망을 줄여야 행복해질 수 있다는 의미야. 현대인이 과거에 비해 더 많은 것을 누리고 소유하는데도 행복하지 못한 이유가 그래서 아닐까? '가진 것'이 많아질수록 욕망도 함께 커지는 탓에 행복에서 더 멀어질지도 몰라. 그렇다면 가진 것이 늘어날수록 욕망은 왜 커지는 걸까? 경제학자 케인스는 일찍이 이 문제를 "가진 것을 늘리려면 가지려는 욕망은 그보다 더 크게 자라야 한다"고 간파했지.

---

11 우리나라에서도 비슷한 실험을 한 적이 있다. EBS에서 방영한 다큐멘터리 〈두 얼굴의 인간〉에서 진행한 실험이다. 우선, 빨간 신호등 앞에서 멈춰 있던 차가 녹색불로 바뀌어도 출발하지 않고 그냥 서 있다. 그 상황에서 뒤에 있는 차가 얼마 만에 경적을 울리는지 측정하는 재미있는 실험이다. 실험에는 다른 차종의 두 대의 승용차가 이용됐다. 한 대는 국산 승용차 가운데 가장 비싸다는 에쿠스였고, 다른 한 대는 경차인 마티즈였다. 마티즈의 경우 평균 3초 만에 경적이 울린 반면에, 에쿠스는 평균 10초가 걸렸다. 에쿠스가 서 있는 경우에는 아예 경적을 울리지 않고 차를 옆 차선으로 돌려서 가는 사람도 있었다.

소유에서 경험으로, 소비에서 나눔으로

앞에서 살펴본 것처럼 대개의 소비가 광고에 의해 부추겨진다고 해서, 무조건 욕망을 억누르고 소비를 자제하라는 뜻은 아니야. 필요한 게 있다면 사야겠지. 다만 그 필요에 대해서 곰곰이 생각해 보자는 거야. 정말로 필요한 건지, 아니면 남들이 가지고 있으니까 덩달아 필요하다고 느끼는 건지 따져 볼 필요가 있겠지. 내가 가지고 있지 않은 것에 한눈팔다가 정작 가지고 있는 것을 하찮게 여기지는 않았는지 말이야.(에피쿠로스) 성철 스님은 이렇게 말했지. "사람들은 소중하지 않은 것들에 미쳐 칼날 위에서 춤을 추듯 산다." 소중하지 않은 것을 좇다 진짜 소중한 것을 잃어버리는, 위태로운 삶에 대한 경고야.

소비를 하더라도 소유 목적의 소비보다 경험 목적의 소비를 할 필요가 있어. 소유 목적의 소비는 말 그대로 내 수중에 지니려고 소비하는 거야. 가령 옷이나 귀금속 등이 여기에 속하지. 대체로 물질로 되어 있는 것들은 소유 목적의 소비 대상이 되곤 해. 반면에 경험 목적의 소비는 콘서트나 가족 여행 등에 돈을 쓰는 거야. 물질이 아니라 말 그대로 비물질적 경험을 중시하는 거지. CNN 웹사이트에 소개된 영국 컬럼비아대학의 엘리자베스 던과 미국 하버드 경영대학원의 마이클 노턴의 글에 따르면, 좋은 선물이 꼭 물건일 필요는 없어. 물질적인 선물보다 '경험 선물'과 '시간 선물'의 오히려 만족도가 더 높다고 하지. '경험 선물'이란 콘서트나 여행지 등에 가서 함께 감동을 느끼는 선물이야. '시간 선물'은 설거지나 집 청소 등을 대신 해 줌으로써 시간적 여유를 선물하는 거지. 이런 선물들은 물건보다 더 오래 기억되고, 경험을 공유한 사람들의 관계를 더욱 돈독하게 만들어.

아마도 너희 중에는 경험보다 소유가 더 행복을 준다고 생각하는 사람도 많을 거야. 갖고 싶은 걸 원 없이 가지면 행복할 거라고 생각하겠지? 사회심리학자 벤 보벤은 20대에서 60대까지 1200여 명을 대상으로 전화 설문 조사를 벌였어. 주로 가정 경제에 대한 의견 조사였는데, 설문 말미에 지금껏 살아오면서 스스로 행복해지기 위해서 소유 자체를 목적으로 구매했던 물건과 경험을 위해 구매했던 물건에서 한 가지씩을 고르게 했지. 그런 다음 두 가지의 구매 물건 중에 무엇이 더 자신을 행복하게 만들었는지 선택하도록 했어. 그 결과, 경험을 위한 구매로 자신이 더 행복해졌다고 답한 사람은 전체 응답자의 57퍼센트였지만, 소유를 위한 구매로 더 행복해졌다고 답한 사람은 34퍼센트에 불과했지. 나머지 9퍼센트의 사람들은 고르기 어렵다고 응답한 사람들과 응답 자체를 하지 않은 사람들이었어. 어떤 물건의 구매 행위를 통해 새로운 삶을 경험하는 것이, 소유 자체를 위해 구매하는 것보다 많은 사람에게 더 큰 행복감을 안겨 준다는 점을 보여 주는 연구 결과야.

또 한 가지, 경험을 위해 구매한 물건들은 대개 타인과의 관계를 위해 사용된 것들이었지. 함께 콘서트에 간다거나 여행을 가는 것 등이었거든. 이처럼 자기가 소중하게 생각하는 사람과 공유한 경험이 사람들에게 진정한 행복을 가져다주었지. 자기 자신을 위해 소비한 경우보다 다른 사람과 공유하기 위해 소비한 경우가 더 큰 행복감을 경험하게 만든 거야. 이처럼 행복은 소유를 위한 소비보다 경험을 위한 소비를 했을 때, 그리고 개인적 소비보다 관계적 소비를 했을 때 더 크게 다가오지. "우리의 목표는 풍성하게 '소유하는' 것이 아니고 풍성하게 '존재하는' 것이어야 한다." 사회심리학자 에리히 프롬이 《소유냐 존재냐》에서 마르크스를 인용하면서 한 말이야.

2012년 5월, 마이클 노턴 교수는 '돈으로 행복을 사는 법'이라는 강연으로 많은 화제를 불러 모았어.(강연은 노턴 교수가 공동으로 작성한 2008년 〈사이언스〉에 발표한 논문을 토대로 했지.) 노턴 교수는 돈으로도 행복을 살 수 있다고 말했어. 얼핏 보면, 앞의 설명과 상반되는 것 같지? 앞에서는 행복해지려면 소유보다 경험을 추구하라고 했으니까. 그런데 노턴 교수는 돈으로도 행복을 살 수 있다고 말하지. 다만 그때의 돈은 내가 아닌 남을 위해 쓰는 돈이야. 한마디로, 남을 위해 돈을 쓰면 행복해질 수 있다는 거지.

연구자들은 다양한 소득 수준과 소비 성향을 지닌 632명의 미국인들을 대상으로 우선 설문 조사를 했어. 조사 결과는 아주 흥미로웠지. 타인을 위해 돈을 쓰는 '사회적 소비'에 지출을 많이 하는 사람일수록 행복감이 높았기 때문이야. 반면에 '개인적 소비'와 행복감 사이에는 의미 있는 상관관계가 발견되지 않았어. 개인적 소비는 자신을 위해 물건을 사는 거야. 앞에서 설명한 소유를 위한 소비와 비슷하지. 반면에 사회적 소비는 남에게 선물할 물건을 사거나 남을 위해 기부하는 거야.(강인규《망가뜨린 것, 모른 척한 것, 바꿔야 할 것》 참고)

연구자들은 이를 토대로 다시 두 가지 실험을 했지. 하나는 보너스를 받은 직장인들이 그 돈을 어떻게 쓸 때 더 행복해지는지를, 다른 하나는 공돈이 생겼을 때 어떻게 쓰면 더 행복해지는지를 살펴보는 것이었어. 그 결과, 보너스의 경우에도 '사회적 소비'에 지출한 사람들일수록 행복감이 높았지. 보너스를 '얼마나 받았는지'보다 '어떻게 썼는지'가 행복감에 더 큰 영향을 미쳤어. 보너스가 지급되고 6~8주 후에 지출 용도와 행복감을 측정했더니, 자기가 아닌 남을 위해 돈을 쓴 사람일수록 행복하다는 사실이 밝혀졌지. 또한, 두 번째 실험에서는 사람들을 아침에 불러 행복지수를 측정한 뒤에 돈을 나눠 주어 쓰게 한 다음, 저녁에 다시 행복지수를 측정했지. 참여

자들은 5~20달러가 든 돈 봉투를 받았어. 이 실험에서도 같은 결과
가 나왔지. 액수와 상관없이 남을 위해 돈을 쓴 사람이 더 큰 행복
감을 느꼈어.

4.
모두가
다 함께
잘 살 순
없을까
?

조커는 우리의 모습일까?

"다른 사람들은 너처럼 추악하지 않아."

영화 〈다크나이트〉(2008)에서 배트맨이 조커에게 한 말이야. 영화에서 조커는 배트맨의 강력한 라이벌로 등장하지. 조커는 보통의 악당과는 사뭇 다른 캐릭터야. 돈을 탐하지도, 권력을 탐하지도 않지. 오히려 미련 없이 돈을 불태우기도 해. 영화 속에는 조커가 산처럼 쌓인 돈더미에 아무렇지 않게 불을 지르는 장면이 나오지. 돈을 휴지 조각처럼 여기는 악당이라니, 난 그 장면을 보면서 좀 멋지다고 생각했어.(그 행위가 멋졌다는 거지, 조커의 모든 행동이 그렇다는 건 아니야.) 지금까지 수많은 영화에서 보아 왔던 여느 악당들과는 분명 다른 캐릭터였으니까.

조커가 원하는 건 단 하나야. 인간이 악한 존재라는 사실을 증명하는 거지. 영화의 묘미는 조커가 증명하려는 성악설과 배트맨이 서 있는 성선설의 대립에 있어. 영화의 절정에서 조커는 게임 같은 상황을 제시하지. 죄수들이 타고 있는 배와 일반 시민들이 타고 있는 배에 각각 폭탄을 설치해 놨어. 그런데 두 배는 서로 연락할 길이 없고, 각 배의 기폭 장치가 상대 배에 실려 있는 상황이지. 그런 상황에서 조커가 선내 방송으로 이렇게 말하는 거야.

"오늘 밤 실험의 주인공은 여러분이다. 여러분은 다른 배를 폭파할 리모컨을 가지고 있다. 나는 밤 12시가 되면 모든 배를 폭파시킬 생각이다. 하지만 그 전에 리모컨을 먼저 누르는 배는 살려 줄 것이다. 결정은 빠를수록 좋을 거야."

자정이 점점 가까워지자 죄수들이 탄 배에서는 기폭 장치를 든 간수가 어쩔 줄 몰라 하지. 이때 험상궂게 생긴 죄수 하나가 간수에게 다가오더니 "그동안 당신이 용기가 없어서 못한 일을 내가 대신하겠다"며 기폭 장치를 빼앗아 드는 거야. 모두가 '이제는 버튼을 누르겠구나' 생각하며 숨죽인 순간, 그 죄수는 기폭 장치를 물속으로 던져 버리지. 결국 이 배의 탑승객들은 다른 배를 먼저 폭파해서 자기들만 살 수 있는 기회를 완전히 잃어버리게 된 거야.

같은 시간, 일반 시민들이 탄 배에서도 동요가 생기지. 죄수들이 탄 배에서 먼저 기폭 장치를 누를지 모른다는 두려움이 전염병처럼 사람들을 물들이지. "저쪽 배에 탄 사람들은 범죄자들"이라며 "당연히 우리가 먼저 버튼을 눌러야 한다"는 쪽으로 사람들이 기울게 된 거야. 마침내 급하게 투표가 진행되고, 기폭 장치를 누르자는 의

견에 다수가 찬성하지. 그러나 누구도 기폭 장치를 누르진 못해. 그렇게 사람들이 망설이는 사이, 이윽고 한 남자가 기폭 장치를 향해 성큼성큼 걸어가지. 그러나 그 역시도 결국엔 버튼을 누르지 못해.

두 배는 무사히 자정을 넘길 수 있을까? 두 배의 승객들이 모두 스위치를 누르지 못한 채 자정을 향해 가는 시곗바늘만 초조하게 바라보고 있어. 그사이에 배트맨이 조커를 제압해 기폭 장치를 빼앗지. 두 배는 그렇게 무사히 귀환하게 돼. 조커의 실험이 실패로 끝나고 만 거야. 영화에서나 있을 법한 일일까? 만약 실제로 그런 상황이 벌어진다면 어떻게 될까? 한쪽 배에서 먼저 기폭 장치를 누르게 될까?

죄수의 딜레마 게임

　조커가 제안한 게임은 '죄수의 딜레마'를 모티브로 삼고 있지. 죄수의 딜레마는 이런 내용이야. 두 명의 범죄 혐의자가 있어. 공범으로 체포됐지만, 결정적인 물증이 없는 상황이지. 즉, 수사하는 경찰 입장에서는 자백에 의존할 수밖에 없는 상황이야. 경찰은 머리를 써서 범인들이 자백할 수 있는 방법을 짜내지. 둘 중 한 명이 자백하고 나머지 한 명이 부인하면, 부인한 사람에게 무거운 벌을 내리고 자백한 사람은 그냥 석방하기로 했어. 대신 둘 다 자백하면 둘 다 반년씩 감옥살이를 해야 하지. 둘 다 부인하면 1개월만 복역하고 석방시켜 주기로 했어.

	죄수 B 부인	죄수 B 자백
죄수 A 부인	둘 다 1개월 복역	죄수 A : 1년 복역
		죄수 B : 석방
죄수 A 자백	죄수 A : 석방	둘 다 6개월 복역
	죄수 B : 1년 복역	

이게 바로 죄수의 딜레마 게임이야. 죄수들은 어떤 선택을 할까?

죄수 A 입장에서 생각해 볼까. 죄수 B가 어떤 선택을 할지 모르지. 그러니 모든 경우의 수를 따져 볼 거야. 먼저 B가 부인한다면, 나는 자백하는 게 낫지. 자백하면 나는 석방되지만, 부인하면 둘 다 1개월을 복역해야 하잖아. 그렇다면 B가 자백한다고 하면? 그때도 자백하는 게 낫지. 만약 내가 부인해 버리면 나만 1년을 복역해야 하지만, 내가 자백하면 둘 다 6개월을 복역할 테니까. 결론적으로 어떤 경우나 자백하는 게 합리적이야. 죄수 B의 입장에서 생각해도 결론은 똑같지. 경제학 교과서의 개념대로 사람이 합리적이고 이기적인 경제 주체라면 답은 정해져 있어.

그런데 과연 이게 최선일까? 결코 아니지. 둘 다 부인하면 1개월만 복역할 수 있잖아. 그러나 이들이 서로 협력하지 않는 한 이들은 나쁜 선택을 할 수밖에 없어. 부인하기로 서로 약속하고 그 약속을 지키면 1개월만 복역하면 되지. 물론 한 명이 약속을 깨고 배신할 수도 있어. 자기만 석방되려고 말이야. 그렇게 서로 의심하고 불신하면 결국 둘 다 6개월을 복역하게 되겠지. 부인하기로 한 약속을 지켜야만 최상의 결과를 얻을 수 있지. 어쨌든 경제학 교과서에 따르면 이런 일은 일어나기 힘들어. 서로에 대한 신뢰를 확신할 수 없으니까.

이론적으로는 그렇지만, 실제로 죄수의 딜레마 게임을 해 보면 어떨까? 현실에서 이 게임에 참여한 이들은 이론과 다르게 의외로 많은 수가 협력했지. 더 흥미로운 사례도 있어. 심리학자 리 로스는 죄수의 딜레마 게임을 약간 변형해서, 한 집단에겐 '공동체 게임'을 하겠다고 말하고, 다른 집단에겐 '월가(미국 뉴욕에 있는 금융가) 게임'을 하겠다고 말했어.(참고로, 리 로스 교수는 뒤에서 살펴볼 최후통첩 게임에도 이 이름들을 적용해서 실험했지.) 결과는 극적으로 엇갈렸어. 공동체 게임을 한다고 들은 사람은 70퍼센트 정도가 협력을 선택한 반면에, 월가 게임을 한다고 들은 사람은 33퍼센트만 협력했지. 신뢰와 희생, 협력 등을 연상시키는 공동체와 성공과 경쟁, 탐욕 등을 연상시키는 월가를 떠올리는 것만으로도 이타적 인간이 되기도 하고 이기적 인간이 되기도 했지.

독일 함부르크대학 연구진은 실제 죄수들을 대상으로 실험을 진행하기도 했어. 실험을 주도한 메누시 카자비와 안드레아스 랑게는 독일 작센 주의 한 교도소에서 죄수와 비교 대상인 학생들을 대상으로 실험을 진행했지. 실험 결과, 죄수의 56퍼센트가 동료를 배신하지 않고 협력한 반면에 비교 대상이었던 대학생은 63퍼센트나 동료를 배신한 걸로 나타났어. 죄수들은 믿을 수 없다는 통념을 뒤집는 결과였지.

범죄자로 태어나는 사람은 없다

범죄자는 신뢰할 수 없는 인간들일까? 아니면, 신뢰할 수 없다고 믿기 때문에 신뢰하지 못하는 걸까? 교도소를 출소한 이들을 전과자로 낙인찍어서 사회에서 배제한다면, 그들이 선택할 수 있는 길은 하나뿐이다. 바로 '다시, 범죄'의 길이다. 범죄자의 재범률은 사회가 그들을 어떻게 대하고 바라보는지에 따라서 달라질 수밖에 없다. 예를 들어, 캐나다의 경우 성범죄자에게 적절한 치료 프로그램을 제공해 재범률을 낮춘 바 있다. 치료가 없을 때는 재범률이 5년 후 18퍼센트, 10년 후 25퍼센트 정도였지만, 치료 프로그램을 거친 경우에는 5년 후 3.2퍼센트, 10년 후 5.5퍼센트로 상당히 낮아졌다.('심리치료 병행하면 재범률 5분의 1로 감소', 〈중앙SUNDAY〉 2012년 7월 29일 참고)

한 나라의 인권 수준을 알고 싶으면 교도소에 가 보라는 말이 있다. 가장 낮은 곳에 있는 사람의 인권을 보장하는 나라라면 일반 시민의 인권도 보장할 가능성이 높다. 그렇지 않은 나라는 일반 시민의 인권도 제대로 보장하지 않을 가능성이 높다. 영국에선 수감자의 흡연을 허용하고, 독일은 음주를 허락하며, 스웨덴에선 참정권을 인정한다. 심지어 브라질에선 성 생활권도 인정한다. 군대가 없는 나라 코스타리카에는 교도소 담장도 없다. '탈출 가능한 철조망'이 있을 뿐이다.

한국은 이 중 어느 것도 보장하지 않는다.(참고로, 형이 확정되지 않은 미결수는 참정권이 인정된다.)

교도소의 존재 이유가 뭘까? 단순히 범죄자를 벌주는 곳일까? 당연히 처벌의 목적도 있겠지만 궁극적으로는 교화를 통한 갱생 아닐까? 코스타리카의 감옥에는 담장만 없는 게 아니다. 죄수복 대신 일상복을 입은 수감자들은 교도소 안에서 초등학교에서 대학교까지 모든 교육을 받을 수 있다. 코스타리카에선 교도 행정의 목표가 수감자의 사회적 격리가 아니라 수감자 자신에게 어떤 권리가 있는지 알게 하는 것이다. 교화와 갱생의 첫걸음은 자기 긍정, 자기 존중이기 때문이다.

덕분에 코스타리카의 재범률은 20퍼센트에 불과하다. 우리는 어떨까? 50개 국영 교도소의 출소 5년 내 재범률은 62퍼센트에 달한다. 기간을 출소 5년 이상으로 늘려 잡으면 재범률은 더 높아질 것이다. 사회에서 범죄자를 영원히 고립시킬 생각이 아니리면 그들의 권리를 보장해 줘야 하지 않을까? 사회가 믿고 지지해 주는 만큼 전과자는 신뢰할 만한 사람이 될 수 있다. 사회가 전과자를 밀어낸다면, 전과자는 다시 범죄의 길을 걸을 수밖에 없다. "여자는 (생물학적으로) 태어나는 게 아니라 (사회적으로) 만들어지는 것이다"라고 한 시몬 드 보부아르의 말을 빌려 이렇게 말할 수 있지 않을까? '범죄자는 태어나는 게 아니라 만들어지는 것이다.'

협력의 놀라운 힘

동물들도 협력한다

자연은 어떨까? 자연에서는 힘센 놈이 생존에 더 유리할까? 가령 물소는 호랑이보다 생존하기 어려울까? 그래서 물소의 숫자는 호랑이의 숫자보다 더 적을까? 잘 알고 있듯이 물소가 호랑이보다 훨씬 많아. 호랑이는 강한 짐승이지. 그래서 늘 혼자야. 강한 놈들은 대개 혼자 다니지. 힘깨나 쓰는 짐승은 모두 마찬가지야. 물소는 호랑이에 비해 약하지. 약한 놈들은 무리 지어 살며 서로에게 의지해. 그렇게 서로 돕고 힘을 합쳐 어울려 사는 놈들이 더 잘 사는 것 같지. 혼자보다는 서로를 돌보는 쪽이 살아남는 데 더 유리하기 때문이야. 어울려 사는 것이 날카로운 발톱이나 이빨보다 강한 거야. 러시아 철학자 표트르 알렉세예비치 크로포트킨이 《상호부조相互扶助 진화

146

론》에서 제시한 내용이야.

어울려 살면서 생존을 지키는 동물들의 예는 아주 많지. 중남미 코스타리카에는 흡혈박쥐가 있어. 흡혈박쥐는 워낙 신진대사가 빠른 편이라 사흘만 피를 못 빨아도 죽게 되지. 그런 흡혈박쥐 사회에는 나름의 생존 방식이 있어. 사냥에 실패해 아사 직전에 있는 동료에게 자신이 빨아 온 피를 나눠 주는 거야. 자기도 어렵게 구한 피를 왜 나눠 주는 걸까? 여분의 피를 나눠 먹는 게 그렇지 않은 경우보다 이롭기 때문이야. 당장은 피를 나눠 주는 박쥐도 언젠가 피를 못 구하는 날이 있겠지. 피를 나누는 행위는 그때를 대비한 일종의 보험인 셈이야. 흡혈박쥐가 피를 빨지 못하고 돌아올 확률로 예상 수명을 계산해 보면, 태어나서 3년을 버티기도 힘들다고 하지. 그러나 서로 피를 나누는 덕분에 12년을 산다고 해.

미어캣의 별명은 '사막의 파수꾼'이지. 무리 속에서 각자 돌아가면서 보초를 서기 때문에 붙여진 별명이야. 나이 든 수컷이 가장 오래, 다음으로 나이 든 암컷, 우두머리, 젊은 미어캣 순으로 보초를 서고, 어린 새끼들은 보초를 서지 않아. 보초들은 침입자가 나타나면 무리에게 위험을 알리기 위해 큰 소리로 신호를 보내지. 덕분에 나머지 미어캣들은 안전하게 피신할 수 있어. 반면에 경고를 보낸 보초 미어캣은 불청객의 주의를 끌게 되지. 즉 위험에 노출되는 거야. 흰개미들은 자신들의 왕국을 공격하는 적들을 막기 위해 자신의 창자를 파열시켜 끈적한 내용물을 뿌리지. 그렇게 함으로써 자신들의 왕국을 지키는 거야. 개체 입장에선 죽음이지만 집단 입장

에선 생존을 위한 희생이지.

세계적인 영장류학자인 프란스 드 발은 2011년 테드(TED) 강연에서 청중들에게 오래된 기록 영상을 보여 줬어. 그 영상에는 우리에 갇힌 침팬지 두 마리가 등장하지. 침팬지들 손에는 밧줄이 하나씩 들려 있어. 밧줄의 반대쪽은 우리 밖에 있는 과일 상자에 묶여 있지. 상자는 침팬지 한 마리의 힘만으로 잡아당기지 못할 정도로 무거웠어. 이 상황에서 침팬지들은 어떻게 했을까? 침팬지들은 별 고민 없이 힘을 합쳐 함께 상자를 잡아당긴 후에 사이좋게 과일을 나눠 먹었어.

문제는 한 마리만 배가 고프고 나머지 한 마리는 배가 부른 경우야. 배고픈 놈이 혼자서 밧줄을 당겨 보지만 상자는 꿈쩍도 않지. 그러자 배고픈 침팬지가 다른 녀석의 어깨를 툭툭 건드리는 거야. 자기 좀 도와달라는 표현이지. 배부른 침팬지는 과연 도와줄까? 신기하게도 배부른 녀석이 함께 밧줄을 당겨 주지. 말할 것도 없이 그 녀석은 과일에 전혀 관심이 없어. 자기는 어차피 먹지도 않을 텐데 왜 도와주는 걸까? 이유는 간단해. 자신도 언젠가 다른 침팬지의 도움을 받아야 할 때가 있기 때문이야.

프란스 드 발은《착한 인류》에서 여러 사례를 통해 원숭이들이 다양하게 협력하고 선행을 베푼다는 사실을 보여 주지. 물에 빠진 암컷 침팬지가 멀리서 비명을 지르자 평소 안면도 없던 수컷 침팬지가 두 개의 전기 철망을 넘어가 암컷을 구하는가 하면, 아프리카의 코트디부아르에선 야생 침팬지들이 어미 잃은 새끼를 데려다 30년 이상 같이 살았지. 침팬지의 경우에는 관절염이 심한 늙은 암컷 침팬지를 다른 암컷들이 돌봐 주는 사례가 관찰되기도 했고, 짧은 꼬리원숭이의 경우에는 선천적으로 장애를 가진 원숭이를 무리의 다른 원숭이들이 돌봐 주는 사례가 관찰됐어. 침팬지와 흰개미와 흡혈박쥐와 미어캣은 잘 알고 있는 거야. 남을 돕는 것이 결국 자기를 돕는 것이라는 사실을 말이야. 만물의 영장이라는 인간만 그 사실을 종종 망각하고 있지.

동물들은 남을 돕는 것이 나를 돕는 것이라는 관점에서만이 아니라, 순전히 이타적인 차원에서 남을 돕기도 하지. 로랑 베그의《도덕적 인간은 왜 나쁜 사회를 만드는가》는 놀라운 사례를 소개하고 있어. 1996년 상어의 습격을 받은 잠수부를 돌고래들이 둥그렇게 에워싸고 보호해 준 일이 있었어. 같은 해에 시카고 동물원에선 고릴라 암컷이 3m짜리 담장에서 떨어진 세 살짜리 아이를 보호해 준 사건도 있었지. 두 사건은 전 세계에 알려지며 놀라움과 감동을 주었어. 드 발의 《내 안의 유인원》은 새를 보살피는 보노보 원숭이 이야기를 들려주지. 유리창에 부딪혀 부상을 당한 새를 다른 동물들이 해치지 못하게 지켜 주는 보노보의 모습이 영국의 드와이크로스 동물원에서 목격되었어. 이타성의 본능이 우리가 생각하는 것보다 훨씬 깊고 복잡하며 신비롭다는 사실을 보여 주는 사례들이야.

인간, 협력하는 존재

우리가 종종 망각하곤 하지만, 사람에게도 남을 돕는 놀라운 본능이 있어. 생후 18개월 된 아이와 어른 원숭이 중 어느 쪽이 남을 더 잘 도울까? 18개월 아이와 어른 원숭이에게 열심히 일하는 사람의 모습을 보여 줬지. 그 사람은 종이 더미를 스테이플러로 찍는 작업을 했어. 그러다 그가 잠시 방에서 나갔다가 돌아왔지. 종이 뭉치를 들고 다시 돌아와서 스테이플러를 찾느라 두리번거렸어. 아이와 원숭이는 둘 다 스테이플러가 탁자 밑에 떨어져 있다는 사실을 알고 있었지.

누가 작업자에게 스테이플러 위치를 더 잘 알려 줄까? 놀랍게도 아기들이야. 저명한 발달심리학자 마이클 토마셀로가 2006년에 행한 이 실험에서 채 두 살도 안 된 아이 24명 가운데 22명이 손가락으로 어른들에게 위치를 알려 줬어. 원숭이도 그런 행동을 하기는 했지만, 그럴 만한 이유가 있을 때(자기에게 이익이 되거나 협동 사냥과 같이 뚜렷한 목표가 있는 경우)만 그랬지. 그러니까 아기들은 본능적으로 남을 도와주려고 했던 거야.[1]

도덕의식은 인간 진화의 산물인지도 몰라. 심지어 생후 6개월 된 아기(앞서의 토마셀로 실험보다 더 어린 아기들이지)조차 이타적인 사람들을 선호하거든. 미국 예일대학의 햄린 교수는 생후 6개월 된 아기들에게 동그라미와 세모, 네모의 캐릭터들이 나오는 영상을 보여 줬어. 이 영상에서 노란색 네모가 언덕을 오르는 빨간색 공을 밑에서 받쳐 주며 도와줬지만, 파란색 세모는 올라오는 빨간색 공을 아래로 밀어 굴러떨어지게 했지. 한마디로 노란색 네모는 좋은 애였고, 파란색 세모는 나쁜 애였던 거야. 이 영상을 6~14번가량 시청한 아기들에게 착한 네모와 나쁜 세모 가운데 하나를 고르도록 유도했지. 결과는 무려 87퍼센트의 아기가 노란색 네모를 택했어. 동물 인형을 대상으로 한 유사한 실험에서도 아기들은 나쁜 곰인형과 착한 곰인형 중 착한 곰인형을 선택했지. 착한 곰인형을 더 좋아한 거야. 심지어 다른 실험에서는 아기가 나쁜 곰인형을 머리로 들이받기도 했지. 결국 협력이나 이타성은 인간의 본능일지도 몰라.

이와 유사한 연구가 또 있어. 2007년 〈사이언스〉에 한국인의 논

---

1 이 실험은 독일 라이프치히의 막스플랑크 진화인류학 연구소에서 진행됐다. 이곳 영장류 센터는 세계에서 가장 규모가 크다. 이 연구소의 멜리사 박사와 토마셀로 박사는 어린이들과 침팬지, 오랑우탄의 행동을 비교 관찰하여 인간 본성을 연구하는 실험을 진행해 왔다.

문이 한 편 실렸지. 그런데 그 논문은 특이하게도 과학자가 아닌 경제학자의 논문이었어. 논문의 주인공은 경북대학 경제통상학부의 최정규 교수야. 논문 제목은 "자기집단중심적 이타성과 전쟁의 공진화"였지. 최정규 교수는 재미있는 실험을 진행했어. 수만 년 전 각각 26명으로 이루어진 부족 20개가 있었다고 가정하고, 이 부족들이 5만 세대 동안 교류하면서 어떤 행동 속성을 진화시켜 오는지 분석했지. 최정규 교수는 이를 컴퓨터 시뮬레이션을 통해 분석했어. 실험 결과는 이타적 성향을 가진 구성원이 많은 부족일수록 더 많은 자손을 퍼뜨려 나중까지 살아남는 것으로 나왔지. 이타성이 진화의 산물일 수 있음을 보여 주는 또 다른 사례야. 그런데 세상을 살아가면서 그 본능이 잊히고 희미해지는 건지도 몰라.

적이 공격해 오면 누가 살아남을 가능성이 더 높을까? 자기 혼자만 살려고 도망가는 집단일까, 다 함께 힘을 합쳐 싸우는 집단일까? 답은 후자야. 역사적으로 볼 때도, 협력할 줄 아는 사람들이 크게 번성했고, 그들의 협력 행위는 다른 집단들에 의해 모방되었으며, 협력할 줄 아는 집단이 그렇지 않은 집단에 비해 더 잘 생존해 왔지. 그런 점에서 인간은 '협력하는 종'으로 진화해 왔다고 볼 수 있어.[2]

2 생물학적으로 인간에게 협력과 상호 도움이 가능한 이유는 옥시토신과 거울 뉴런(Mirror neuron) 덕분이다. 옥시토신 호르몬은 타인에게 공감할 때나 타인의 고통을 볼 때 증가하는 호르몬이다. 특히 가까운 사람에게 공감할 때 주로 분비된다. 모성 본능이 옥시토신과 매우 밀접하게 관련되어 있다. 거울 뉴런(뉴런은 신경계를 구성하는 기본 단위다)이라는 신경세포 체계 역시 매우 중요하다. 신경심리학자 라촐라티가 처음 발견한 거울 뉴런은 타인의 행동을 관찰할 때 활발히 활동하는 신경 세포다. 거울 뉴런은 이름처럼 인간의 신경계가 타인의 행동을 거울처럼 반영한다는 뜻을 담고 있다. 하품이 전염되는 것도, 오래된 연인이나 부부가 서로 닮아 가는 것도 거울 뉴런 덕분이다. 거울 뉴런을 통해 인간은 직접 경험하지 않고도 상대의 느낌이나 고통을 '이해하게' 된다. 거울 뉴런 덕분에 인간은 타인에게 공감할 수 있고, 더 나아가 힘을 합해 서로 도울 수 있다.

찰스 다윈은 《인간의 유래 1》(211~212쪽)에서 이렇게 말했지.

> 같은 지역에서 살아가는 두 집단의 원시 부족이 경쟁 관계에 놓이게 되었다고 해 보자. 만약 다른 상황이 동일한 상태에서 한 부족이 용기 있고 공감을 지니며 성실한 구성원이 많았다고 해 보자. 이들은 위험이 닥쳐 왔을 때 항상 서로에게 위험을 알리고 서로 돕고 방어할 준비가 되어 있으므로 다른 부족보다 더 빛나는 성공을 거두고 결국은 다른 부족을 정복했을 것이다. (…) 이기적이고 다투기 좋아하는 사람들은 하나로 뭉치지 못할 것이고 응집이 없다면 아무것도 이룰 수 없다.

사실 인간은 다른 동물과 달리 역 진화하는 유일한 동물이야. 다른 동물은 더 힘세고 강한 쪽으로 진화해 왔어. 반면에 인간은 더 약하고 부드러운 쪽으로 진화해 왔어. 진화학자 클라이브 브룸홀에 따르면 약하고 부드럽게 변하는 인간의 '유아화'는 "무리를 짓기 위해서"라고 하지. 고릴라는 세 마리 이상 모여서 사냥을 못한다고 해. 그랬다가는 서로 치고받고 싸우기 일쑤라지. 반면에 인간은 세 명이 아니라 삼십 명도 함께 사냥할 수 있잖아. 인간의 무리에서는 서로 협력하고 설득하는 품성을 중요하게 여기기 때문이야. 그러지 못한 개인은 무리에서 도태되고 말지. 낱낱의 개인은 약하지만 집단 전체로서 인류가 강한 이유야.(안광복 《철학에게 미래를 묻다》 참고)

경쟁에서 협력으로

경쟁은 우리를 행복하게 해 줄까? 아니, 행복을 떠나서 사회의 경쟁력을 높여 줄까? 우리는 당연히 경쟁이 경쟁력을 높여 줄 거라고 믿곤 하지. 그러나 꼭 그렇지만은 않아. 지나친 경쟁은 오히려 경쟁력의 적이야. 로버트 프랭크는 《경쟁의 종말》에서 동물들 사이의 지나친 경쟁이 종족 전체에 해가 되는 사례를 보여 주지. 예를 들어 수컷 말코손바닥사슴의 기다란 뿔은 포식자에 맞서는 무기가 아니야. 커다란 뿔은 번식 경쟁에서 승리하기 위한 무기지. 커다란 뿔을 가진 수컷은 그렇지 않은 수컷에 비해 암컷의 선택을 받을 가능성이 높거든. 큰 뿔을 가진 사슴들은 번식 경쟁에서 승리해서 더 많이 자손을 퍼뜨리게 되지. 결국 수컷 말코손바닥사슴의 뿔은 세대를 거듭할수록 더 커지게 되는 거야.

그러나 이와 같은 뿔 경쟁은 종족 전체에는 부정적일 수 있지. 커다란 뿔은 포식자로부터 도망칠 때 오히려 방해가 되거든. 나뭇가지에 걸린다거나 무거워서 달리는 속도가 떨어지기 때문이야. 가장 뿔이 큰 말코손바닥사슴의 경우 뿔의 길이는 1.2m에 달하고 무게는 20kg 가까이 되지. 그러니까 커다란 뿔은 종족 전체로 볼 때는 지극히 비효율적인 거야. 만약 모든 말코손바닥사슴이 뿔의 크기를 절반으로 줄인다면(의도적으로 그렇게 한다는 게 아니라 진화적 차원에서 그렇게 진화한다면) 개별 사슴들도 손해를 보지 않고 종족 전체에도 유리하겠지. 그러나 수컷 말코손바닥사슴의 진화는 정반대로 진행되지. 이게 사슴만의 이야기일까?

인도의 작은 시골 마을 팔란푸르에서 있었던 일이야. 팔란푸르 농부들은 겨울 농작물을 파종할 때 수확량이 가장 많은 시기보다 몇 주 늦게 파종을 시작했어. 모두가 더 일찍 파종할수록 수확량이 많아진다는 사실을 잘 알고 있었어. 그런데 아무도 첫 번째로 파종하기를 원하지는 않았지. 그 이유는 가장 먼저 씨를 뿌린 논에는 새들이 몰려와 순식간에 먹어 치웠기 때문이야. 누군가 팔란푸르 농부에게 물었어. "만약 마을 사람들이 모두 다 함께 파종을 하면 되지 않을까요?" 괭이질을 하던 농부가 말했지. "만약 그 방법을 알았더라면 지금처럼 가난해지지는 않았겠군요."

농부들 전부는 아니라도, 친한 이웃이나 친척끼리라도 더 이른 시기에 함께 파종하면 됐을 거야. 그러면 새 떼의 피해도 분산시키고, 수확량도 더 늘릴 수 있었겠지. 그러나 농부들은 지혜를 모아 협력하지 않았고, 그 결과 계속 가난할 수밖에 없었어. 에릭 바인하커의 《부의 기원》에 나오는 이야기야. 농부들이 협력하지 못한 이유가 뭘까? 신뢰와 소통이 부족했기 때문이 아닐까. 경제학자들은 대개 '말'을 하찮게 여기지. 계약을 맺거나 서로 이해관계가 다른 이들끼리 협상할 때나 말을 중요하게 생각해. 그러나 계약이나 협상을 떠나서 우리 삶에서 말은 매우 중요한 역할을 하지. 우리는 대화와 소통을 통해 타인과 협력할 수 있기 때문이야. 서로 말을 섞지 않고 협력을 이끌어 낸다는 건 불가능하잖아. 그러나 불행히도 우리는 점점 더 신뢰의 고리와 소통의 다리가 끊어져 가는 사회에서 살고 있지.

미국의 어느 학교에 인디언 아이들이 전학을 왔어. 시험을 치르는 날 백인 아이들이 필기도구를 꺼낸 후 옆의 친구가 답안지를 보지 못하도록 책가방으로 책상 가운데에 담을 쌓았지. 그런데 인디언 아이들은 책상을 돌려 둥그렇게 모여 앉는 거야. 왜 시험 볼 준비를 하지 않느냐고 교사가 묻자, 한 인디언 아이가 이렇게 말했다고 해. "선생님, 저희들은 예전부터 어려운 문제가 있을 때마다 서로서로 도와 가며 해결해야 한다고 배웠어요." 그렇다면 우리의 교육은 어떨까? 우리 교육은 문제를 함께 해결하기보다 각자 해결하도록 가르치지. 그 결과, 학생들은 수업을 듣고, 외우고, 시험 보고, 그리고 잊어버리기를 반복하지. 하지만 가장 좋은 공부 방법은 다른 사람을 가르치는 거야. 두 사람이 함께 공부한다면 '서로 설명하기'라고 할 수 있겠지. 유대인들은 하브루타 교육법이라고 해서 오랫동안 이런 식의 교육법을 유지해 왔어. 하브루타 교육법은 두 사람이 짝을 지어 서로에게 질문하고 답하는, 즉 서로를 가르치는 교육법이야.

학생들끼리 어떻게 가르치면서 배울 수 있냐고? 가르치는 사람은 어른이어야 하지 않냐고? 얼핏 생각하면 그런 것 같지만, 꼭 그렇지만도 않지. 반드시 어른인 교사가 가르치고, 아이인 학생이 그 교사에게서 배워야 하는 건 아니야. 교육의 과정이 꼭 형식적인 가르침-배움의 과정일 필요는 없어. 학생인 승현이가 학생인 슬기에게 노래를 가르치고, 슬기가 승현이에게 그림을 가르칠 수 있지. 사실 가르침이라기보다 서로 배움에 가깝겠지. "세 사람이 길을 가면 그중 하나는 나의 스승이다"라는 공자님 말씀도, 현대적으로 재해석하자면 그런 의미가 아닐까?

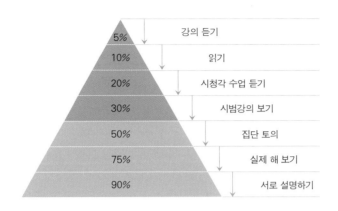

학습 효율성 피라미드

　그림은 학습 효율성 피라미드(전성수·양동일《질문하는 공부법, 하브루타》, 119쪽에서 인용)야. 우리에게 익숙한 강의 듣기나 단순 읽기의 학습 효율성은 고작 5~10퍼센트 수준밖에 안 되지. 시청각 수업 듣기부터 실제 해 보기까지 단계적으로 학습 효율성이 올라가는 것을 볼 수 있어. 가장 효율적인 학습 방법은 '서로 설명하기'야. 유대인들의 하브루타 교육법과 정확히 일치하지. 유대인 가운데 노벨상 수상자가 많이 나오는 이유를 짐작해 볼 수 있는 대목이야. 유대인 수상자는 전체 노벨상 수상자의 23퍼센트에 달하거든. 이처럼 학습에서도 서로 협력하는 게 가장 효율적이야. 다만 우리가 지나치게 경쟁적이고 개인주의적이라서 모르고 있거나, 안다고 해도 인정하지 않을 뿐이지.

'혼자'보다 '같이'가 더 힘이 세다

수면병이라는 질병이 있어. 걸리면 시도 때도 없이 잠만 자다 끝내 목숨을 잃는 질병이야. 주로 아프리카에서 발병하는 질병이지. 해마다 50여만 명이 이 병에 걸리고, 그중 5만 명이 목숨을 잃고 있어. 수면병 치료제인 에포르니타인(efornithine)은 미국에서 1990년에 개발됐지. 미국 제약사 브리스톨-마이어스 스퀴브사가 특허권을 갖고 있어. 그러나 이 회사는 수면병 치료제를 아예 생산하지 않지. 대신 이 약물을 여성용 제모除毛 크림의 원료로 사용하고 있어. 생명을 구할 수 있는 약물을 돈이 안 된다는 이유로 엉뚱한 곳에 쓰고 있는 거지. 이것이 자본주의의 현실이야.

그러나 삭막한 이윤의 사막에서도 가끔씩 기적이 오아시스처럼

158

솟아나기도 하지. 마이클 무어 감독의 다큐멘터리 영화 〈자본주의
: 러브 스토리〉(2009)는 아이들을 위해 자신이 개발한 소아마비 백
신의 특허 출원을 거부한 조너스 에드워드 소크 박사의 사례를 보
여 주지. 소아마비는 지금은 거의 찾아보기 힘든 병이지만, 예전에
는 드물지 않은 질병이었어. 소아마비에 걸리면 팔다리가 마비되거
나 전신이 마비되고, 심하면 죽기도 했지. 1950년대 미국에선 매년
5만 명 이상의 환자가 발생할 정도로 소아마비가 만연했어. 그런데
1952년 7년여의 연구 끝에 조너스 소크 박사가 소아마비 예방 백신
을 개발했지. 조너스 소크는 아이들을 위해 자신이 개발한 소아마
비 예방 백신의 특허 출원을 거부했어. 2차 세계대전 이후 소아마비
가 전 세계를 휩쓸고 있을 때의 일이지.

　사람들은 조너스 소크가 좋은 돈벌이 기회를 마다하고 피땀 흘려
개발한 신약의 권리를 왜 포기했는지 궁금하게 여겼어. "특허를 신
청하는 일은 결코 없을 겁니다. 당신 같으면 햇볕을 가지고 특허 신
청을 하겠습니까?" 조너스 소크가 한 말이지. 한마디로 자기가 개발
한 백신은 자기의 것이 아니라 인류 공동의 자산이라는 거야. 만일
특허를 신청했다면 그는 엄청난 부자가 됐을 테고, 그 대신 오늘날
많은 아이들이 다리를 절고 있겠지. 아프리카를 포함한 전 세계 어
린이들이 소아마비의 공포에서 해방된 것은 소크의 선의善意 때문이
야. 현재 세계보건기구에 납품되는 소아마비 백신의 가격은 10센트
(100원)에 불과하거든.

　인슐린을 개발해 당뇨병을 불치병에서 관리만 잘하면 되는 병으

로 만든 프레데릭 밴팅 역시 인슐린 특허를 1달러 50센트(그저 상징
적인 액수에 불과하지)에 넘겼어. 거의 모든 것이 상품이 되어 팔리는
이 시대에 조너스 소크와 프레데릭 밴팅의 일화는 많은 생각을 던
져 주지. 사실 과학기술의 역사에는 드물지만 특허권을 주장하지
않은 인물들이 있었어. X선을 발견한 빌헬름 뢴트겐과 라듐을 발견
한 퀴리 부부가 가장 대표적이야. 뢴트겐과 퀴리 부부는 과학적 업
적에서도 위대했지만, 과학을 내하는 태도에서도 위대했지.

  "X선을 특허로 내라고? 나는 원래 있던 것을 그저 발견했을 뿐이
다." 뢴트겐이 특허를 거부하면서 했던 말이야. X선이 자기 것이 아
니라 모든 인류의 소유라는 입장이지. 뢴트겐은 노벨상 수상금도
장학금으로 기부했어. 죽기 직전에 파산 지경에 놓이지만 뢴트겐은
끝내 특허권을 주장하지 않았지. 뢴트겐이 X선의 특허권을 주장하
지 않음으로써 누구나 자유롭게 X선에 대해 연구할 수 있게 되었
어. 그 결과 X선 관련 연구로 노벨상을 받은 사람만 20명이 넘지. X
선은 보어의 원자 구조, DNA 구조, 헤모글로빈의 입체 구조, 펩신
과 인슐린의 구조, 광합성 연구 등 물리·화학·생리의학 등 거의 모
든 과학 분야의 연구에 활용되었어. 대부분의 과학사가科學史家들이
뢴트겐이 X선을 발견한 1895년을 20세기 과학의 시작점으로 잡는
이유겠지.

  "모든 저명인사 가운데 명성名聲 때문에 부패하지 않은 유일한 인
물이다." 아인슈타인이 마리 퀴리에게 바친 찬사야. 세상은 그이를
'퀴리 부인'으로 불렀지만, 본명은 마리 스클로도프스카였지. 그녀

는 남편 피에르 퀴리와 함께 일찍이 신 물질 라듐을 발견했어. 그들은 강력한 방사성 원소인 라듐을 이용해 엄청난 돈을 벌 수도 있었지. 돈방석에 앉을 수 있는 라듐 제조 방법을 개발했지만, 끝내 특허권을 주장하지 않았어. 돈방석은 과장이 아니야. 그 당시 천연 라듐의 가격은 1g당 15만 달러(1억 5천만 원)에 달했을 정도니까. 무게당 가격이 황금이나 다이아몬드보다 훨씬 비쌌지. 최고 가격이 무려 6억 원까지 치솟기도 했어. 고작 1g에 말이야. 마리 퀴리도 뢴트겐과 비슷한 말을 남겼지. "라듐은 하느님의 것인데 우리가 먼저 발견한 것뿐이다. 하느님의 뜻은 이것을 모든 인류의 소유가 되게 하는 것이다." 그들에게 과학적 발견과 성취는 모든 인류의 유산이었던 셈이야.

안타깝게도 오늘날 자본주의 사회에서 이런 사례들은 갈수록 드물어지고 있지. 모든 것이 상품이 된 우리 시대에 조너스 소크, 프레데릭 밴팅, 빌헬름 뢴트켄, 퀴리 부부의 사례는 오히려 낯설어 보일 정도야. 그들의 행위는 우리에게 묻고 있지. "과연 어디까지가 내 것일까?" 우리는 (사적) 소유권을 당연하게 생각하지만, 사실 소유권은 당연한 게 아니야. 사적 소유(사유)는 언제나 공적 소유(공유)와 맞닿아 있지. 사유재산이란 하늘에서 떨어지거나 땅에서 솟은 게 아니야. 사유재산이 성립하려면 그것을 공공의 몫에서 떼어 내 말 그대로 사유화하는 행위가 필요하거든. 예를 들어 마을 주민은 누구나 마을 공동의 우물에서 물을 길어다 쓸 수 있지. 그런데 이웃 마을 주민은 어떨까? 동네마다 다를 수 있겠지. 공적 소유 가운데 어디까지를 사적 소유로 할 것이냐는 시대마다, 지역마다, 문화마다, 개인마다 다르지. 소크를 비롯한 이들의 행위는 공적 소유와 사적 소유 사이의 경계에 대해서 우리에게 본질적인 질문을 던지고 있어.

이타주의의 기적

1846년 미국의 한 계곡에서, 81명의 일행이 눈보라에 갇힌 채 6개월이나 고립되었어. 구조뇌기 전까지 여러 사람이 죽었지. 가장 먼저 죽은 이들은 건장한 청년들이었고, 끝까지 살아남은 이들은 노인과 아이들이었어. 어떻게 건장한 청년들이 노인과 아이들보다 먼저 죽었을까? 노인과 아이들은 가족 덕분에 목숨을 부지할 수 있었지. 극한 상황에서 가족은 물질적, 정신적 버팀목이 되어 주었어. 반면에 먼저 죽은 청년들은 가족이 없었지. 프랑크 쉬르마허의 《가족 부활이냐 몰락이냐》에 나오는 이야기야. 쉬르마허가 가족의 가치를 일깨우려고 소개한 이 이야기에서 우리는 또 다른 교훈을 읽어 낼 수 있지. 바로 협력의 힘이야. 청년들의 죽음은 서로 돕고 의지하는 것이 우리의 생존에 얼마나 중요한지 웅변해 주고 있어.

여기, 또 다른 사례가 있지. 지옥보다 끔찍한 아우슈비츠 수용소에서 기적처럼 살아 돌아온 이들의 이야기야. 아우슈비츠 수용소에서만 최소 110만 명이 살해되었어.(희생자 수에 대한 여러 학설이 있지만, 가장 최근 연구는 대략 110만 명으로 추정하고 있지.《나만 모르는 유럽사》, 266쪽 참고) 그렇다면 소수의 생존자들은 대체 어떻게 살아남은 걸까? 1943년 프랑스 각지에서 체포되어 같은 기차에 올라탄 230명에 관한 이야기인《아우슈비츠의 여자들》은 기적의 비밀을 '우정'과 '도움'에서 찾고 있어. 아주 작고 사소한, 그러나 실질적인 도움이 지옥에서도 버틸 수 있게 한 원동력이라는 거지. 아래에 인용한 구절은 철새들이 V자로 편대 비행을 할 때 바람의 저항을 가장 많이 받기 때문에 제일 힘이 드는 맨 앞자리를 서로 교대해 주는 모습을 연상시키지.[3] 극단적인 상황에서는 고통을 분담하는 만큼 생존 가능성이 더 커지기 마련이야.

> 처음부터 프랑스 여성들은 서로에게 달라붙어 있었다. 그녀들은 끊임없이 자리를 바꿨기 때문에 아무도 차가운 바깥쪽에 오래 서 있지 않았다. 여자들은 서로를 꼭 부여잡았다. 만약 누군가가 특히 추워하면 그 사람을 대열의 안쪽에 밀어 넣었고 샤를로트의 시계를 사용해 15초마다 자리를 바꿨다. ─《아우슈비츠의 여자들》, 290쪽

슈테판 클라인은《이타주의자가 지배한다》에서 이타심의 놀라운 효과를 제시하고 있어. 1200명의 스페인 노인, 400명과 1500명의 미국 노인을 상대로 세 번의 연구가 진행됐지. 연구 내용은 동일

---

3 아우슈비츠에서 여성들이 보여 준 우애의 몸짓은 사실 철새보다 펭귄과 완벽히 일치한다. 실제로 남극의 황제펭귄은 혹독한 남극의 겨울을 나기 위해 똑같은 행동을 보여 준다. 겨울이 찾아오면 모든 동물이 남극을 떠나고, 유일하게 남극을 지키는 동물이 황제펭귄이다. 강한 눈보라와 강풍이 몰아치는 날에는 수천 마리의 펭귄들이 몸을 바짝 붙인 채 서로의 체온으로 생존을 유지한다. 무리의 안쪽 온도는 바깥쪽보다 10도나 더 높다. 이를 일명 '허들링(Huddling)'이라 부른다. 황제펭귄들은 꿈틀꿈틀 조금씩 이동하면서 자리를 바꾸는데, 어떤 펭귄도 안쪽 자리만을 고집하지 않는다. 눈보라가 몰아치는 상황에서 수천 마리의 펭귄이 마치 하나의 몸처럼 꿈틀대는 모습은 장엄하기 그지없다.(인터넷 검색창에 '허들링'이라고 치고 동영상을 확인해 보라. 놀라운 광경을 보게 될 것이다.)

했어. 먼저 노인들의 건강 상태를 체크한 뒤에 가족이나 친구, 이웃으로부터 얼마나 도움을 받는지, 그리고 그들 스스로가 얼마나 남을 돕는지를 설문 조사했지. 그리고 5년 뒤에 노인들의 생사를 확인했어. 그 결과, 도움을 주는 노인들이 도움을 받는 노인들보다 5년 후에 살아 있을 확률이 더 높게 나타났지. 물론 이렇게 생각할 수도 있을 거야. 남에게 도움을 주는 노인들은 도움을 받는 노인들에 비해 원래 더 건강했기 때문에 남을 도왔다고 말이야. 그러나 연구진이 확인한 최초의 건강 상태는 별 차이가 없었지.

'헬퍼스 하이(Helper's High)'라는 게 있어. 다른 사람을 도울 때 느끼게 되는 도취감을 뜻하는 표현이야. 마라토너가 고통스럽게 달리다가 어느 순간 러너스 하이 (Runner's High)를 느끼는 것과 비슷하지. 러너스 하이란 보통 30분 이상 고통스럽게 달릴 때 얻는 도취감을 말하지. 마라톤을 즐기는 이들은

---

4 '헬퍼스 하이'와 비슷한 것으로 '마더 테레사 효과'라는 것도 있다. 1998년 하버드대학에서 실험한 바에 따르면 가난한 자들의 어머니, 마더 테레사 수녀의 일대기를 그린 영화를 보는 것만으로도 침 속의 면역 항체가 증가했다고 한다. 반면 근심이나 긴장이 지속되면 면역 항체도 줄어든다. 이처럼 남을 돕는 활동을 통해 일어나는 신체적, 정신적 변화에 대해 마더 테레사 효과라는 이름을 붙였다. 남을 위해 봉사를 하면 혈압과 콜레스테롤 수치가 현저히 낮아지고 활력이 넘치게 된다.

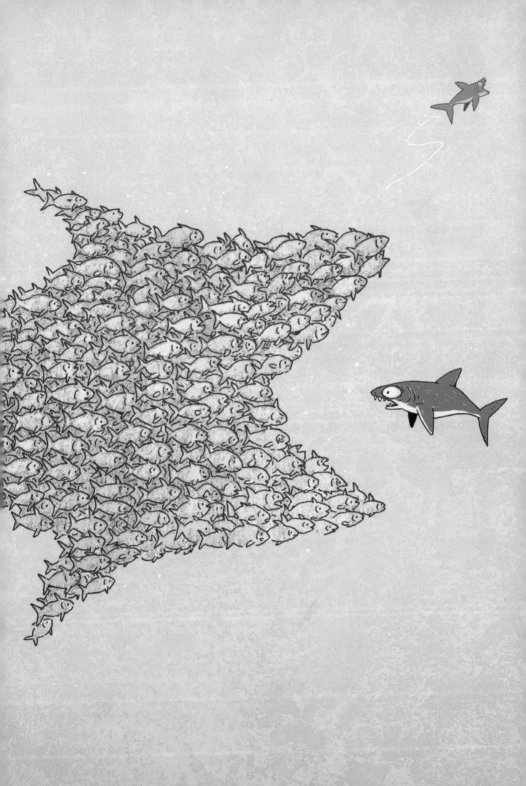

그 맛에 달린다고 해. 마찬가지로 남을 도울 때면 누구나 공통적으로 엔도르핀(뇌 속에서 분비되는 마약 물질)의 분출을 경험하고 도취감을 느끼게 되지. 이처럼 헬퍼스 하이는 남을 돕거나 봉사를 하고 나서 심리적으로 고양된 상태가 일정 기간 동안 지속되는 현상과 관련돼.

우리의 마음은 다른 사람들을 위해서 행동할 때 만족을 느끼게끔 되어 있어. 〈사이언스〉에 실린 심리학자 코헨의 실험은 이를 잘 보여 주지. 간단한 설문 조사를 통해 행인들의 행복지수를 조사했어. 그리고 그 대가로 몇 달러의 사례금을 주었지. 절반에겐 그 돈을 자기 자신을 위해 쓰라고 했고, 나머지 절반에겐 다른 사람에게 선물을 하거나 자선단체에 기부하라고 했어. 그날 오후 늦게 그들에게 전화를 걸어 다시 한 번 주관적 행복지수를 측정해 봤지. 타인을 위해 돈을 쓴 사람들이 자신을 위해 돈을 쓴 사람들보다 행복지수가 높게 나타났어. "우리는 타인을 위해 존재한다. 사람은 다른 이의 미소와 안녕에서 행복감을 느끼는 존재이기 때문이다." 아인슈타인이 한 말이야. 폴란드 시인 아담 자가예프스키도 이런 시를 남겼지. (《타인만이 우리를 구원한다》, 26쪽)

타인의 아름다움에서만
위안이 있다. 타인의
음악에서만, 타인의 시에서만.
타인들에게만 구원이 있다.

신뢰가 중요하다

신뢰라는 드넓은 대지

국제학업성취도평가(PISA)라는 게 있어. 매년 경제협력개발기구(OECD)에서 발표하는 국제적인 학업 능력 조사야. 언론에서도 PISA에서 한국이 몇 위를 했는지 종종 보도하지. 2015년부터 PISA에 '협업을 통한 문제 해결 능력'이 포함되었어. 그동안은 읽기, 수학, 과학만을 평가해 왔는데, '협업 능력'이 포함된 이유가 뭘까? 위키피디아, 트위터, 페이스북, 앱스토어의 성공에서 보듯, 현대사회에서 '협력'과 '나눔'이 새로운 경쟁력으로 부상하고 있기 때문이지. 소통과 교류를 통한 공동 작업, 즉 협업은 소셜미디어와 뉴미디어를 이끌어 가는 원동력이야. 미국 뉴미디어 잡지 〈와이어드〉 2009년 6월호는 '신경제체제의 도래'를 선언했어. 신기술이 협력과 나눔을 기반으로 한 새로운 경제 모델을 만들어 내고 있다는 선언이었지.(강인규《망가뜨린 것, 모른 척한 것, 바꿔야 할 것》참고)

우리는 모든 것이 사유화된 세계에서 살아가는 것 같지만, 사실 우리 삶은 공유의 공기에 둘러싸여 있어. 공유의 공기가 없다면 우리 삶은 불가능하지. 도로, 공원, 광장, 도서관 등의 공동 소유 자산을 떠올려 봐. 다만 공기가 그렇듯이, 늘 그 자리에 있는 것은 잘 보이지 않지. 중세의 라인강처럼 수로나 도로에 통행료 요금소기 있다고 생각해 봐.[5] 동네 어귀에 요금소가 있어 매일 드나들 때마다 요금을 내야 하고, 근린공원 입구에서도 입장료를 내야 한다고 말이야. 어딜 가든 통행료와 입장료가 있다면, 얼마나 황당하겠어. 우리는 도로(고속도로 제외)와 공원, 광장을 공짜로 자유롭게 이용할 수 있지. 그것이 공동 소유 자산이기 때문이야.

잘 보면 현대사회에는 드넓은 공유와 협력의 지대가 존재하지. 어느 사회든 이윤이나 이익을 추구하지 않는 비영리 부문이 존재하거든. 세계작물다양성재단과 같은 비영리 협회나 비정부 기구 등이 소리 없이 그러나 활발하게 활동하고 있지.[6] 이런 비영리 부문이

---

5 중세 시대 라인강은 신성로마제국 황제가 보호하는 유럽의 큰 무역항로였다. 상선들은 통행료를 지불해야만 라인강을 통과할 수 있었다. 그런데 제국의 힘이 약해지자 봉건 귀족들이 라인 강변에 마음대로 성을 짓기 시작했다. 그 목적은 불법으로 통행료를 징수하기 위해서였다. 도처에 귀족들이 관리하는 통행료 요금소가 우후죽순으로 생겨났다. 귀족이 아니라 도적인 셈이었다. 14세기 독일의 라인강에는 그런 요금소가 무려 60곳 넘게 세워졌다. 불법 요금소가 늘어나면서 결국 라인강 무역로는 쇠퇴의 길을 걷게 됐다. 15세기 말 프랑스의 센강에는 불법 요금소가 너무 많아 곡물을 300km 운송하는 통행료가 곡물 판매가의 절반에 달할 정도였다고 한다.(마이클 헬러《소유의 역습, 그리드락》과 로버트 하일브로너 외《자본주의 어디서 와서 어디로 가는가》참고)

6 지구상에서 가장 외딴 곳에 현대판 노아의 방주가 있다. 북극에 위치한, 노르웨이의 작은 섬 스발바르의 빙하가 바로 그곳이다. 빙하 아래 깊숙한 곳에 세계 최대의 씨앗 저장고가 자리 잡고 있다. 급격한 기후 변화

바로 사회를 하나의 공동체로 결집하게 만드는 신뢰와 선의를 쌓는 토대야. 이 같은 신뢰와 선의를 흔히 '사회적 자본(Social Capital)'이라고 불러. 사회적 자본으로는 주로 상호 신뢰, 호혜주의(상호 이익을 추구하는 태도) 등이 거론되지. 사회적 자본이 풍부할수록 그 사회는 좋은 사회라고 할 수 있어. 아니나 다를까, '살기 좋은 나라' 순위에서 7년 연속 1위를 차지한 노르웨이는 사회적 자본 순위에서도 2위를 차지했지.(영국의 국제적인 싱크탱크인 레가툼 연구소가 발표한 〈2015년 세계 번영지수〉)

시장과 정부는 어디까지나 사람들이 지닌 사회적 신뢰에 기초해. 만약 사회적 자본이 꾸준히 공급되지 않는다면 시장과 정부는 제 기능을 할 수 없게 되지. 생각해 봐. 자기밖에 믿지 못하는 사람들끼리 계약과 거래가 가능하겠어? 모르는 이들끼리 계약과 거래를 할 때도 서로를 믿을 수 있어야 계약과 거래가 활발하게 이뤄지겠지. 결국 경제 활동은 신뢰를 먹고 자라는 거야. 신뢰를 '사회적 자본'이라고 부르는 이유지. 사회적 자본은 물질적 자본과 인적 자본과 더불어서 경제 성장의 중요한 밑거름이야. 또, 사회적 자본은 사회를 살아 숨 쉬게 만드는 사회적 공기야. 사회가 무너지지 않고 존

나 핵전쟁 등의 대재앙으로부터 지구의 식물을 지켜 줄 최후의 방주다. 입구는 해발 130m 높이에 지어져 북극의 얼음이 모두 녹더라도 물에 잠기지 않는다. 지하 120m의 추운 곳에 저장소가 위치해 있기 때문에 대재앙의 여파로 전기 공급이 끊기더라도 영하 4도로 자연 냉동이 유지된다. 지진, 핵폭발 등에도 견디게끔 설계되었다. 저장고에는 무려 450만 품종의 종자를 보관할 수 있다고 한다. 저장고 내부의 터널에는 미래 세대를 위해 비축해 둔 수십 만 종의 종자가 보관되어 있다. 많은 과학자와 육종 전문가들이 전통 종자와 야생 씨앗을 찾고 있으며, 새로 발견한 종자를 저장고에 보내고 있다. 이 저장고는 UN 식량농업기구(FAO) 산하 세계작물다양성재단이 주도하여 설립했다.

재하려면, 사람들이 끊임없이 협력해야 해. 그런데 협력이 가능하려면 반드시 신뢰가 필요하거든. 신뢰를 바탕으로 한 협력은 유무형의 가치를 어마어마하게 창출하지.

　비영리 부문은 보이지 않는 곳에서 보이는 것들을 떠받치고 있어. 가령 미국, 일본, 프랑스, 캐나다, 호주, 체코, 벨기에, 뉴질랜드 등 8개 나라를 보면 비영리 부문이 평균적으로 GDP(국내총생산)의 5퍼센트를 차지하지. 이들 국가에서 비영리 부문의 GDP 공헌도는 전기와 가스, 수도 등 공익사업 분야의 GDP를 넘어서고, 건설 부문의 GDP에 맞먹으며, 은행, 보험, 금융 서비스 분야의 GDP를 조금 밑돌지.(제러미 리프킨《3차 산업혁명》참고) 비영리 부문이 보이지 않는 곳에서 보이는 것들을 떠받치는 셈이야. (협력적) 공유 사회가 없다면 어떻게 될까? 세상은 무너지고, 인간은 모래사장의 발자국처럼 지워지고 말겠지. 그럼에도 우리는 협력적 공유 사회를 시장이나 정부보다 덜 중요하다는 듯 주저 없이 '제3 부문'으로 분류하지.

　신뢰와 협력이 갈수록 중요해지고 있지만, 한국 사회는 점점 더 서로를 믿지 못하는 사회로 치닫고 있어. 2011년 발표된 국제교육협의회(IEA) 연구를 보면, 한국 학생들의 '사회적 상호작용 역량 지표'는 0.31점이었지. 한국은 35개 조사국 가운데 꼴찌를 기록했어. 관계지향성과 사회적 협력 부문의 점수는 아예 0점을 받았지. 한국 학생들이 잘한 것은 지필시험 성격이 강한 지적 능력 부분이었어. 청소년은 어른을 비추는 거울이야. 어른들이 이미 그렇게 살고 있으니까 청소년들도 그런 거 아니겠어? 지금껏 어른들은 성공을 위해 자기 능력만 키우기 바빴지 주변을 돌아보면서 더불어 살 생각은 못했어. 앞서 지적했듯이 나눔과 협력이 새로운 경쟁력으로 주목받는 시대에, 우리만 뒤처지고 있지. 미래에 필요한 인재는 창의성이 뛰어나고 협력을 잘하는 인재야. 한국 사회가 미래를 생각한다면 '더불어 사는 능력'을 더욱 북돋우고 길러 줘야겠지.

신뢰가 무너지고 있다

2015년 6월 OECD가 발표한 〈2015 삶의 질(How's Life? 2015)〉 보고서에서도 쓸쓸한 우리의 현실을 확인할 수 있지. "당신이 어려움에 처했을 때 당신을 도와줄 것으로 믿을 만한 친구나 친척이 있습니까?"라는 질문에 한국인은 72퍼센트가 '그렇다'고 대답해 OECD 국가 중 꼴찌를 기록했어. 서로 도움을 주고받는 사회적 네트워크가 그만큼 약하다는 거야. 저소득층으로 내려갈수록 더욱 그렇지. 같은 질문에 아이슬란드, 아일랜드, 스위스가 96퍼센트로 공동 1등을 차지했고, 덴마크, 핀란드, 스페인 등이 95퍼센트로 그 뒤를 이었어. OECD 평균은 88퍼센트였지.

"72퍼센트도 많은 거 아닌가?"라고 생각할 수 있겠지. 오히려 90퍼센트가 넘는 나라들이 이상하다고 여기는 사람도 있을 거야. 그러나 그런 생각 자체가 한국이 '각자도생各自圖生의 나라'임을 증명할 뿐이지. 사람들이 뿔뿔이 흩어진 채 각자 알아서 살아갈 방도를 찾는 걸 '각자도생'이라고 불러. 〈배틀로얄〉(2000)이나 〈헝거게임〉(2015) 같은 영화에서 어떻게든 살아남으려고 동료를 죽여야 하는 상황과 다르지 않아. 노신의 《광인일기》(1918)에 이런 구절이 나오지. "남을 잡아먹으려고 하면서도 한편으로는 남에게 잡아먹히지나 않을까, 하고 의심 가득한 눈초리로 서로 눈치만 살핀다."(104쪽) 서로가 서로를 잡아먹으려고 눈에 불을 켜고, 먹잇감이 되지 않기 위해 자기를 갉아먹으며 경쟁하는 상황. 우리가 살아가는 모습과 다르지 않지. 이런 사회에서는 신뢰와 협력이 발붙이기 어렵겠지.[7] 사회적 신뢰는 사회적 경쟁이나 부의 축적 방식과 밀접한 관련이 있어. 경쟁이 극심한 사회일수록 신뢰와 연대의 정신을 찾아보기 어렵지. 뿐더러 타인의 희생을 대가로 부를 축적한다고 믿는 사람이 많을수록 사회적 신뢰는 낮아지는 경향을 보여.

그런데 우리의 현실은 어떨까? 어려움에 처했을 때 도와줄 친구나 친척이 있다고 답한 비율이 한국의 하류층은 고작 반 정도밖에 안 되지. 2명 중 1명만이 도움받을 사람이 있고, 나머지 1명은 아무도 없다는 거야. 즉, 한국의 하류층은 망망대해의 세상에서 철저히 '섬'으로 살아가지. 그들의 인간성이 나빠서가 아니야. 돈이 없으면 인간관계가 좁아지기 마련이지.(일례로 젊은 세대를 가리켜 흔히 'N포 세대'라고 불러. 3포(연애, 결혼, 출산)와 5포(주택, 인간관계)를 넘어 꿈과 희망까지 포기한 20~30대를 가리키는 말이지. 취업이 어렵고 경제적으로 힘들기 때문에 인간관계를 포기하게 되는 거야.) 사는 게 바쁘고 고단하다 보니까 친

---

7 한국의 GDP 규모는 전 세계 11위에 달한다. 그러나 사회적 자본은 고작 85위에 머무르고 있다.(《2015년 세계 번영지수》) 이는 아프리카의 최빈국에 속한 수단(48위), 시에라리온(54위), 우간다(77위) 등보다 낮은 순위다. 한국의 사회적 자본 순위는 2012년 51위에서 2013년 66위, 2014년 69위를 기록해 매년 떨어지고 있다. 상호불신과 무한경쟁, 각자도생이 빚은 결과다.

구도 없고 왕래하는 친척도 없는 거겠지.

사회적 관계가 파괴되고 사회적 신뢰가 무너지는 상황에서 사회 구성원들이 행복하긴 어렵겠지. 어차피 나만 행복하면 되는 거 아니냐고? 결코 그렇지 않아. 사회 구성원의 대다수가 여유와 신뢰를 잃었는데, 나만 여유 있고 행복할 수 있을까? 그렇게 생각한다면 여전히 삶을 '진공 속의 온실'로 이해하는 거야. 이 세상에 그런 삶은 존재할 수 없어. 설사 존재할 수 있다 해도, 그것은 인간적인 삶이 아니지. 진공 속 온실에 피어 있는 건 살아 있는 꽃이 아니라 조화겠지. 인간이 다른 인간 없이 살 수 있다 해도(로빈슨 크루소처럼 말이야), 결코 '인간적'으로 살아갈 수는 없어.(무인도에 갇힌 로빈슨 크루소조차 비인간적으로 살지 않고 인간적으로 살려고 발버둥 쳤잖아.)

《어린 왕자》로 유명한 생텍쥐페리는 이렇게 말했지. "우리가 우리 행복을 지키는 것은 결국 다른 사람의 행복을 지키는 것과 마찬가지다. 그것은 다른 사람의 행복이 곧 나 자신의 행복이기 때문이다. 사람들이 단결하지 않는 것은 그들이 이 사실을 이해하지 못하기 때문이다." 길을 가다 언제 강도를 만날지 불안에 떨어야 한다면 마음 놓고 다닐 수 있겠어? 그럼 차만 타고 다니면 되지 않냐고? 지하 주차장은 어떻게 할 건데? 엘리베이터는? 집 안이라고 무조건 안전할까? 극빈층과 실업자와 낙오자가 넘치는 사회에서 나만 행복하게 살 순 없어.[8] 토머스 모어도《유토피아》에서 이렇게 말했지.

---

8 '극빈층은 잠재적 범죄자다'라고 주장하는 건 아니다. 극빈층이면 무조건 범죄를 저지를 가능성이 높다고 주장하려는 것도 아니다. 사기나 횡령, 지능 범죄 등을 보면 가진 사람들의 범죄율도 높다. '극빈층=잠재적 범

"다른 사람들이 모두 비참한 생활을 하고 있는 상황에서 극소수 부자들도 전적으로 행복하지만은 않을 것이다."

2016년 5월, '세상에 이런 일이' 같은 뉴스가 떴어. 야근을 마치고 밤늦게 퇴근하던 30대 공무원 양 씨가 아파트 20층에서 투신한 20대 공시생(공무원 시험 준비생) 유 씨에 부딪혀 숨졌다는 뉴스였지. 유 씨의 유서에는 "내 인생은 쓰레기", "주위 시선이 신경 쓰여서 보는 공무원 시험, 외롭다" 같은 말들이 적혀 있었어. 공무원이 되려고 발버둥 친 젊은이와 이미 공무원이 된 또 다른 젊은이의 죽음은, 얄궂은 운명의 장난일까? 유 씨는 그저 의지력이 부족한 젊은이였을까? 원하지도 않는 공무원 시험을 준비하게 된 데는 청년에게 기회를 주지 않고, 도전하다 실패해도 재기의 기회를 허락하지 않는, 꽉 막힌 한국 사회의 현실이 있었을 거야. 한편, 양 씨는 20대까지 제약회사에서 근무하다가 2008년에 늦깎이 공무원이 되었어. 아마 최선을 다해 살았을 거야. 그런데 어이없는 충돌 사건이 그의 삶을 끝장내 버렸지. 황당해 보이는 이 사건에서 우리는 자기 혼자만 잘해선 자기 삶을 온전히 지켜 내기 어렵다는 역설을 발견하게 되지. 양 씨의 삶에 유 씨의 삶이 갑자기 포개지면서 두 삶이 끝장난 것처럼, 언제든 나의 행복에 타인의 불행이 느닷없이 끼어들 수 있으니까 말이야.

한 나라의 문명 수준을 측정하는 기준이 있을까? 가장 약한 존재,

죄자'라는 게 아니라, 삶의 희망이 보이지 않는 이들이 자살이나 범죄처럼 극단적 상황으로 몰릴 수 있다는 것이다. 한국은 2003년 이후로 13년째 자살률 세계 1위를 기록하고 있다.

가장 부서지기 쉬운 존재가 어떤 대우를 받는지를 보면 알 수 있지 않을까? 간디는 이렇게 말했어. "한 국가의 위대함과 도덕성은 그 나라가 동물을 대하는 방식을 통해 판단할 수 있다. 나는 약한 동물일수록 인간의 잔인함으로부터 인간에 의해 보호받을 권리가 있다고 믿는다." 동물처럼 가장 약한 존재, 우리 식으로 바꿔 말하자면 사회적 약자가 어떻게 대우받는지 보면 그 사회의 도덕성, 즉 문명 수준을 짐작할 수 있다는 거지. 도스토옙스키도《죽음의 집의 기록》에서 비슷한 말을 한 바 있어. "감옥에 가 보면 그 사회의 문명 수준을 알 수 있다." 가장 약한 존재에 대한 폭력은 언제든 두 번째로 약한 존재에게 가해질 수 있지. 두 번째는 다시 세 번째로 이어질 테

고. 그러니까 우리 중 가장 약한 자에게 일어난 일이 곧 우리에게
닥칠 일인 거야. 그래서 가장 약한 존재를 어떻게 대하는가를 보면
그 사회의 건강성을 알 수 있다는 간디의 말이 이해되지.

5,
공정한
사회가
가능할까[1]

1 이 장은 졸고 《이상한 나라의 이상한 생각들》(20~31 쪽)에 실린 〈개천에서도 용 난다는 생각 – 부와 계급은 어떻게 대물림되는가〉의 논의를 보완·확장한 것이다.

게임 이론으로 본 공정성

공정함에 대하여

실험 참가자에게 과제를 주고 잘한 경우에 상으로 오이를 줬지. 실험 참가자는 열심히 과제를 수행하고 오이를 받아먹었어. 모든 참가자에게 오이가 주어졌을 때는 아무 문제도 일어나지 않았지. 그런데 다른 참가자에게 오이보다 더 맛있는 포도를 주자 상황이 달라졌어. 앞의 참가자는 고함을 지르며 항의했지. 지금까지 열심히 참여하던 실험도 거부한 채 분노에 치를 떨며 실험 기구를 마구 흔들어 댔어. 심지어 실험실 밖으로 오이를 집어 던지기도 했지. 마치 '에이, 너나 처먹어라!'라고 항의하듯이 말이야.

2003년 미국 에머리대학에서 진행했던 실험이야. 다혈질의 실험 참가자는 바로 갈색꼬리감기원숭이(Brown Capuchin)였어. 화가 난다고 오이를 집어 던지면 자기만 손해 아닌가? 해당 원숭이는 냉정하게 자기 이익을 따지기보다 불공정함에 화를 억누르지 못했지. 똑같은 일을 하는데도 남이 자기보다 더 맛있는 음식, 즉 더 나은 대우를 받는 '불공정한 상황'에 항의한 거야. 이 실험은 공정한 보상에 대한 기대와 불공정에 대한 반감이 한낱 원숭이에게도 엄연히 존재한다는 사실을 보여 주지.[2]

사실 원숭이만 그런 것도 아니야. 누구나 살면서 세상이 불공정하다고 느낄 때가 한두 번이 아니잖아. 중학교 1학년 때였어. 자습시간이었는데, 친구랑 떠들다가 칠판에 이름이 적히고 말았지. 거의 대부분의 아이들이 시끄럽게 떠들고 있었는데, 반장 녀석이 나와 다른 한 명의 이름만 적었어. 잠시 후 교실로 들어온 선생님이 칠판에 적힌 학생들을 나오라고 했어. 억울한 마음에 담임선생님에게 씩씩거리며 항의했지. 그런데 그게 좀 과했나 봐. 그날 담임선생님한테 복날의 개처럼 두들겨 맞았지. 맞으면서 '더럽게 재수 없네' 그렇게 생각했던 것 같아. 당시에는 분명하게 생각하지 못했지만, 그 말을 세련되게 번역하자면 '정말 불공평하네'가 되겠지.

너희는 어때? 아마 너희도 나와 비슷한 경험을 해 봤을 거야. 집에서나 학교에서나 불공평하다고 느껴 본 일이 한두 번은 있겠지. 가령 이런 경우야. 지각을 했다고 쳐 봐. 그런데 우리 반 1등이 너희

---

2 이 실험 결과를 두고, 원숭이가 그저 포도를 먹지 못했기 때문에 격렬하게 반응한 거라고 반론할 수도 있다. 그러나 원숭이는 포도가 다른 원숭이에게 주어지는 장면을 목격했을 때에만 그런 반응을 보였다. 즉, 단순히 포도를 먹지 못해서가 아니라 같은 과제를 수행하는 다른 원숭이가 오이 대신 포도를 먹을 때만 화를 냈다.

바로 뒤에 이어서 들어온 거야.

선생님이 먼저 너희에게 묻지.

"또 늦었냐?"

도로에서 버스가 어쩌구, 학교 앞에서 할머니가 어쩌구, 저간의 사정을 설명하는데,

"됐어. 핑계 대지 말고 자리에 가서 앉아. 하여간 공부 못하는 것 늘이 말은 많아."

그걸로 게임 끝. 그런데 1등한테는 사뭇 다르게 말하지.[3]

"앞으로 늦지 마라."

"예"

다른 친구도 똑같은 잘못을 했는데, 나만 더 혼나거나 맞는다면 무지 열 받지 않겠어? 그때 느끼는 감정이 바로 불공정함이나 불공평함에 대한 불만이겠지.

---

3 한국에서 1등은 권력이다. 즉, 공부 잘하면 '장땡'인 것이다. 학생들이 열심히 공부하는 이유는 일차적으로 좋은 대학에 진학하기 위해서다. 그런데 성적을 통해 인정받는 것도 중요한 이유 중 하나다. 즉 1등을 했을 때 받는 '특별 대우'는 공부를 계속하게 만드는 동기가 된다. 어떤 상위권 학생은 이렇게 고백한다. "성적이 오르니까, 나를 때리던 선생님도 잘 해 주고, 친구들도 모르는 것 있으면 물어보고 잘 보이려고 하고 (…) 그래서 이게 권력을 쥔 것 같은, 인정받는 그 느낌이 되게 좋아서 (…) 성적이 내려가고 싶지 않은, 이걸 어떻게든 유지해야겠다는 욕심이 생기더라고요."(최선주 외 〈시험형 인간으로 살아가기〉 참고) 한국의 학교에서 성적에 따라 학생들을 줄 세우는 일은 어제오늘의 일이 아니다. 똑같이 급식비를 내는데도 특정 학생들만 먼저 급식을 먹는 학교가 있다. 일부 학교의 사례일 수 있지만, 성적순으로 줄을 서서 급식을 받게 하는 학교 얘기다. 그 외에도 성적순 기숙사 입사(거리순이 아니다), 성적순 도서관 자리 지정 등도 버젓이 이루어진다.('도 넘은 성적순 줄 세우기 … 전교 50등까지 유리벽 자습실서 공부', 〈연합뉴스〉 2015년 10월 13일) 공부를 못하면 밥도 늦게 먹어야 할까? 배움의 터전이어야 할 학교가 성적에 따른 차별을 가르쳐서는 안 될 것이다.

최후통첩 게임

공정함과 관련해서 아주 유명한 경제학 게임이 있지. 바로 최후통첩 게임이야. 이때의 게임은 컴퓨터 게임 같은 것만을 의미하지 않아. 더 넓은 의미의 게임이야. 전략적 고려가 필요한 상황을 뜻하지. 가령 온라인 경매는 눈치 싸움을 벌이는 구매 게임이고, 임금 협상은 기업과 노동자가 임금을 두고 벌이는 협상 게임이고, 선거는 후보자가 유권자의 호감을 얻기 위한 정치적 게임이야. 관련해서 '게임 상황'이라는 표현도 쓰는데, 게임 상황은 한 사람의 행위가 다른 사람의 행위에 영향을 미치는 상호의존적 상황을 가리키지.

경제학자들과 심리학자들은 사람들의 행동을 분석하기 위해 게임 상황을 이용하지. 최후통첩 게임도 그런 도구 중 하나야. 이 게임은 1982년 독일 훔볼트대학의 베르너 귀스 교수가 고안했어. 지난 30년간 여러 나라에서 수많은 연구자들이 다양한 형태와 액수를 가지고 실험해 봤지. 방법은 아주 간단해. 갑과 을 두 사람이 있어. 천 원짜리 지폐 열 장을 주고 나누어 가지라고 하지. 돈을 어떻게 나눠 가질지는 갑이 정하고, 을은 이를 수용하거나 거부할 수 있어. 을이 갑의 제안을 수용하면 그대로 나눠 가지면 되지만, 을이 갑의 제안을 거부하면 둘 다 한 푼도 못 받게 되지.

갑은 을에게 얼마를 제안하면 좋을까? 만약 너희라면 얼마를 제안할 것 같아? 경제학 교과서의 개념대로 사람이 이기적이고 합리적인 경제 주체라면 답은 뻔하지. 을의 입장에서는 제안을 거부하는 것보다 1원이라도 받는 게 이익이잖아. 그러니 갑이 0원보다 조금이라도 큰 금액을 제안하면 거절할 이유가 없지. 안 받는 것보다 조금이라도 받는 게 나을 테니까. 당연히 갑은 그리 많은 금액을 제안할 필요도 없겠지. 무조건 최소한의 금액을 제안하면 돼. 인간의 합리성을 가정하는 경제학에 따르면 그래야 할 거야. 이런 가정 아래서 1982년 독일 퀼른대학에서 실제로 실험을 해 봤어. 그런데 놀라운 결과가 나왔지. 사람들은 평균 37퍼센트에 해당하는 몫을 상대에게 건네주었어. 절반을 떼어 주겠다고 제안한 사람도 많았지.

더 놀라운 건 을의 선택이야. 사람들은 대개 30퍼센트, 그러니까 3천 원 이하의 제안이 들어오면 거절해 버렸지. 거절하면 무조건 한 푼도 못 받는데 말이야. 아주 소수만이 30퍼센트 이하의 제안을 받아들였어. 30퍼센트 이하의 제안을 왜 거절할까? 공정하지 않다고 생각하기 때문이야. "나도 못 받지만 너도 골탕 좀 먹어 봐라"라는 식의 대응이지. 어차피 갑도 자기가 노력해서 얻은 돈이 아닌데, 자기만 많이 가지려는 태도는 잘못이라는 거지. 을은 갑의 제안을 거부함으로써 자기도 손해를 보지만, 갑도 돈을 받지 못하게 하여 그의 이기적인 행동을 벌하는 거야. 그런 잘못된 행위를 고작 3천 원 때문에 용납할 순 없다 이거지.

갑도 이런 위협을 어느 정도는 예측할 수 있겠지. 그렇기에 을에게 비교적 공정한 제안을 하게 되는 거야. 을을 자극하지 않는 선에서 가능한 한 자신에게 유리한 쪽으로 분배를 제안하게 되지. 이 실험을 통해 인간이 돈만 밝히는 존재가 아니라는 사실을 확인할 수 있어. 설사 자기가 손해를 보더라도 불공정한 처사를 거부하고 이에 맞서 싸우려는 성향은 인간의 본성이야. 우리는 대부분의 사람들이 이렇다는 것을 알기 때문에 서로를 대할 때 공정함을 유지하려고 노력하지.

전 세계의 수많은 경제학자, 사회학자, 심리학자, 인류학자들이 비슷한 실험을 여러 차례 진행했지. 처음에는 주로 대학원생들을 대상으로 실험했지만 이후 일반인들은 물론이고 원시 상태로 살아가는 여러 부족들도 대상으로 삼았어. 결과는 비슷했지. 갑은 대개 4천 원에서 5천 원 사이의 금액을 제시했어. 한편, 여기에 대해 타인의 평가나 시선 등이 작용해 그런 금액을 제시했다고 반박할 수 있을 거야. 다시 말해, 공정함을 추구해서가 아니라 오히려 좋은 평판을 유지하고 관계를 돈독히 하기 위해서 타인을 배려했다고 말이야. 그런데 전혀 모르는 사람과의 단 1회 게임에서도 실험 결과가 다르지 않았지.

신기한 것은 최후통첩 게임의 이름을 어떻게 소개하느냐에 따라 실험 참가자들이 다르게 행동한다는 사실이야. 재밌게도 '월 스트리트 게임'(미국 증권가의 중심인 월 스트리트는 탐욕의 상징이지)이라고 소개하면 자기에게 더 유리하게 분배를 제안하고, '커뮤니티(공동체) 게임'이라고 소개하면 더 공평하게 분배를 제안하지.⁴ 미국 스탠퍼

---

4 우리는 스스로를 대단히 합리적인 존재라고 생각하기 쉽지만, 합리성이란 그럴듯한 착각일 때가 많다. 인간은 외부에서 주어지는 자극에 대단히 취약하다. 특히 언어와 감각이 우리에게 미치는 영향력은 지대하다. 우리는 스스로를 자유로운 존재로 생각하지만, 기실 언어와 감각의 유혹에 속수무책이다. 가령 우리말에서 어떤 대상이 여성을 가리킬 때 그 말 앞에 '여'가 붙곤 한다. 여학교, 여선생, 여대생, 여배우, 여의사, 여직원, 여신도, 여류 작가 등등. 그러나 남학교, 남선생, 남대생, 남배우, 남의사, 남직원, 남신도, 남류 작가 같은 말들은 거의 없거나 아예 안 쓴다. 그러니까 어떤 직업이나 신분이 남성에게 해당될 때는 본래 단어로 말하지만, 여성

드대학의 리 로스 교수가 실험을 통해 확인한 내용이야.

독재자 게임

우리는 최후통첩 게임에서 인간이 이익보다 공정함에 기운다는 사실을 확인했어. 그런데 이런 견해를 경제학자들이 반박했지. 경제학자들은 갑이 공정해 보이는 액수를 제시한 까닭 역시 자신의 이익을 위해서라고 보았어. 을이 자신의 제인을 기절해서 한 푼도 받지 못하게 되는 상황을 우려했다는 거야. 따라서 자신의 이익을 지키기 위한 갑의 결정은 여전히 이기적이라는 거지.

이를 확인하기 위한 또 하나의 실험이 고안됐어. 최후통첩 게임을 변형한 독재자 게임이야. 기본적인 상황은 최후통첩 게임과 같지만, 독재자 게임에서는 을에게 거절할 권리가 주어지지 않아. 그러니까 갑은 독재자처럼 일방적으로 분배만 하고 을은 무조건 수용하는 게임이지. 갑의 성격을 좀 더 분명하게 판단하기 위한 게임인 거야. 게임의 결과는 어땠을까? 일부 참가자들이 다소 불공정한 분배를 제안하기도 했지만, 이 경우에도 대개의 사람들은 공정함을

에게 해당될 때는 '여'라는 딱지가 덧붙는 것이다. 왜 그럴까? 말의 주체가 남성이기 때문이다. 남성은 말하는 주체이자 말의 주인이다. man이 인간이자 남성을 뜻하고 '의사'가 통상 '남자' 의사를 가리키듯, 인간이면 곧 남성인 것이다. 그런데 신기하게도 여성이 남성을 제치고 인간의 자리를 차지하는 말도 있다. 바로 '미인'이다. 아름다움 앞에서만큼은 여성이 주체이자 주인공이 된다. '미남'이 있지 않냐고? '미남'의 상대어는 '미인'이 아니라 '미녀'다. 미남(美男)이나 미녀(美女)는 모두 남녀(男女)라는 성 표지가 붙어 있다. 반면에 '미인(美人)'에는 성 표지가 없다. 그런데도 이때의 인(人)은 여성만을 가리킬 뿐이다. '미인'이라는 말에는 여성의 정체성에 '미'를 최우선으로 두는 의식이 반영되어 있다. 이 같은 말들은 알게 모르게 의식에 작용해 '모름지기 여성은 얼굴이 최고!' 같은 생각을 더욱 강화한다. 당연히 그런 강화가 단어 수준에서만 이뤄지는 건 아니다. 편견에 물든 단어들은 편견 어린 통념과 결합해 작동한다.(참고로, 언어가 만들어 내는 고정관념과 차별에 대해서는 졸고 《말이 세상을 아프게 한다》를 보기 바란다. 이 책 6장에서도 언어의 문제를 살펴볼 것이다.)

유지하려고 노력했지.

독재자 게임에서도 대부분의 사람들은 25퍼센트, 즉 2500원 정도를 상대방에게 건네주었어. 최후통첩 게임에 비해 상대방에게 나눠 주는 몫은 다소 줄어들었지. 여기에서 사람들이 최후통첩 게임에서 상대의 거절이 두려워 금액을 높여 제안했다는 것을 알 수 있지. 어쨌든 거절의 위험 부담이 전혀 없는데도 여전히 많은 사람이 상당한 몫을 나누어 준다는 사실이 놀라울 따름이지.

1996년 미국 프린스턴대학의 대니얼 카너먼 교수도 독재자 게임을 실험했어. 161명의 학생에게 20달러를 주고 실험을 진행했지. 게임의 방법은 동일했는데, 제안 방식을 살짝 바꿨어. 갑이 마음대로 제안하는 방법이 아니라 두 가지 안 중에 선택해서 제안하도록 했지. 첫 번째 안은 18달러와 2달러로 나누는 거고, 두 번째 안은 10달러씩 똑같이 나누는 거였지. 놀랍게도 참가자의 76퍼센트(122명)가 두 번째 안을 선택했어.

거절당할 위험성이 없는 우월적 지위에서도 사람들이 많은 몫을 나눠 주는 이유가 뭘까? 여전히 공정함을 중요하게 여기는 거겠지. 인간은 극도로 불평등한 분배보다 평등하고 공정한 분배 방식을 선호하며, 한편에선 합리성과 이기심이라는 전통적인 경제이론에 따라 행동하지만, 또 다른 한편에선 공정함 또는 정의의 기준에 따라 행동하는 거야.

우리가 사는 세상 돌아보기

우연이 지배하는 세상

앞에서 갈색꼬리감기원숭이 얘기를 했지만, 공정함에 대한 의식은 아마도 본능적인 것 같아. 비엔나대학에서도 개를 가지고 비슷한 실험을 했지. 개들이 악수를 하면 빵이나 소시지 등의 보상을 줬어. 개들은 혼자서 테스트를 받을 때는 빵이나 소시지 등을 주지 않아도 발을 잘 내밀었어. 그런데 바로 옆에서 다른 개가 보상을 받는 모습을 목격하면, 보상 여부에 따라 발을 내밀었지. 개조차 불공정하다고 지각했기 때문이야. 이처럼 공정함에 대한 감정은 본능에 가까워.

동물들도 그럴진대 인간은 더 말할 필요도 없겠지. 그렇다면 우리가 사는 세상은 어떨까? 우리는 공정한 사회에 살고 있을까? 아마도 열심히 노력한 만큼 좋은 대학에 들어갈 수 있다고 여기겠지. 열심히 공부하고 노력하면 사회적으로 성공할 수 있다고 말이야. 그렇게 본다면 마치 공정한 것 같지. 그러나 치열한 입시 경쟁은 운이라는 링 위에서 벌어지는 쇼가 아닐까? 가장 대표적으로 그 운은 어떤 부모의 자식으로 태어나느냐의 운이야. 수험생 대다수가 열심히 공부하고 노력하지만, 같은 조건이 아니라 다른 조건에서 경쟁하지. 다른 조건은 다른 결과로 이어져. 남보다 조금이라도 앞선 조건에서 시작한다면 남보다 더 유리할 수밖에 없겠지. 초기 조건에 따라 성공 여부는 판이하게 갈라지니까 말이야.

말콤 글래드웰은 《아웃라이어》에서 캐나다의 하키 선수 사례로 이 사실을 증명했어. 다음은 캐나다의 어떤 하키팀에 소속된 25명 선수들의 월별 생일이야. 1월생 8명, 2월생 3명, 3월생 3명, 4월생 3명, 5월생 2명, 6월생 1명, 7월생 없음, 8월생 2명, 9월생 1명, 10월생 1명, 11월생 없음, 12월생 1명. 어때? 어떤 차이가 있는지 알겠어? 1월부터 4월까지의 선수들이 월등히 많지. 25명 중에 14명이나 되니까 말이야. 태어난 달과 하키 선수의 선발 사이에는 무슨 연관이 있을까? 캐나다에서는 하키가 아주 인기 있는 스포츠야. 그래서 아주 어릴 때부터 하키를 배우는 아이들도 많아. 캐나다의 코치들은 아홉 살이나 열 살의 소년들 중에서 유망주를 발굴하기 위해 동분서주하지. 이때 조금이라도 더 재능이 보이고 신체가 발달한 선수들이 후보군으로 발탁되겠지.

지역 리그에 남은 아이들은 한 시즌에 고작 20여 경기를 뛸 뿐이지만, 후보군으로 선발된 아이들은 무려 75경기를 소화하고 두세 배 더 열심히 연습하게 되지. 처음 출발점에서는 큰 차이가 없었어. 다만 누군가 몇 개월 더 일찍 태어나 신체가 조금 더 크거나 발달했을 뿐이지. 그래서 코치들에게 발탁될 수 있었고. 그런데 후보 선수로 선발된 이후가 결정적으로 중요했던 거야. 한창 성장기에 있는 소년들은 좋은 코치와 강도 높은 연습 덕분에 정말로 뛰어난 선수로 거듭나게 됐거든. 결국 비슷한 재능과 능력을 갖추더라도 초기에 어떤 훈련을 하고, 어떤 조건에서 시작하느냐에 따라 이후의 결과는 엄청난 차이가 생기지. 나비 효과 같은 거야. 나비 효과란 태평양 건너의 작은 파동이 태평양을 가로질러 반대편에 태풍처럼 큰 결과를 낳는 현상이지. 초기 조건의 미세한 차이가 커다란 결과의 차이를 낳을 때 쓰는 말이야.[5]

---

5 1961년 어느 겨울날 미국의 저명한 기상학자 에드워드 로렌츠는 자신이 1년 전에 만든 일기예보 모형을 땜질하고 있었다. 그는 기다란 수치들을 입력해야 했다. 이 수치들은 거의 100만분의 1의 수준까지 오차를 허용하지 않을 정도로 매우 정교했다. 그 때문에 수치를 입력하는 로렌츠는 점점 지쳐 갔다. 온종일 수치들을 입력하느라 지칠 대로 지친 로렌츠는 약간의 요령을 피웠다. 100만분의 1 수준까지 입력하는 대신에 1000분의 1 수준까지만 수치를 입력했다. 가령 53.614179를 입력하는 대신에 53.614를 입력하는 식이었다. 로렌츠는 정확도는 약간 떨어지겠지만 결과는 크게 달라지지 않을 걸로 예상했다. 덕분에 로렌츠는 많은 시간을 절약할 수 있었다. 그런 다음 로렌츠는 컴퓨터가 데이터를 분석하도록 설정해 두고 한 시간 뒤에 돌아와 결과를 살펴보았다.

그런데 새로 나온 일기예보는 처음의 것과 완전히 달랐다. 그는 컴퓨터의 진공관을 살펴보았지만 특별한 이상을 찾을 수 없었다. 기온을 화씨 82.142367도에서 화씨 82.142도로 바꾼 것은 로렌츠에게 대단치 않아 보였다. 그러나 일기예보 모형은 완전히 다른 기상 조건을 내놓았던 것이다. 기온 1℃의 100만분의 몇이 바뀌었을 뿐인데 화창한 날씨 대신 태풍이 몰아치는 결과가 나왔다. 이렇게 '나비 효과'는 사소한 요령과 우연한 행운이 겹치면서 발견됐다.('나비'라는 용어를 사용한 이유는 도출된 수치를 컴퓨터 화면에 표시해 놓고 보니 그 모양이 나비와 비슷했기 때문이다.) 몇 년 후에 로렌츠는 어느 강연에서 당시의 깨달음에 대해 이야기했다. 그 강연의 제목이 바로 '브라질에서 나비 한 마리가 날개를 펄럭이면 텍사스에서 토네이도가 발생한다?(Does the Flap of a Butterfly's Wings in Brazil Set Off a Tornado in Texas?)'였다. 우리의 삶도 마찬가지가 아닐까? 초기의 아주 작은 조건들이 인생의 방향을 결정짓는 중요한 변수가 될지 모른다.

부모의 사회 · 경제적 지위에 따른
자녀 대학 진학률

사회 경제적 분위	수능 등급	4년제 대학 (%)	30위권 대학 (%)	9위권 대학 및 의대 (%)
1분위	5.6	33.8	2.3	0.8
2분위	5.4	45.7	6.3	0.0
3분위	5.6	34.2	3.8	2.5
4분위	5.7	49.3	6.7	0.7
5분위	5.8	52.2	5.9	0.0
6분위	5.5	61.3	10.2	0.7
7분위	5.2	74.3	14.9	5.0
8분위	4.9	64.7	13.4	2.5
9분위	4.8	75.8	14.8	6.3
10분위	4.3	74.5	23.4	13.8

자료 : 한국개발연구원

자, 우리 현실로 다시 돌아와 볼까. 2012년도 통계 자료야. 표 왼쪽의 사회 경제적 분위는 모든 가구를 소득의 크기에 따라 쭉~ 줄 세운 다음 10등급으로 나눈 거야. 1분위가 제일 가난하고, 10분위가 제일 부유하지. 어때? 이 표를 보고도 우리가 하는 경쟁이 공정한 경쟁인 거 같아? 우선, 수능 등급이 1분위에서 10분위로 갈수록 점점 올라가지. 물론 부분적으로 약간씩 안 맞는 부분도 있어. 전체적인 경향을 확인하자고. 4년제 대학 진학률, 30위권 대학 진학률, 9위권 대학 및 의대 진학률도 10분위에서 가장 높지.

그런데 이상하게 1분위에서 9위권 대학 및 의대 진학이 0.8퍼센트로 2분위나 4분위, 5분위 등보다 높지? 흔히 말하는 '개천에서 난 용'일까? 아니야. 이젠 개천에서 용이 나는 일은 거의 없지. 그렇다면 왜 그런 걸까? 그건 사회 배려자 전형이나 지역 균형 선발 덕분이야. 사회 배려자 전형이란 가정 형편이 아주 어렵거나 특별한 환경(국가 유공자와 같은)에 처한 학생들을 배려한 전형이지. 지역 균형 선발은 서울대나 고려대가 실시하는 선발 방식이야. 합격자가 전국에서 고르게 나올 수 있도록 지역을 안배하는 방식이지. 덕분에 교육 환경이 열악한 지방이나 농촌 지역에서도 서울대 합격자가 나올 수 있게 됐지. 아마 그런 배려 없이 똑같이 수능 성적이나 내신, 논술 등으로만 학생을 뽑았다면 1분위의 9위권 대학 및 의대 진학률 0.8퍼센트는 0퍼센트가 됐을지도 몰라.

우리 사회는 얼마나 공정할까?

사실, 입시 경쟁만 운에 의해서 지배되는 게 아니야. 입시 지옥이 끝나고 대학에 들어가면 광명의 길이 열릴까? 자기가 원하는 대학에 들어가면 탄탄대로가 기다릴까? 결코 그렇지 않아. 대학에 들어가면 또 새로운 지옥이 기다리지. 바로 입사 지옥이야. 이른바 명문대에 입학해도 마찬가지야. 흔히 취업하는 데 필요한 여러 스펙을 가리켜 '취업 9종 세트'라고 부르지. 학벌, 학점, 외국어, 자격증, 어학연수, 공모전, 인턴 경험, 봉사활동, 성형수술 등이야. 이들 스펙이 전적으로 개인의 노력만으로 쌓아질까? 얼핏 보면 그런 것 같지만, 실은 배경과 경제력에 좌우되지. 일반화의 오류를 무릅쓰고 개인적인 경험을 사례로 들어 볼게. 대학 동기 가운데 번듯한 직장에 취업한 친구들의 공통점은 '어학연수'를 다녀왔다는 점이야. 어학연수를 다녀오고도 변변찮은 직장을 다니는 친구도 더러 있지만, 번듯한 직장을 다니는 친구들은 하나같이 어학연수를 다녀왔지. 적어도 내 친구들은 그래.

한국직업능력개발원이 1만 4349명의 대학 졸업생을 조사·연구한 〈부모의 소득 계층과 자녀의 취업 스펙〉(2013)이라는 보고서가 있어. 보고서에 따르면, 대기업 취업 확률은 어학연수 경험이 있을 때 49퍼센트나 높아졌지. 그런데 부모의 소득이 월 200만 원인 경우에 자녀의 어학연수 비율은 10퍼센트에 불과했지만, 소득이 월 700만 원 이상인 경우에는 32퍼센트에 달했어. 토익 점수 또한 대기업 취업에서 중요한 스펙이야. 토익 점수 10점당 대기업 취업 확률은 3퍼센트씩 올라갔지. 그런데 부모의 소득에 따라 토익 평균 점수도 크게 달라졌어. 부모의 소득 계층을 하, 중하, 중상, 상의 4단계로 나눠서 조사하자 자녀의 토익 평균 점수는 하 675.95점, 중하 717.06점, 중상 761.89점, 상 804.43점으로 크게 차이가 났어. 공부 시간, 학원 수강 여부 등의 차이가 이런 결과를 낳았을 거야. 경제력이 뒷받침되지 않는 학생들은 공부할 시간도 부족할 테고, 영어 사교육도 덜 받을 테니까. 공부할 시간을 쪼개 알바까지 해야 하기 때문이지. 이처럼 부모의 경제력에 따라서 각자가 갖게 되는 스펙이 달라지는 거지. 각자의 노력과는 아무 상관 없이 말이야.

우리 삶의 많은 부분이 우연('운')에 의해 지배되지. 키, 외모, 지능, 재능, 건강(질병) 같은 유전적 요인부터 앞에서 살펴본 부모의 자질과 경제적 수준과 같은 환경적 요인도 모두 우연적이야. 영화 〈포레스트 검프〉(1994)에는 이런 대사가 나오지. "인생은 초콜릿 상자와 같아서 무엇을 집을지 아무도 모른다(Life is like a box of chocolates. You never know what you are going to get)." 우리는 운에 의해 지배되는 사회가 공정하다고 말하지 않지. 공정함은 각자의 노력에 따라 정

한국의 20대 부자(2013년)

순위	이름	기업	재산(달러)	형태
1	이건희	삼성그룹	107.7억	상속
2	정몽구	현대자동차그룹	51.3억	상속
3	정의선	현대자동차그룹	20.8억	상속
4	서경배	아모레퍼시픽	20억	상속
5	신동빈	롯데그룹	17.8억	상속
6	이재현	CJ그룹	17.1억	상속
7	신동주	일본 롯데	17.1억	상속
8	최태원	SK그룹	14.9억	상속
9	홍라희	삼성그룹	14.7억	상속
10	정몽준	현대중공업	13.1억	상속
11	이영희	신세계그룹	11.8억	상속
12	이재용	삼성그룹	11.4억	상속
13	정용진	신세계그룹	11억	상속
14	구본무	LG그룹	10.7억	상속
15	이화경	오리온그룹	9.1억	상속
16	조양래	한국타이어	8.8억	상속
17	담철곤	오리온그룹	8.1억	상속
18	정지선	현대백화점그룹	7.9억	상속
19	구본준	LG전자	7.8억	상속
20	김준일	락앤락	7.3억	창업

당하게 평가받는 거잖아. 아직도 내 얘기에 수긍이 가지 않을 친구들이 있을 거야. 아무도 너희에게 운이 결정적이라고 말하지 않았을 테니까. 사회는 성공은 개인의 노력과 능력에 따른 것일 뿐 운 같은 건 그다지 중요하지 않다고 끊임없이 속삭이지.[6] 어떤 악조건 속에서도 열심히 노력하면 성공할 수 있다고 그렇게 배웠을 거야. 많은 사람이 신봉하는 성공의 신화지.

왼쪽의 자료를 볼까. 한국의 부호 20명 가운데 창업자는 단 1명뿐이야. 그 한 명조차 간신히 20위에 턱걸이로 들어

6 최근에 젊은이들 사이에서 '금(은)수저'라는 표현이 널리 회자되기도 했다. '금(은)수저'는 "금(은)수저를 물고 태어나다"에서 온 말로, 잘난 부모를 둔 덕분에 사회적으로 성공하는 세태를 꼬집는 표현이다. 또, '금(은)수저'와 대비되는 '흙수저'라는 표현도 자조적으로 유행했다. '흙수저'는 돈도 배경도 변변찮아 기댈 데가 전혀 없는 이들을 가리킨다. 한마디로 '비빌 언덕'이 없는 이들이다. 이런 표현들이 부의 편중과 대물림을 풍자하고 있는 것은 맞지만, 여전히 많은 사람이 노력을 통해 성공할 수 있다는 신화를 따르고 있다. 재능, 배경 등 운과 상관없이 누구나 자기 노력에 따라 잘사는 방법을 고민하기보다 입시 경쟁, 자기계발 등 개인적 성공 전략만을 추구하는 것이 그 증거다. 개인적 성공 전략의 추구를 무한 경쟁에서 살아남기 위한 발버둥으로 이해할 수도 있지만, 여전히 개인의 성공이 가능하다고 믿고 따른다는 점에서 '성공 신화'의 추구로 볼 수 있다.

와 있지. 나머지는 전부 상속받은 이들이야. 태어날 때부터 엄청난 복권을 쥐고 태어난 이들이지. 자, 이들이 살면서 끝내기 만루 홈런을 때린다면 모두 그들의 노력과 능력 덕분일까? 그들은 이미 태어날 때부터 무사 3루의 기회를 부여받은 거야.[7] 사실 대부분의 평범한 사람들은 투 스트라이크에 타석에 들어서지.

상속으로 엄청난 부호가 되지 말란 법은 없어. 그런 사람들이야 어느 사회에나 있기 마련이지. 상속을 통해 어마어마한 부를 거머쥔 이들도 나름대로 노력했을 거야. 그냥 놀고먹으면서 그 자리에 오른 건 아닐 테지. 다만 상속받은 재산이 남들보다 더 많은 기회를 가져다준 것은 분명한 사실이겠지. 성공을 개인에게 주어진 조건, 즉 운에 따른 결과가 아니라 노력의 결과라고 말할 수 있으려면 저 순위 안에 '창업'이라는 단어가 몇 개는 더 있어야 하지 않을까? 절반까지는 아니더라도 말이야.

생각해 봐. 막대한 부를 상속받는 이들이 얼마나 되겠어. 수백 명 정도라고 해 볼까. 그 수백 명 중에서도 일부는 실패해서 상속받은 부를 잃기도 하겠지. 그렇다면 창업하는 이들은 얼마나 될까? 아마

---

7 "태어나면서 무사 3루의 기회"라는 비유는 1988년 짐 하이타워가 미국의 민주당 전당대회 기조연설에서 한 말이다. 그는 조지 부시를 빗대 3루 베이스에서 태어나고도 자신이 3루타를 쳤다고 착각하는 사람이라고 했다. 조지 부시는 좋은 집안에서 태어나 좋은 교육을 받고, 마침내 43대 미국 대통령이 되었다. 조지 부시는 예일대를 졸업했다. 그런데 여기에는 개인의 노력과 능력보다 집안 배경이 더 중요하게 작용했다. 미국 사립 대학에는 조부와 부친이 그 학교의 졸업생이면 그 손자를 자동으로 입학시켜 주는 특별한 관행이 있다.(당연히 일정한 성적을 요구한다.) 일명 동문 자녀 특례 입학 제도다. 부시의 아버지 조지 허버트 워커 부시, 할아버지 프레스콧 부시 모두 예일대 출신이었다. 1920~2000년까지 예일대 1학년생 중 가족을 동문으로 둔 재학생은 20퍼센트에 달했다. 조지 부시의 경우에 대학뿐만 아니라 집안 배경도 든든한 뒷배가 되어 주었다. 조지 부시의 아버지 조지 허버트 워커 부시 역시 유명한 정치인이자 대통령(41대)까지 역임했다.

도 수만, 수십만 명도 더 되겠지. 그렇다면 크게 성공하는 이들이 적어도 수십 명은 나와야 하지 않을까? 일반인이 쉽게 갑부가 되기는 힘들다 해도 수만, 수십만 명이 도전한다면 말이야. 따라서 상속받은 부를 성공적으로 계승한 수백 명과 창업에 뛰어든 수만, 수십만 명 중에서 대략 반반 정도의 갑부가 나와야 하겠지. 그러나 우리의 현실은 딱 1명만이 창업자로 이름을 올리고 있어.

같은 기간 미국과 일본의 사료를 볼까.[8] 일본의 경우 20대 부호의 상당수가 상속이 아닌 창업으로 부를 일궜어. 우리와 차이가 크지. 50대 부호로 늘려 잡아도 마찬가지야. 우리는 50대 부호 가운데 11명만이 창업자인 데 반해, 일본은 무려 34명이 창업자지. 16명만이 상속으로 부호가 됐어. 이는 미국도 마찬가지야. 미국은 2000년대 이후 구글이나 페이스북 같은 새로운 기업들이 순위에 얼굴을 내밀고 있지. 그러나 우리나라의 부호 순위는 거의 20년 전과 같아. 30대 재벌의 업종을 비교해 보면 부동산 개발뿐만 아니라 임대, 물류, 광고, 전산 시스템 통합 회사를 공통적으로 가지고 있어. 이렇게 거의 모든 분야를 재벌들이 틀어쥐고 있기 때문에 새로운 기업의 시장 진입이 쉽지 않은 거야. 일종의 독과점 체제를 형성하고 있는 거지.

또, 모회사가 세운 자회사에 일방적으로 일감을 몰아줌으로써 경쟁 자체를 불가능하게 만든다는 점도 중요해. 가령 삼성그룹은 삼성로지텍, 현대자동차그룹은 글로비스라는 물류 회사를 거느리고

---

8 다음 자료들을 참고했다. sisapress.com/news/articleView.html?idxno=61322
news.naver.com/main/read.nhn?mode=LSD&mid=sec&sid1=101&oid=001&aid=0006232701

있지. 설혹 삼성로지텍이 글로비스보다 더 나은 가격과 서비스를 제공한다 하더라도, 현대자동차그룹은 글로비스를 통해서만 상품을 유통하지. 사정이 이렇다 보니 삼성로지텍과 글로비스는 물류 시장에서 별다른 경쟁 없이도 현상을 유지할 수 있어. 삼성그룹과 현대자동차그룹이라는 든든한 뒷배를 둔 덕분이야. 이런 구조 아래서는 새로운 기업이 성장하기 쉽지 않겠지.

일본의 20대 부자(2013년)

순위	이름	재산(달러)	형태
1	야나이 다다시	155억	창업
2	사지 노부타다	107억	상속
3	손정의	91억	창업
4	미키타니 히로시	64억	창업
5	부수지마 쿠니오	52억	창업
6	모리 아키라	50억	상속
7	다키자키 타케미츠	47억	창업
8	한창우	34억	창업
9	다카하라 개이치로	33억	창업
10	이토 마사토시	28억	창업
11	우애하라 쇼지	25억	상속
12	미키 마사히로	24억	창업
13	야마우치 히로시	21억	창업
14	다케이 히로코	20억	상속
15	다나카 요시카즈	19억	창업
16	시게타 야스미츠	16.5억	창업
17	가나자와 형제	16억	상속
18	기노시타 형제	15.6억	상속
19	타다 카츠미	15.2억	창업
20	오카다 카즈오	15억	창업

미국의 20대 부자(2013년)

순위	이름	재산(달러)	형태
1	빌 게이츠	720억	창업
2	워렌 버핏	585억	창업
3	레리 엘리슨	410억	창업
4	찰스 코크	360억	상속
4	데이비드 코크	360억	상속
6	크리스티 월튼	354억	상속
7	짐 월튼	338억	상속
8	엘리스 월튼	335억	상속
9	롭슨 월튼	333억	상속
10	마이클 블룸버그	310억	창업
11	셀든 아델슨	285억	창업
12	제프 베조스	272억	창업
13	레리 페이지	249억	창업
14	세르게이 브린	244억	창업
15	포레스트 마스	205억	상속
15	재클린 마스	205억	상속
15	존 마스	205억	상속
18	칼 아이칸	203억	창업
19	조지 소로스	200억	창업
20	마크 저커버그	190억	창업

작은 차이가 큰 차이를 낳는다

키가 보수를 결정한다

사회적 성공이 단순히 우연의 결과는 아니지 않냐고? 노력만으로 엄청난 부자가 되긴 어렵더라도 불가능한 건 아니지 않냐고? 당연히 불가능한 건 아니지. 다만, 거기엔 노력 말고도 여러 요인이 작용할 거야. 키를 가지고 얘기해 볼까. 대개 남자는 키가 좀 커야 한다고들 생각하지만, 키가 사회적 성취에 직접적인 영향을 미친다고 생각하진 않을 거야. 키가 사회적 성공에 영향을 준다? 잘 상상이 안 되지. 구체적인 사례를 몇 가지 들어 볼까.

미국 플로리다대학의 티머시 저지 교수와 대니얼 케이블 교수는 일생 동안의 성격, 키, 지능, 수입을 주의 깊게 추적한, 네 가지 연구 자료를 분석했어. 그 결과 키가 평균보다 2.5cm 커질 때마다 연봉이 789달러씩 늘어나는 사실을 밝혀냈어. 그래서 키가 180cm인 사람은 같은 능력의 키 160cm인 동료보다 매년 6312달러를 더 벌고, 30년간 수십만 달러를 더 벌게 되지. 미국만의 얘기가 아니야. 〈한국 노동 시장에서의 신장 프리미엄〉이라는 논문은 한국에서도 키가 1cm 커질수록 연봉이 평균 1.5퍼센트씩 증가한다고 분석했지. 1.5퍼센트는 연간 40만 원 꼴이야.

1980년대 실시된 조사에서는 미국의 〈포춘〉이 선정한 500대 기업의 대표이사 중 58퍼센트가 182cm 이상이었어. 그런데 미국 전체 인구에서 182cm 이상의 비율은 14.5퍼센트에 불과하지. 188cm 이상으로 잡으면, 500대 기업 CEO 가운데는 3분의 1이나 되지만 미국 전체에서는 3.9퍼센트밖에 안 돼. 이런 현상은 정치 분야에서도 발견되지. 43명의 미국 대통령 가운데 5명만이 평균 이하의 키였고, 키가 평균 이하였던 대통령이 마지막으로 선출된 지도 100여 년이 지났어. 그 주인공은 1896년에 임기를 시작한 윌리엄 메킨리 대통령이야. 이후 100년이 넘는 기간 동안 한 명도 예외 없이 모든 미국 대통령의 키가 평균보다 더 컸어.

더 재미있는 것은 대통령 당선자와 상대 후보자의 키 차이지. 1900년 이후의 비교표야.[9] 파란색이 대통령 당선자가 상대 후보자보다 키가 더 크거나 같은 경우지.(두 사람의 키가 같은 해는 1992년, 1940년 두 번뿐이야.) 1900년 이후 총 28번의 선거에서 21번이나 키가 더

---

9 wikipedia.org/wiki/Heights_of_presidents_and_presidential_candidates_of_the_United_States

	대통령 당선자	키	상대 후보자	키
2012	버락 오바마	185cm	미트 롬니	188cm
2008	버락 오바마	185cm	존 맥케인	175cm
2004	조지 부시 2세	182cm	존 케리	193cm
2000	조시 부시 2세	182cm	엘 고어	185cm
1996	빌 클린턴	188cm	밥 돌	187cm
1992	빌 클린턴	188cm	조지 부시 1세	188cm
1988	조지 부시 1세	188cm	마이클 두카키스	173cm
1984	로널드 레이긴	185cm	월터 몬데일	180cm
1980	로널드 레이건	185cm	지미 카터	177cm
1976	지미 카터	177cm	제럴드 포드	183cm
1972	리처드 닉슨	182cm	조지 맥거번	185cm
1968	리처드 닉슨	182cm	휴버트 험프리	180cm
1964	린든 존슨	193cm	배리 골드워터	180cm
1960	존 F. 케네디	183cm	리처드 닉슨	182cm
1956	드와이트 아이젠하워	179cm	애들레이 스티븐슨	178cm
1952	드와이트 아이젠하워	179cm	애들레이 스티븐슨	178cm
1948	해리 트루먼	175cm	토마스 듀이	173cm
1944	프랭클린 루스벨트	188cm	토마스 듀이	173cm
1940	프랭클린 루스벨트	188cm	웬델 윌키	188cm
1936	프랭클린 루스벨트	188cm	알프레드 랜든	180cm
1932	프랭클린 루스벨트	188cm	하버트 후버	182cm
1928	하버트 후버	182cm	앨 스미스	180cm
1924	캘빈 쿨리지	178cm	존 W. 데비비스	180cm
1920	워렌 G. 하딩	183cm	제임스 M. 콕스	168cm
1916	우드로 윌슨	180cm	찰리 에반스 휴즈	178cm
1912	우드로 윌슨	180cm	윌리엄 하워드 트래프트 테오도어 루스벨트	182cm 178cm
1908	윌리엄 하워드 트래프트	182cm	윌리엄 제닝스 브라이언	180cm
1904	테오도어 루스벨트	178cm	알톤 B. 파커	175cm

크거나 같은 쪽이 승리했어. 키가 작은 쪽이 승리한 경우는 나머지 7번뿐이야. 참고로, 1800년대는 키가 크건 작건 선거 결과가 엇비슷했지. 그러다 1900년대 이후부터 줄곧 이런 경향을 보여 왔어.

　대통령 후보들 중에는 키가 당락에 영향을 미친다는 사실을 깨닫고 이를 적극적으로 활용한 사람도 있지. 1988년 대선 후보 토론회에서 조지 부시 1세는 상대 후보인 마이클 두카키스와 일부러 오랫동안 악수를 나눴어. 부시의 키가 두카키스보다 더 크다는 사실을 부각하기 위해 부시의 참모가 꾸민 일이었지. 두 사람의 키는 무려 15cm나 차이가 났거든. 그 참모는 대통령 당선과 키의 상관관계를 잘 알고 있었던 거야.

　키는 지위에 영향을 미치기도 하지만 지위가 키(에 대한 판단)에 영향을 미치기도 하지. 우리는 키가 크면 더 유능하다고 생각할 뿐만 아니라, 반대로 유능하면 키도 클 거라고 생각하거든. 그래서 지위가 높은 사람일수록 실제보다 더 크게 느끼기도 하지. 미국 킨즐랜드대학의 심리학자 폴 윌슨이 이와 관련된 재미있는 실험을 했어. 윌슨은 자신의 동료 학자를 학생들에게 소개한 후 그의 키를 추정해 보게 했어. 그를 학생으로 소개하자 학생들은 그의 키를 165cm 정도로 추정했고, 강사로 소개하자 그보다 2.5cm가량 더 크게 봤으며, 전임강사로 소개하자 다시 2.5cm가량 더 크게 봤어. 그를 정교수로 소개했을 때 학생들은 그의 키를 175cm 정도로 추정했지.

　키가 크면 무조건 성공한다, 그런 말이 아니야. 키와 같은 우연적 요소조차 우리가 생각지 못한 방식으로 삶의 성취들에 영향을 줄 수 있다는 거지. 똑같은 조건의 두 사람이 키에 따라 운명이 달라질 수 있다는 뜻이야. 그리고 그와 같은 우연적 요소들이 복합적으로 작용하면서 우리 삶을 마름질하지. 영국의 심리학자 리처드 와이즈 먼은 4만 명의 생일과 운의 관계를 조사했어. 4만 명의 생일과 그들이 스스로 평가하는 자신의 운의 상관관계에 대한 조사였지. 결과는 놀라웠어. 여름(5~8월)에 태어난 사람들은 겨울(9~2월)에 태어난 사람들보다 자신의 운을 좋게 평가했어. 5월이 정점을 이루고 10월이 최저점이 되는 패턴을 발견할 수 있었지. 다만 6월은 패턴에서 다소 벗어나 있지만, 9월, 10월, 11월, 12월, 1월, 2월 등 하위 달보다는 더 높았지.

이런 결과에 대해서는 여러 가지 설명이 가능할 거야. 우선 여름보다는 겨울이 춥다는 사실에 주목할 수 있겠지. 겨울에 태어난 아기들은 여름에 태어난 아기들보다 훨씬 더 가혹한 환경에 처할 가

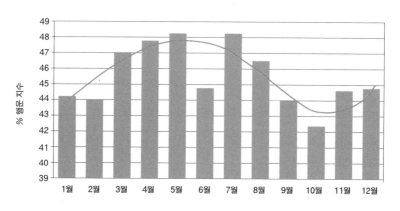

어느 달에 태어날수록 운이 좋을까?

능성이 높아. 그래서 아기들은 양육자와 더 밀접한 관계를 맺을 수 있겠지. 그 결과 모험을 훨씬 꺼리는 성격을 갖게 됐을지 몰라. 자기 삶의 운에 대해서도 그다지 좋게 평가하지 않았을 수 있지. 명확한 이유는 알 수 없지만, 태어난 달의 기온이 자기 운에 대한 평가에 영향을 미친 건 확실해.

참고로 점성술을 믿는 사람들은 기온, 즉 여름이나 겨울과 같은 계절이 중요한 게 아니라 달 그 자체가 중요하다고 얘기할 수 있겠지. 그래서 와이즈먼은 남반구에서 똑같은 조사를 했어. 결과는 북반구와 정반대로 나타났지. 즉 남반구에서 여름에 해당하는 9~2월까지의 사람들이 자신의 운을 더 좋게 평가하는 패턴이 나타난 거야. 즉 점성술을 믿는 사람들이 생각하는 것처럼 태어난 달 그 자체가 아니라 기온이 영향을 미쳤던 거지.

이런 얘기들을 길게 하는 이유는 간단해. 우리 삶이 결코 간단치 않다는 거야. 우리가 자기 능력이나 노력으로 성취했다고 생각하는 결과들에 지극히 우연적인 요소들이 섞여 있다는 뜻이지. 우리가 알든 모르든, 인정하든 하지 않든 상관없이 말이야.

가난은 어디에서 오는가?

국제 노인인권단체인 헬프에이지 인터내셔널이 2014년 10월 1일 세계 노인의 날을 맞아 〈2014년 세계노인복지지표〉를 발표했어. 노인 복지 수준을 소득, 건강, 역량, 환경 등 4개 영역을 종합해 측정한 내용이었지. 조사 대상 96개국 가운데 우리나라는 50위를 차지했

어.[10] 스리랑카(43위), 베트남(45위), 중국(48위) 등 다른 아시아 국가들보다 순위가 낮았지. 한국 노인들의 가난은 오롯이 그들 탓일까? 그들은 젊어서 열심히 일하지 않았을까? 아마도 다른 어떤 나라 사람들보다 열심히 일했을 거야. 그런데도 그들의 현재는 가난할 뿐이지. 이쯤에서 가난에 대해서 다시 생각해 볼 필요가 있을 것 같아.

---

10 한국은 전체 자살률도 세계 1위이고, 노인 자살률도 세계 1위다. 70대의 10만 명당 자살률은 91.7명에 이르고, 80대 이상은 무려 138.1명이다. 10년 동안 노인 자살률은 3배 가까이 증가했다. 노인 자살의 가장 큰 원인은 빈곤이다. 한국 노인들의 삶은 매우 열악하다. OECD에서 가장 심각한 수준이다. 노인 빈곤율이라는 게 있다. 노인 빈곤율은 중위소득(전 국민을 소득 순으로 나열했을 때 한가운데에 있는 사람의 소득)의 절반 이하를 버는 노인의 비율을 가리킨다. 2012년 기준으로 한국의 노인 빈곤율은 45.6퍼센트로 OECD 회원국 가운데 1위였다. 65세 이상 노인의 45.6퍼센트가 중위소득의 절반도 못 되는 수입을 벌고 있다는 것이다. OECD 평균이 11퍼센트에 불과하니, 한국의 빈곤 노인 비중이 네 배가 넘는 셈이다. 네덜란드는 1.5퍼센트, 그리스는 6.2퍼센트, 독일은 7.3퍼센트에 불과했다. 심지어 한국보다 GDP가 낮은 칠레나 터키, 슬로베니아도 각각 20.5퍼센트, 16.4퍼센트, 12.1퍼센트였다.(〈고령화에 따른 노년 부담과 시사점〉 참고)

부유한 사람들은 이렇게 말하곤 해. "아이고, 저 가난한 것들 때문에 우리나라가 선진국이 못 되는 거야. 다 무식하고 게으르고 능력 없는 저것들 탓이야."

정말 그럴까? 장하준이 《그들이 말하지 않는 23가지》에서 제시한 사례를 가지고 얘기해 볼게. 가령 인도에서 버스를 모는 운전사와 스웨덴에서 버스를 모는 운전사가 있다고 해 봐. 누가 더 많은 보수를 받을까? 당연히 스웨덴의 버스 운전사겠지. 그렇다면 누가 더 운전을 잘할까? 물론 누구도 두 사람의 운전 실력을 실제로 비교해 본 적은 없지. 한번 생각해 보자는 거야. 두 나라의 교통 환경을 떠올려 봐. 복잡하고 어지럽게 붐비는 건 인도가 더 심하지 않겠어? 그러니 아마도 인도의 버스기사가 스웨덴의 버스기사보다 운전 실력이 더 뛰어날지도 모르지. 인도의 버스기사는 하루에도 수십 번씩 도로로 뛰어드는 소를 피해야 할 테고, 자전거며 달구지며 인력거까지 피해 가며 운전할 테니까. 분명 곡예 운전이 따로 없을 거야. 따라서 인도의 버스기사가 스웨덴의 버스기사에 비해 운전을 더 잘할 가능성이 높겠지.

그런데 보수는 스웨덴의 버스기사가 더 높게 받지. 이상하지 않아? 운전 능력은 인도 기사가 더 뛰어날 텐데, 보수는 스웨덴 기사가 더 높다니. 결국 이와 같은 차이는 스웨덴과 인도의 임금 수준 차이에서 발생하지. 운전 실력만 따지면 인도 기사가 스웨덴 기사에 비해 더 낫지만, 각 나라의 임금 수준에 따라 스웨덴 기사가 인도 기사보다 더 많은 보수를 받는 거야. 그러니까 스웨덴 기사라고 함부로 인도 기사를 깔보거나 무시하면 안 되지. 자기가 더 많은 보수를 받는 건 단지 운이 좋았던 것뿐이야. 인도가 아닌 스웨덴에서 태어난 바로 그 운 말이야. 그것 말고는 더 많은 보수를 받을 다른 이유가 없지. 능력이 더 뛰어난 것도 아니고, 노력을 더 많이 한 것도 아니니까.

그렇다면 그와 같은 임금 수준의 차이는 어떻게 생긴 걸까? 스웨덴의 에릭슨, 사브와 같은 세계 첨단 기업에서 일하는 최고 경영진과 과학자, 기술자, 노동자가 인도에서 유사한 일을 하는 사람들에 비해 수백 배 높은 생산성을 달성하기 때문이지.[11] 그러한 높은 생산성이 스웨덴의 전반적인 임금 수준을 끌어올린 거야. 가난한 나라의 가난한 이들은 부자 나라의 같은 직종 종사자들과 붙여 놓아도 능력 면에서 결코 뒤지지 않아. 정작 자기 몫을 제대로 못하는 건 가난한 나라의 부자들인 셈이지. 인도의 부유한 사람들은 자기 나라가 가난한 탓을 가난한 이들에게 돌릴 것이 아니라 자기 자신에게 돌려야 한다는 뜻이야. 다시 말해 자기 나라를 가난한 사람들이 아래로 끌어내린다고 불평하기 전에 자신들이 위로 끌어올리지 못한 것부터 반성해야 해.

그렇다고 부유한 나라의 부자들이라고 해서 무턱대고 자랑스러

---

11 사회의 전체적인 생산성 향상이 임금 격차의 가장 중요한 원인이다. 그런데 여기에는 다른 숨겨진 조건들도 있다. 최저임금이나 이민 정책 등이 그것이다. 이민 규제가 존재하지 않는다면 노동 시장의 장벽은 낮아지게 된다. 다시 말해, 자국 노동자의 상당수가 임금은 낮지만 생산성이 더 높은 이민 노동자들로 대체될 수 있다. 정부가 이민자와 외국인 노동자의 숫자를 일정하게 통제한 덕분에 자국 노동자들이 직업적 안전성을 유지할 수 있는 것이다. 이처럼 노동자들이 적절한 임금과 안정된 일자리를 누리는 데는 규제의 역할도 크다. 최저임금이 '보이는' 규제라면, 이민 정책은 '보이지 않는' 규제다.

위할 필요도 없어. 그들의 높은 생산성도 오로지 그들의 능력 덕분만은 아니니까. 당연히 개인의 능력 차이가 전혀 없진 않을 거야. 그러나 그들이 머리가 더 좋다거나 더 창의적이라는 것만으로는 엄청난 생산성의 격차가 다 설명되진 않지. 생산성의 차이에는 어떤 비밀이 숨어 있는 걸까?

성공과 부[*]는 오직 내 것일까?

오늘날 한국인의 평균 수명은 80살이 넘어. 1960년대의 평균 수명이 몇 살이었을까? 55살이었어. 반세기 만에 무려 25년을 더 살게 된 거야. 우리가 더 오래 살게 된 게 오로지 우리의 노력 덕분일까? 당연히 수명 연장에는 개인이 운동하고 관리한 측면도 영향을 미치겠지만, 의료 발전, 경제 성장, 생활환경의 향상 등이 결정적으로 작용했어. 생활의 전반적인 향상 없이 개인의 노력만으론 국민 전체의 수명이 늘어나기 힘들거든. 사회적 성공도 다르지 않을 거야. 우리는 한 개인의 성공을 그 개인의 능력 덕분으로 생각하기 쉽지. 기업도 마찬가지고. 그러나 개인이나 기업을 둘러싼 다양한 기술, 조직, 제도, 문화가 있었기에 성공이 가능한 건 아닐까?

1909년과 1949년 사이에 미국의 노동 시간당 생산성은 12배 정도 증가했어. 쉽게 말해, 같은 시간을 일하는데도 생산량이 무려 12배나 커진 거야. 무엇이 이런 생산성 향상을 가능하게 했을까? 그 기간 동안 사람들이 12배나 더 똑똑해졌을까? 아니면, 12배나 더 많이 일했을까? 노벨경제학상을 수상한 로버트 솔로는 〈기술 변화와 총생산함수)라는 논문에서 1929~1966년까지 미국이 이룬 놀라운 경제 성장과 국민 소득의 88퍼센트는 누적된 기술과 지식 발전에 의한 것이라고 밝혀냈어. 우리가 노력해서 얻었다고 생각하는 성과의 대부분이 오랜 세월 누적된 기술과 지식 덕분에 가능했다는 거야.

예를 들어 지금의 GE(제너럴 일렉트릭)의 모태인 에디슨의 전기 회사를 볼까. 여기에는 에디슨이라는 걸출한 발명가가 있었지. 그러나 에디슨 혼자만의 노력으로 성공이 가능했던 건 아니야. 에디슨이 지식을 얻고 실험을 할 수 있게 한 과학 인프라, 에디슨과 함께 일한 경영진·기술자·노동자 등을 길러 낸 교육 시스템, 회사를 키우는 데 필요한 막대한 자금을 제공한 금융 시스템, 새로운 기술을 보호해 준 특허법과 저작권법, 커다란 조직의 기업을 설립할 수 있도록 지원한 회사법 및 기타 상거래 관련 법률 등 사회 환경이 뒷받침되지 않았다면 에디슨의 성공도 없었을 거야.

부가 누적된 기술과 지식의 산물이라는 점은 전후 독일의 성장에서도 확인할 수 있어. 독일은 전쟁으로 산업 시설이 거의 파괴된 폐허 위에서 급속한 경제 성장을 이뤄 냈지. 이런 발전은 히틀러의 주장대로 독일 민족이 우수한 아리안족의 후예라서 유전적·선천적으로 뛰어났기에 가능했을까? 그러나 역사적으로 아리안족은 실재한 적이 없고, 과학적으로 그 어떤 민족의 유전적 우월성도 입증된 적이 없지. 그렇다면 비결이 뭐였을까? 빠른 재건은 바로 누적된 기술과 지식 덕분에 가능했지. 설사 산업 시설이 파괴되더라도 기존의 기술과 제도, 조직에 대한 지식은 사라지지 않기 때문이야. 산업 시설은 단기간에도 뚝딱 세울 수 있지만, 기술과 지식은 장기간에 걸쳐 형성되지. 개발도상국에 국제 원조로 산업 시설이 세워져도 산업 발전이 더딘 이유야.[12] 산업 시설이 갖춰졌다 해도 기술과 지식이 없다면 경제 성장은 쉽지 않지.

엄청난 성공은 시대적 상황과도 밀접히 맞물려 있어. 가령 1975년은 개인 컴퓨터 시대에서 아주 중요한 해로 평가되지. 이 시기에 자신의 전성기를 꽃피울 수 있는 인물들이 컴퓨터 분야에서 엄청난 성공을 거두었거든. 빌 게이츠는 1955년생이야. 1975년에 딱 21살이었어. 빌 게이츠와 함께 마이크로소프트를 공동 창업한 폴 앨런은 1953년생이야. 애플의 스티브 잡스도 1955년생이고, 구글의 CEO 에릭 슈미트도 1955년생이지. 바로 이들 1953~55년생들이 1975년 개인 컴퓨터 시장이 중흥을 맞던 시기에 젊은 패기로 도전해 성공했던 거야. 큰 성공은 개인의 조건과 시대적 조건이 들어맞을 때 가능하지.

아마도 서구 사회에 기부 문화가 활성화된 이유도 이와 관련 있지 않을까? 물론 기부 문화 자체가 널리 퍼져 있기도 하지만, 부(富)를 오로지 개인적 성취로만 이해하지 않는 측면이 크겠지. 일종의 사

---

12 가령 세계은행의 자금을 지원받아 탄자니아의 모로고로에 신발 공장이 세워졌고, 현대식 설비와 기술이 이전되었다. 이전된 설비와 기술은 유럽에 신발 수출이 가능할 정도의 수준이었다. 그러나 제도나 조직이 뒷받침되지 못하다 보니 자본과 기술의 이전은 한계에 봉착하고 말았다. 공장 가동률은 5퍼센트에 머물렀고, 결국 신발을 한 켤레도 수출하지 못한 채 공장 문을 닫아야 했다. 유지 보수가 제대로 안 된 장비는 주기적으로 고장을 일으켰고, 고장 난 장비를 고칠 부품은 부족했다. 직원들은 너나없이 공장에서 물건을 훔쳐 갔다. 노동자나 관리자나 모두 마찬가지였다.(대런 애쓰모글루 외 《국가는 왜 실패하는가》 참고)

회적 선물, 혹은 세상에 진 빚으로 생각하는 거야. "내가 번 것 중에 아주 많은 부분은 사회에서 나온 것입니다." 지금까지 250억 달러(25조 원)를 기부한 투자의 귀재 워렌 버핏이 한 말이야. 버핏은 미국에서 두 번째로, 전 세계에서는 2~3번째로(매년 순위가 바뀌거든) 돈이 많은 사람이지. 그는 죽기 직전까지 자신의 재산 가운데 99퍼센트를 기부하겠다고 이미 약속한 바 있지. 현재 그의 재산은 60조 원이 넘는다고 해.

또한, 자신의 성취가 오로지 자기 노력만으로 성취된 게 아니라는 자각도 기부에 영향을 미칠 거야. 대표적인 인물이 빌 게이츠지. 빌 게이츠는 4년 연속 세계에서 가장 돈이 많은 사람으로 선정됐어. 그의 재산은 무려 100조 원이나 되지. 빌 게이츠는 워렌 버핏처럼 자기 재산의 거의 대부분을 기부하기로 약속했어. 빌 게이츠의 아내인 멜린다 게이츠는 스탠퍼드대학 졸업식 축사에서 이렇게 말했지. "빌은 믿을 수 없이 열심히 일했고, 성공을 위해서 많은 희생을 했다. 하지만 성공에는 또 다른 필수 요건이 있다. 바로 '운'이다. 완전히 순수한 운이다. 우리가 언제 태어나는지, 부모는 누구인지, 어디서 성장했는지, 그런 것은 우리가 노력해서 성취하는 게 아니다. 우리에게 주어진 것일 뿐이다."

우리는 동등하게 경쟁한다고 생각하지만, 그건 어디까지나 착각일 뿐이야. 동등한 경쟁 같은 건 없어. 이 세상 어떤 경쟁도 동등할 수 없지. 부모가 다르고 받은 교육이 다르고 타고난 지능과 재능이 다른데, 어떻게 동등할 수가 있겠어. 대다수는 이미 투 스트라이크를 맞은 상태로 인생을 시작하고, 극소수만이 무사 3루에 태어나 3루타를 칠 기회를 가지고 인생을 시작하지. 그리고 3루타를 치게 되면 오로지 자기 능력과 노력으로 쳤다고 생각하는 거야. 대부분 그렇지. 자기 성공 앞에서 겸손하기란 정말 어려운 일이거든. 성공을 가능케 한 조건들, 그 숨겨진 비밀을 직시할 수 있다면 자기 성공에 겸손해지게 되지. 물론 숨겨진 조건을 직시하고 인정한다는 게 결코 쉬운 일은 아니야.

여기서 내가 강조하고 싶은 부분은 지적 인종주의야. 그 사람의 타고난 인종을 가지고 차별하는 게 인종주의잖아. 우리는 피부 색깔을 선택할 수 없듯이 두뇌를 선택할 수 없어. 지적 능력과 선천적 재능은 사람마다 다를 수밖에 없지. 부모도 마찬가지야. 내 부모를 내가 선택할 수는 없잖아. 이렇게 타고난 능력과 주어진 여건 등은 내 선택을 벗어나 있잖아. 지능, 재능, 건강과 같은 선천적 능력이나 개인적 배경, 사회적 여건이 나의 노력과 상관없이 주어진 것이라면, 그걸 가지고 우월하다느니 열등하다느니 차별해선 안 되겠지. 우리가 과거의 신분제 사회를 잘못됐다고 생각한다면 말이야. 신분제는 결국 타고난 신분, 즉 운에 지배되는 사회잖아.

어떤 보상이 공정할까?

CEO의 임금에 대해서

현실에서 모든 사람의 능력을 똑같이 평가하고 보상할 수는 없겠지. 각자의 능력과 그에 따른 성과는 분명 다르니까. 문제는 그 능력의 얼마만큼이 선천적인 능력이고, 얼마만큼이 후천적인 노력에 의한 것이냐는 거야. 이걸 정확하게 쪼갤 수 없단 말이지. 그렇다고 능력의 차이를 그대로 인정해 버리면, 결과적으로 지적 인종주의에 빠져 버리게 되고.

그렇다면 어떻게 해야 할까? 성과에 대한 보상의 차이가 너무 커지지 않도록 해야겠지. 어차피 개인이 노력한 차이를 인정해 줄 필요는 있지만, 성과에 대한 보상이 지나쳐서는 안 될 거야. 미국에서는 CEO와 노동자의 임금 격차가 500배에 달하지. 이런 격차를 과연 정당한 보상으로 볼 수 있을까? 의사의 보수가 버스기사의 보수보다 더 많을 수 있겠지. 의사의 보수가 버스기사의 보수와 같다면, 누가 힘든 의학 공부를 하려고 하겠어. 사람의 생명을 살리겠다는 사명감으로 의대를 선택하는 사람도 물론 있겠지만, 그런 사명감에 불타는 이들은 늘 소수에 불과하지. 따라서 어느 정도 보상의 차이는 있어야 할 거야. 그렇다면 얼마만큼이 적당할까?

이에 대해 존 롤스는 《정의론》에서 이런 답을 내놓고 있지. 롤스는 재산 및 소득의 분배가 반드시 균등해야 할 필요는 없다고 보았어. 다만 그 차이가 모든 사람에게 이익이 되도록 이루어져야 한다고 생각했지. 그렇다면 롤스는 몇 배를 더 줄 수 있다고 생각했을까? 두세 배? 열 배? 똑 부러지게 몇 배라고 얘기하진 않았지. 다만 롤스는 똑똑하고 유능한 이들이 버스기사가 아닌 의사가 되려고 마음먹을 정도면 충분하다고 보았어. 보상의 차이를 두되, 그것이 재능과 능력을 발휘할 동기로 작용할 만큼이면 족하다는 뜻이지.

롤스는 최소 수혜 시민들에게 최대의 이익을 가져다줄 때만이 사회적, 경제적 불평등이 정당화된다고도 주장했어. 최소 수혜 시민이란 열심히 일하지만 가장 적은 보상을 받는 사람들이야. 쉽게 말해, 저임금 노동자라고 생각하면 돼. 유능한 이들이 그런 최소 수혜 시민들에게 더 큰 이익을 줄 수 있을 때라야 유능한 이들에게 좀 더 보상해 줄 수 있다는 거지. 롤스의 논리에 따라 현실을 들여다볼까. CEO가 노동자에 비해서 더 많은 보수를 받을 순 있어. 다만 CEO의 높은 보수는 높은 생산성, 더 중요하게는 노동자에게 높은 보상이 주어질 때 정당하다는 거지.[13] 그렇다면 현실은 어떨까?

경제학자 장하준에 따르면, 미국 CEO들과 노동자들의 평균 보수 격차는 1970년대 30~40 대 1에서 1990년대 초반 100 대 1, 2000년대 300~400 대 1로 벌어졌어.[14] CEO 대 노동자의 보수가 30~40배에서 300~400배가 되었다면 지금의 CEO들이 1960~1970년대에 비해 10배나 더 효율적이고 생산적이라는 걸까? 그렇게 말하기는 어려울 거야. 좋은 교육과 훈련 덕분에 미국 CEO들의 자질과 능력이 전반적으로 좋아졌을 수는 있지만, 한 세대 만에 이전 세대 CEO들에 비해 자질과 능력이 10배나 더 좋아질 수는 없겠지.

게다가 CEO들의 높은 연봉은 임원들에게 주어지는 특혜인 스톡옵션(stock option)이라는 대박 인센티브 덕분에 가능하지. 쉽게 말해 보수의 일부를 회사 주식으로 주는 거야. 스톡옵션을 포함시키면 보수 총액은 보통 3~4배, 많게는 5~6배까지 뛴다고 하지. 결국

13　CEO의 능력에 대해서 보다 근본적으로 고민해 볼 필요가 있다. 우리는 기업 경영에서 CEO의 영향력이 절대적이라고 생각한다. 그런데 라케시 쿠라나 하버드대학 교수는 기업 실적의 30~40퍼센트는 산업 효과, 10~20퍼센트는 경기 순환, 10퍼센트 정도만이 CEO의 영향이라고 추정했다. CEO들은 회사가 어려움에 처하면 외적 상황을 탓한다. 하지만 회사가 잘될 때는 결코 외적 상황 덕분이라고 말하지 않는다. 회사가 잘되는 건 다 자기가 일을 잘해서라고 생각한다. 실제로 2010년 미국 의회에 4대 투자은행의 CEO들이 증언자로 서게 됐다. 그들은 저조한 회사 실적에 대해 자신들의 책임을 전혀 인정하지 않았다. 오히려 자신들이 경제 전반에 큰 혼란을 가져온 '금융 위기'의 피해자라고 주장했다. 그러나 그들은 위기가 오기 직전 회사가 돈을 엄청 벌어들이던 몇 년 동안에 보너스를 한 번도 거절한 적이 없었다. 다시 말해 그때는 외적 상황 덕분이라고 생각하지 않았다. 그 시기에 업계의 거의 모두가 엄청난 돈을 벌었고 따라서 그들이 특별한 공을 인정받을 수 없었음에도 말이다.(더 자세한 내용은 던컨 와츠《상식의 배반》, 285쪽 참고)

14　미국에서 CEO와 노동자의 연봉 격차를 좀 더 자세히 살펴보자. CEO의 보수는 노동자에 비해 1960년대에는 12배, 1974년에는 35배, 1980년대에는 42배, 1990년대 초반에는 84배, 1990년 중반에는 135배, 1999년에는 400배, 2000년에는 531배가 되었다.(지그문트 바우만《왜 우리는 불평등을 감수하는가?》, 23~24쪽 참고)

400 대 1의 격차는 연봉만 따졌을 때의 격차이고, 스톡옵션이 포함되면 그 격차는 더욱 커질 수밖에 없어. 스톡옵션을 두는 이유는 경영자가 스스로 주주 가치(주식을 가진 주주가 주식을 통해 얻게 되는 경제적 대가)를 극대화하도록 노력하게 만들기 위해서지. 주주 가치가 상승하면, 즉 주식 가격이 올라가면 당장 자기부터 큰돈을 벌게 되니까. 누이 좋고 매부 좋은 격이야.

사실 중요한 것은 격차가 아닐지도 몰라. 핵심은 그렇게 많은 보수를 받은 CEO들이 최소 수혜 시민들에게 더 많은 이익을 주기 위해 얼마나 노력했느냐는 거겠지. 미국 노동자의 시간당 평균 임금은 1973년 18.90달러에서 2006년 21.34달러로 상승했어. 1년에 대략 0.4퍼센트 올랐던 거야. 그러니까 노동자들의 보수는 1970년대 이후 실질적으로 거의 오르지 않았던 셈이지. 노동자와 같은 최소 수혜 시민에게 최대의 이익을 가져다주지 못했는데도, CEO들의 보수만 엄청나게 올랐던 거야.

최소 수혜 시민에게 최대의 이익은 고사하고 별다른 이익도 주지 못했는데 CEO만 엄청난 보수를 받는 현실. 롤스의 관점에서 보자면 전혀 공정하지 못한 현실이지. 어떻게 이런 일이 벌어질 수 있을까? 이유는 기업의 주인이 노동자가 아니라 주주이기 때문이지. 기업의 주식을 소유한 주주가 기업의 실제 주인이거든. CEO들은 최소 수혜 시민이 아니라 오직 주주의 이익을 극대화하기 위해 노력했고, 그 노력의 결과로 막대한 보수를 챙겼던 거야.

2015년 그래비티라는 미국의 작은 회사가 놀라운 발표를 하지. 모든 직원의 연봉을 3년 안에 7만 달러(8천만 원)로 올려 주겠다는 발표였어. 대신 CEO의 연봉은 90퍼센트를 깎기로 했지. CEO의 잘못으로 회사가 큰 손해라도 본 걸까? 사실 이 결정은 CEO 자신이 내린 결정이었어. 왜 그런 바보(?) 같은 결정을 내렸냐고? 그 회사의 CEO인 댄 프라이스는 몇 년 전 한 부하직원으로부터 "당신이 나를 착취하고 있다"는 이야기를 듣고 큰 충격을 받았어. 그 일을 계기로 댄 프라이스는 회사와 직원을 보는 시선이 바뀌었지. 그러면서 직원들의 삶에 보다 구체적인 관심을 기울이기 시작했어. 그 과정에서 프라이스는 집세와 자녀 교육비 등 경제적 어려움을 겪는 직원들이 회사 일에 집중하기 어렵다는 걸 알게 됐어.[15]

이윽고 프라이스는 직원들의 삶의 질이 높아지면 고객에게 더 좋은 서비스로 돌아가리라는 믿음에 따라 연봉 인상을 결정했지. 물론 프라이스는 "최저 임금 인상은 비즈니스 전략이 아니라 도덕적 책무다"라고 말하긴 했지만 말이야. 직원들의 연봉을 올려 주는 데에 필요한 비용은 자기 연봉을 삭감해서 충당하기로 했지. 100만 달러에 달하는 자신의 연봉 가운데 93만 달러를 삭감해 직원들에게 돌려주기로 했어. 자기 연봉을 깎아서 3년 안에 모든 직원의 연봉

---

15 조지프 스티글리츠 컬럼비아대학 교수도 《불평등의 대가》에서 비슷한 논지를 편 바 있다. 자녀 교육이나 주택, 노후 등을 걱정하는 데 에너지를 많이 쏟을수록 직장에서 생산에 투입되는 에너지는 줄어들 수밖에 없다는 것이다.

을 7만 달러로 올리는 게 프라이스의 목표야. 프라이스의 결정은 최고 경영자의 연봉이 천정부지로 치솟는 미국 사회에 커다란 반향을 불러일으켰지. 회사 SNS에는 2주 만에 5억 명이 몰렸고, 입사하고 싶다는 문의도 폭주했어. 고객 문의도 월평균 30건에서 2천 건으로 급증했지.

7만 달러라는 기준은 프린스턴대학의 연구 논문을 근거로 했어. 해당 논문은 2015년 노벨경제학상을 수상한 앵거스 디턴 교수의 논문이야. 앵거스 디턴 프린스턴대학 교수는 행복을 위한 기준으로 7만 5천 달러를 제시했어. 그의 연구에 따르면, 7만 5천 달러 이하에서는 소득이 오를수록 행복감이 커지지만, 7만 5천 달러를 넘어서면 오히려 행복감이 둔화되지. 만약 앵거스 디턴의 연구가 맞다면, 댄 프라이스의 결정은 어리석은 게 아니라 현명한 것이라 해야겠지. 자신의 행복에 기여하지 못하는 잉여 소득을 직원들과 나누면, 자기 행복은 그대로이지만 직원들은 더 행복해질 테니까. 아니, 댄 프라이스의 행복도 그대로가 아닐지 모르지. 함께 일하는 사람들이 더 행복해진다면 그만큼 그도 더 행복해지지 않을까? 회사의 좋은 분위기, 좋은 기운이 그에게도 기쁨을 주겠지.

이런 시도가 개별 기업을 넘어서 사회 전체에 적용될 순 없을까? 법정 최저임금을 정하듯이 최고임금도 정할 순 없을까? 2014년 스위스에서 임금 평등법을 국민 투표에 부쳤어. 일명 '임금 평등을 위한 1:12'로 불리는 법안이었지. 한 기업 내 가장 높은 임금이 가장 낮은 임금의 12배를 넘어설 수 없다는 내용이었어. 실제 국민 투표에서는 부결되고 말았지만, 그런 법안이 공론화돼서 국민 투표에 부쳐졌다는 사실만으로도 의미가 있지. 기업 전체는 아니고 공공 부문에서 실제 적용한 사례도 있지. 프랑스는 2013년 10월부터 국영기업 CEO의 보수가 해당 기업에서 가장 낮은 보수를 받는 직원의 20배를 넘지 못하도록 했어. 일반 기업은 제외하고 국영기업만을 대상으로 하긴 했지만, 혁신적이고 놀랄 만한 제도인 건 분명하지. 한국 사회에선 상상조차 하기 어려운 제도잖아.

현대사회는 전근대의 신분제 사회와 다른 것 같지만, 여전히 운에 의해 신분이 결정된다는 점에서 다르지 않아. 다만 옛날에는 신분의 한계를 극복하기 어려운 구조였다면, 현대에는 신분 상승의 가능성이 얼마간 열려 있다고 하지. 옛날에는 신분이 태어날 때 결정됐어. 마치 문신을 새기고 태어난 것처럼 신분의 굴레에서 벗어날 수 없었어. 반면 오늘날에는 스무 살 전후로 어느 정도 신분이 결정된다고 봐야지. 입시 경쟁은 신분 결정의 전초전이야. 물론 신분 상승의 문이 활짝 열려 있는 건 분명 아니야. 어떤 부모를 만나서 어떤 사교육을 받느냐에 따라서 입시의 결과가 판이하게 달라질 테니까. 부의 대물림이 신분 상승의 사다리를 많이 망가뜨려 버렸지. 그런 점에서 우리는 여전히 신분제에 갇혀 있는지도 몰라.

더 나아가 타고난 지능, 재능, 건강, 체력 등 유전적 신분에 대해서도 생각해 봐야 해. 좋은 대학에 들어가고, 좋은 직장에 취직하는 것이 오로지 자기의 노력 덕분인지 생각해 볼 필요가 있지. 머리가 더 좋아서건, 더 좋은 교육을 받아서건, 더 노력할 수 있는 환경에서 자라서건, 그 모두는 나의 노력과 상관없이 주어진 것들이잖아. 그 모든 것이 선물[16]처럼 내게 주어진 것들이지. 그렇다면 우연한 선물 덕분에 얻은 지위나 보상을 오로지 내 것이라고 주장하기는 어렵지 않을까? 자기 노력만으로 얻은 결과라면 온전히 자기 것으로 여길 수 있지만, 그렇지 않은 결과는 온전히 자기 것으로 하기 어렵겠지. 운이 지배하는 사회는 공정한 사회가 아니야. 어디까지가 운의 결과이고 어디까지가 노력의 결과인지 판단하기 어렵다면, 보상의 격차가 지나치게 벌어지지 않도록 해야 하지 않을까?

---

16 재능을 영어로 'gift'라고 한다. 재미있게도 'gift'는 선물이라는 의미도 가지고 있다. 'gift'는 'give'와 같은 어원에서 왔다. 즉, 재능은 하늘이 준 선물인 셈이다. 여기서도 재능의 우연성을 다시금 확인할 수 있다. 선천적인 것은 우연적인 것이다. 우연히 주어진 것을 오로지 내 것이라고 말하긴 어렵다. 상속 재산, 복권 당첨금 같은 불로소득에 높은 과세를 부과하는 이유다. 정당한 노력으로 얻은 부가 아니기 때문이다. 가령 부모가 자식에게 재산을 물려줄 때 내는 상속세를 보자. 1억 원 이하는 10퍼센트의 세금을 내지만, 액수가 올라갈수록 세율은 높아진다. 5억 원 이하 20퍼센트, 10억 원 이하 30퍼센트, 30억 원 이하 40퍼센트, 30억 원 초과는 50퍼센트의 세율이다. 즉, 30억 원이 넘어가면 물려받은 재산의 반을 세금으로 내야 한다.

공정한 세상을 향해

공정한 경쟁은 없다

삶은 끝없는 경쟁의 연속이야. 경쟁의 끝에는 달콤한 보상이 기다리고 있어. 사람들은 보상을 기대하며 경쟁에 뛰어들지. 경쟁의 목적은 승자에게 더 많은 보상을 주는 것일까? 다시 말해 경쟁은 승자에게 더 많은 몫을 주기 위해 필요할까? 개인적 차원에서야 보상이 경쟁의 이유가 될 순 있겠지만, 사회적 수준에서 경쟁의 목적은 보상일 수 없겠지. 사회적 관점에서 보자면 경쟁의 목적은 효율성을 높이는 데 있지 않을까? 한정된 자원을 차등적으로 배분함으로써 사회 구성원들을 더 열심히 노력하도록 만들려는 거겠지. 다시 말해, 더 많은 사회적 가치를 창출하도록 하기 위해서 보상을 미끼로 경쟁을 부추기는 거야. 그러니까 차등적 보상은 그 자체가 목적이 될 순 없고, 효율성을 높이는 수단일 뿐이지. 그런 점에서 효율성을 높이지 못하는 경쟁은 사회적으로 무익할 따름이야. 아니, 무익한 수준을 넘어서 유해하지 않을까? 효율성은 높이지 못하면서 경쟁 과정에서 사회 구성원들의 에너지만 허비하게 할 테니까.

모든 경쟁자들이 완전히 동등한 조건에서 경쟁에 참여하는 상태를 가정해 볼까. 모두가 완전히 똑같은 조건에서 경쟁하고, 어느 누구도 경쟁의 과정과 결과에 개입할 수 없는 '완전 경쟁'의 상태 말이야. 사실 모든 조건이 동등한 상태에서 경쟁을 시작한다는 것은 현실적으로 불가능해. 애초에 각자가 지닌 선천적 조건(지능, 재능, 건강 등)이 다르고 환경적 조건(부모, 배경, 국적 등)이 다른데, 어떻게 동등한 조건을 만들 수 있겠어. 어디까지나 가상적인 상황을 가정해 보자는 거야. 이제 여타의 선천적, 환경적 조건과 상관없이 오로지 자신의 노력만으로 경쟁에서 이긴 승자가 나타나겠지. 승자는 다른 경쟁자들보다 더 많은 몫을 차지하게 될 거야.

그런데 문제는 그다음부터 발생하지. 최초의 경쟁이 완전 경쟁(다른 일체의 조건이 동일한 경쟁)이었다 해도, 두 번째 경쟁부터는 최초의 승자가 다른 경쟁자들보다 더 나은 조건에서 경쟁에 참여하게 되잖아. 첫 번째 경쟁에서 획득한 보상 덕분에 더 나은 조건에서 경쟁하기 때문이지. 가령 첫 번째 경쟁에서 얻은 보상이 음식이라면 더 나은 영양 상태에서 시작할 테고, 돈이라면 더 나은 경제적 상황에서 경쟁할 것이고, 인기라면 더 많은 자신감을 가지고 겨룰 테니까 말이야. 결국 첫 번째 경쟁의 승자가 이후 경쟁에서도 승자가 될 가능성이 더 높지.

이것이 경쟁이 가진 속성이야. 최초의 조건이 동등하고 경쟁 과정이 공정하다 해도 최초의 승자가 이후의 경쟁 과정을 지배하면서 최초의 동등한 조건은 눈 녹듯 사라지고 말지. 특히 승자가 경쟁의 결과를 모두 독차지하는 구조(승자 독식 구조)라면 최초의 동등한 조건은 순식간에 무너지게 돼 있어. 승자 독식의 경쟁에서 승자는 압도적인 경쟁 우위 속에서 이후 경쟁에 참여하게 되며, 경쟁 과정이 반복될수록 승자의 경쟁력만 눈덩이처럼 커지지. 19세기에 록펠러, 카네기, 벤더빌트 등이 독점[17]을 이용해 시장을 지배함으로써 거부의 반열에 오를 수 있었던 이유야. 미국에서 독점 금지법이 생겨난 것도 록펠러 때문이었지.

모든 경쟁은 이전 경쟁의 승자가 더 나은 조건에서 출발하게 돼있어. 그리고 최종 승자는 늘 최대의 몫을 가져가지. 더 많은 사회적 가치를 창출했다는 명분으로 말이야. 실제로 최종 승자가 경쟁자들보다 더 많은 사회적 가치를 창출했을 수 있지. 그런데 다른 경쟁자들이 승자가 누린 경쟁 우위를 똑같이 누린다면 어떻게 될까? 경쟁자 또한 더 많은 사회적 가치를 창출하지 말란 법도 없지. 어쩌면 경쟁자가 승자보다 더 많은 가치를 창출할 수도 있겠지. 경쟁자가 승자가 누린 경쟁 우위를 누린다고 가정한다면 말이야. 다만 승

---

17 독점은 소수 기업이 한 산업을 지배하고 있어 새로운 기업의 진입을 막는 시장의 형태를 뜻한다. 다른 기업과 경쟁하지 않기 때문에 독점 기업은 소비자의 사정을 고려하지 않고 상품 가격을 마음대로 결정할 수 있다. 덕분에 엄청난 독점 이윤을 얻을 수 있다. 오늘날 대부분의 국가에는 독점을 규제하는 법률이 있지만, 19세기만 하더라도 독점을 규제하는 법률이 없었다.

자가 누린 혜택을 똑같이 누리지 못해서 그런 일이 실제로 벌어지지 못했을 뿐, 그와 같은 가능성을 완전히 배제하긴 어려울 거야. 그렇다면 효율성을 최대한 끌어올리려는 경쟁의 가치가 훼손되는 건 아닐까?

과학을 예로 들어 볼까. 과학의 발전은 어느 정도 누적적이며 무작위적이야. 다시 말해 세상을 바꿀 과학적 사건이 일어나려면 작은 통찰들이 수없이 많이 쌓여야만('누적적') 해. 아주 작은 통찰조차 나중에 중요하게 작용할 수 있지. 그런데 애초에 어떤 통찰이 중요할지 예상하기 어렵고, 중요한 통찰이 어디서 어떻게 찾아올지는 ('무작위적') 더더욱 알 수 없어. 만약 세상을 놀라게 할 과학적 연구를 미리 가려낼 수 있다면, 그 연구자에게 자원과 보상을 집중해도 문제될 게 없겠지. 하지만 그런 일은 애초에 불가능해. 따라서 초기에 소수에게 자원을 집중하는 것은 결국 다양성과 창조성을 저해할 수 있지.

그런데 이런 사실을 무시하고 초기 단계에서 좀 더 유능해 보이는 연구자에게만 연구비를 몰아준다고 가정해 볼까. 해당 연구자는 풍부한 연구비를 바탕으로 더 나은 연구를 수행할 수 있겠지. 지원은 더 많은 성취로 이어지고, 더 많은 성취는 다시 더 많은 지원을 불러올 거야. 그러나 애초에 지원받지 못한 다른 연구자 역시 같은 지원을 받는다면 더 나은 성과를 낼 수도 있지 않을까? 앞에서 지적한 것처럼, 과학 발전이 누적적이고 무작위적이라는 점에서 말이야.(그렇다고 연구비를 차등 지원해선 안 된다는 말은 아니지. 초기 단계의 차등

지원이 가진 문제점을 직시하고, 지원이 지나치게 소수에게 집중되지 않도록 해야 한다는 거야.) 승자가 다시 승자가 되기 쉽고 가진 자가 더 많이 갖게 되는, 승자 독식의 자본주의 사회는 효율성의 이름으로 효율성을 파괴하지.

결과의 평등으로 기회의 공정을

자본주의 사회에서 자본이 없는 사람은 시장 경쟁에 진입할 기회조차 얻지 못하지. 경제학자 토마 피케티는 이를 '세습 자본주의(patrimonial capitalism)'라고 진단했어. 세습 자본주의는 "노동과 학업만으로는 상속받은 부와 그로부터 벌어들이는 소득으로 누릴 수 있는 안락함을 얻기 힘"(《21세기 자본》, 291쪽)든 체제야. 갈수록 상속, 즉 세습이 중요해지고 있어. 이렇게 되면 경쟁 자체가 의미 없어지지. 어차피 상속받은 부를 가진 자가 다시 부를 축적할 테니까 말이야. 즉, 이전 승자가 다시 승자가 될 텐데, 경쟁한들 무슨 의미가 있겠어. 경쟁이 반복되면서 승자가 기득권을 강화하고, 완전 경쟁이 불완전 경쟁으로 퇴화하며, 궁극적으로는 경쟁 자체가 스스로 소멸하는 거지.(장하성《한국 자본주의》참고) 이것이 우리가 사는 세상의 참모습이야.

영화 〈라스트 홈〉에는 이런 대사가 나오지. "승자의, 승자를 위한, 승자에 의한 나라." 경쟁과 성공을 최고 가치로 삼고, 승자 독식을 당연시하는 미국 사회를 꼬집는 대사야. 〈라스트 홈〉은 열심히 일해도 임금이 밀려서, 또 제때 대출금을 못 갚아서 자기 집에서 강제로 쫓겨나는 미국인들의 현실을 보여 주지. 승자를 위한 나라에서 대다수는 불행할 수밖에 없어. 경기 불황의 홍수가 밀려오면 방주에는 오직 한 명만이 탈 수 있지. 나머지 99명은 그대로 가라앉을 수밖에 없어. 보다 평등하고 공정한 세상을 만들기 위해서 모두가 힘을 모아야 할 이유야. 공정한 세상을 어떻게 만들까? 방법은 의외로 간단해. 모두에게 경쟁에 참여할 기회를 평등하게 보장하면 돼. 그것이 시상의 효율성을 높이면서 사회의 공정성을 확보하는 방법이지.

경제학 원론에 따르면 완전 경쟁이 공정한 경쟁이야. 같은 조건에서 벌이는 완전 경쟁이 되려면, '균등한 기회 보장'에서 말하는 기회가 단순히 형식적 기회에 머물러선 안 되겠지. 경쟁에 참여할 형식적 기회만을 보장하는 것은 '기회 균등'이라는 미명하에 경쟁 이전에 존재하는 불평등(한 조건)을 오히려 정당화하고 강화시켜 줄 뿐이니까. 토끼와 거북이 이야기를 가지고 설명해 볼게. 그 이야기에서 토끼와 거북이는 공정한 경주를 벌였을까? 토끼와 거북이가 같은 출발선에서 출발했으니, 공정한 시합이라고 말할 수 있을까? 조금만 생각해 봐도 공정하지 않다는 걸 알 수 있지. 땅 위에서 벌이는 경주는 토끼에게만 유리한 불공정한 경주잖아. 만약 물속에서 시합을 벌인다면 거북이가 토끼보다 더 유리하겠지. 둘 다에게 공정한 시합이 되려면 아마도 달리기, 수영 등을 포함한 '철인 3종 경기'가 적당하지 않을까?

결국 '균등한 기회 보장'이 형식적인 기회 보장, 즉 같은 출발선에서의 출발만을 뜻한다면 '기회 보장'은 평등주의적 외양과 달리 출발선에서의 불평등을 강화할 위험이 있어. 경쟁이 벌어지기 이전부터 존재하는 불평등(한 조건)을 방치할 테니까. 따라서 '균등한' 기회 보장은 보다 세심하게 고려될 필요가 있지. 형식적 기회 균등을 넘어서 실질적인 기회 균등이 되려면 말이지. 그러려면 사회경제적 성취를 둘러싼 경쟁에서 누구도 불공정한 우위를 차지할 수 없도록 해야 할 거야. 그것이 선천적인 조건이든 후천적인 조건이든 여타의 불공정한 우위가 경쟁에 미치는 영향력을 최소화해야 해. 그런 의미에서 진정한 기회 균등은 어떻게 하면 불공정한 우위를 배제하고 동일한 조건에서 경쟁이 가능하도록 할지에 초점이 맞춰져야 하겠지.

실질적인 기회 균등을 위해선 최소한 두 가지 측면이 중요하지. 첫째는 경쟁의 기회가 평등하게 주어지는 것이고, 둘째는 실질적인 의미에서 공정한 경쟁이 이뤄지도록 같은 조건에서 경쟁하는 거야. 먼저 경쟁의 기회가 평등하게 주어진다는 것은, 어떤 일의 할당이나 채용에 있어 평가와 무관한 요인들로 차별하지 않고 오직 개인의 능력만 고려한다는 의미에서의 기회의 균등이지. 그러니까 직무 수행에 요구되는 자질 이외의 요소로 불공정한 평가나 대우를 해선 안 돼. 둘째로 실질적인 의미에서 공정하게 경쟁하려면, 잠재 능력을 지닌 모두가 적절한 자질을 갖출 수 있도록 초기 단계에서 필요한 교육과 지원을 보장해야 해. 이를 통해 모두가 같은 출발선에서 경주할 수 있도록 해야지.(김태기 외《페어 소사이어티》참고) 혼자만 출발선이 멀찍이 앞쪽에 위치한다거나, (출발선은 남들과 같지만) 자기만 내리막을 내달려선 안 되겠지. 다시 말해, 어느 누구도 출발선에서 불공정한 우위를 차지할 수 없도록 해야 해.

공정은 크게 기회의 공정, 과정의 공정, 결과의 공정, 이렇게 세 가지로 구분할 수 있어. 앞서 살펴본 것처럼, 이전 단계에서 이뤄진 보상의 차이는 이후 단계에서 서로 다른 경쟁력을 부여하지. 즉 보상의 차이가 기회의 불평등을 낳는 거야. 그런 점에서 현실에는 공정한 출발선 같은 건 없어. 이런 문제를 해결하려면 결과의 평등을 고려할 수밖에 없겠지. 다시 말해 경쟁 결과로 주어진 보상의 차이를 적절한 재분배 정책을 통해 완화할 필요가 있어. 이전 경쟁의 보상이 이후의 경쟁에 영향을 덜 미치게 하려면 말이야. 따라서 결과의 평등은 결과의 측면에만 머무르지 않고 실질적인 기회 균등에 기여한다고 볼 수 있어. 이렇게 본다면 서로 다른 것으로 흔히 이해되는 '기회의 균등'과 '결과의 평등'이 완전히 동떨어진 개념이 아니라는 사실을 알 수 있지. 우리는 공정한 출발(선)이라는 환상에서 벗어날 필요가 있어. 출발(선)이 공정하다고 해서, 다 공정한 건 아니니까. 이제 '공정한 도착', '공정한 결승선'으로 발상을 전환할 필요가 있어. 공정한 도착만이 그다음 이어질 출발을 '공정한 출발'로 만들 수 있지.

누구나 세상이 결코 공정하지 않다고 생각해. 그러나 대개는 바꾸려 하지 않지. 아마 두 가지 이유 때문일 거야. 첫째는 포기일 테고, 둘째는 동조일 테지. 우선, 너무 거대한 문제라서 아예 포기해 버리는 거야. 사람은 자기 능력을 벗어나는 커다란 문제와 마주쳤을 때 보통 피하거나 도망가지. 진격의 거인 같은 세상에 맞서기엔 자신이 너무나 작고 약해 보이니까. 개인은 거인의 발 아래 깔린 개미와 같지. 다음으로, 공정하지 않은 세상에서 다들 암암리에 조금씩은 갖게 되는 혜택 때문에 그런 세상에 동조하는 거겠지. 가령 앞에서는 지식인으로서 학벌주의를 비판하다가도, 뒤에서는 자기 역시 학벌주의의 수혜자로서 살아가는 식이야. 결국 학벌주의를 비판하는 그런 지식인의 말은 공허하고, 지식인은 보다 근본적인 대안이나 실질적인 실천에 대해서는 소극적일 수밖에 없겠지.

거인은 크고 강하지만, 개미는 작고 약하지. 그러나 작은 개미도 거인을 쓰러뜨릴 수 있어. 모래알처럼 흩어진 개미들이 하나로 뭉친다면 철옹성 같은 거인도 너끈히 쓰러뜨리고 남지. 세상이 아무리 거대해 보이고 우리 앞에 놓인 문제가 커 보여도, 세상도 문제도 다 우리가 만든 것들이야. "우리의 문제는 사람이 만들어 낸 것이고 (당연히) 사람이 풀 수 있다." 존 F. 케네디가 한 말이야.

6.
우리가
늘
합리적인 건
아니야

합리성에 대한 착각

사람들은 대체로 스스로를 매우 합리적인 사람으로 생각하지. 충분한 정보가 제공되고, 차분하게 생각할 시간이 주어지면 언제든지 합리적으로 생각할 수 있다고 말이야. 너희는 어때? 스스로 합리적인 사람이라고 생각해? 아마 그럴 거야. 나 역시도 스스로를 합리적이라고 생각하는 편이야. 감정이나 주변 상황에 휘둘리지 않고 이성적으로 사고하고 판단한다고 생각하지. 충분한 정보가 주어진다면 언제나 비교적 정확하게 상황을 판단할 수 있다고 말이야.

그림(1995년 미국 MIT대학의 에드워드 아델슨 교수가 제시한 시각적 착시)을 보면서 얘기해 볼게. 위의 그림에서 A와 B의 색깔이 어떻게 보여? 달라 보여, 같아 보여? 모든 사람들이 다르게 보인다고 말할 거야. 그림에선 A가 B보다 훨씬 어둡게 보이지. 그 아래 그림을 볼까.

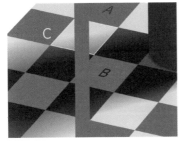

원래 그림에서 아무것도 바뀌지 않았어. 다만 회색 띠 하나만 추가한 뒤에 확대했을 뿐이야. 자, 회색 띠 주변의 A, B 색깔을 다시 비교해 볼까. 어때? A와 회색 띠의 색깔이 같고, B와 회색 띠의 색깔이 같지. 결국 A와 B의 색깔이 같다는 걸 알 수 있을 거야. A보다 더 밝게 보이는 B가 놀랍게도 A와 똑같은 밝기인 거지.(두 번째 그림을 보여 주면 회색 띠의 색깔을 교묘히 조작한 게 아니냐고 의심하는 친구들이 있지. 그런 친구들은 아무 종이든 가져와서 회색 띠를 제외한 나머지 부분을 전부 가려 봐. 그러면 아무 조작도 없음을 확인할 수 있을 거야.)

어떻게 이럴 수 있지? 분명 A와 B는 다른 색으로 보이는데 말이야. 도대체 우리 머릿속에선 어떤 과정을 거쳐 A와 B가 다르다고 인식하는 걸까? 'A는 짙은 회색이고, B는 옅은 회색이다. 그런데 B는 그림자 안에 있어서 주변의 옅은 회색 네모들보다 더 어두워 보일 뿐이다. 그렇다고 짙은 회색 네모들과 같을 정도로 어둡진 않다. 따라서 A와 B는 같을 수 없다.' 아마도 우리 머릿속에서 이루어지는 인식의 과정일 거야. 그러나 실제로는 A와 B의 색깔이 똑같지. 그렇다면 어째서 B는 A보다 우리 눈에 더 밝게 보이는 걸까? 그 이유는 B를 둘러싼 주변의 네모들이 녹색 원통의 그림자로 인해 다른 네모들보다 훨씬 더 어둡기 때문이야. B의 주변이 어둡다 보니 B가 실제보다 상대적으로 더 밝아 보이게 되지.[1] (C와 비교해 보면 그 차이가 좀 더 분명해지지. 원래 C는 B와 같은 계통의 색이야. A가 짙은 회색 네모군에 속한다면, B와 C는 옅은 회색 네모군에 속하지. 하지만 그림자 탓에 B는 C보다 더 어둡게 보이지. 여기까진 그렇다 쳐도, C의 일부 역시 그림자가 드리워져 있는데 B만큼 어둡지 않잖아. 회색 띠 주변을 봐. B는 회색 띠와 구분이 안 될 정도로 어둡지만, C의 아래쪽은 회색 띠와 구분될 만큼 밝지. 그림자가 걸쳐 있는데도 말이야. 그 정도로 B가 어둡게 처리돼 있는 거지.) 물론 어디까지나 착시 현상이야. A와 B 주변의 네모들을 모두 지우고 A와 B만 놔두면 착시였다는 게 분명해지지.

이런 착시가 빚어지는 이유는 사물을 인식하는 뇌의 한계 때문이야. 우리는 인간이 대상을 있는 그대로 인식한다고 생각하지. 그러나 인간의 뇌는 사진 찍듯이 대상을 인식하는 게 아니야. 우리는 좀 더 겸손해질 필요가 있어. 자신이 늘 정확하고 합리적일 거라는 과신을 버려야 해. 누구나 사소한 표현의 차이(단어, 문장, 심지어 같은 정보인데도 순서 차이나 숫자 표시 차이), 대화의 분위기, 사고의 패턴, 심지어 색깔이나 향기와 같은 감각적 요소로 인해 올바른 판단을 그르

---

1 우리는 어떤 색을 있는 그대로 인식한다고 생각하지만, 실제로는 주변 색과의 대비를 통해 인식한다. 사실 인간의 지각은 이렇게 상대적일 때가 많다. 유명한 인식 대조 실험이 있다. 한 손은 차가운 물에, 다른 한 손은 뜨거운 물에 어느 정도 담고 있다가 두 손을 상온(常溫 : 특별히 가열하거나 냉각하지 않은 자연 그대로의 온도)의 물에 담그면 어떻게 될까? 아주 이상야릇한 느낌이 들 것이다. 분명히 양손이 같은 온도의 물속에 담겨 있지만, 앞서 찬물에 담갔던 손은 따뜻함을, 먼저 더운물에 담갔던 손은 시원함을 느끼게 된다.

칠 수 있지. 어떻게 색깔이나 향기와 같은 것들 때문에 잘못된 판단을 할 수 있냐고? 이제부터 우리가 살펴볼 놀라운 실험과 연구들은 때때로 인간이 얼마나 비합리적으로 판단하는지 적나라하게 보여 줄 거야.

그 전에 앞에서 본 그림을 여전히 믿지 못하는 친구들을 위해 착시 현상을 보여 주는 그림 하나를 더 보고 넘어갈까. 어때? 그림들이 빙글빙글 도는 것 같지? 마지 유령이 숨바꼭질이라도 하는 것처럼, 눈길이 멈춘 곳에선 정지했다가 다른 곳에 눈길을 주면 다시 움직이지? 이건 종이책 안에 찍힌 고정된 그림이지 동영상이 아니야. 그런데도 신기하게 동영상을 보는 것처럼 무늬들이 돌아가지. 더 많은 착시 그림을 보고 싶은 친구들은 구글로 접속해서 검색창에 'optical illusions'이라고 쳐 봐.

무엇이 우리의 눈을 가리는가?

언어 1 – 언어의 유혹

스탠퍼드대학에서 실시한 실험이야. 실험 참가자들을 두 집단으로 나눈 후에 범죄가 만연한 미국의 가상 도시 애디슨(Addison)에 범죄 퇴치 방법을 추천하게 했어.(참고로, 가상 도시 애디슨은 발명가 에디슨과는 전혀 상관이 없어.) 두 집단에게 애디슨의 상황에 대해 다음과 같은 글을 똑같이 보여 줬지.

5년 전만 해도 애디슨은 확실히 드러나는 문제가 없는 안전한 도시였다. 그러나 유감스럽게도 지난 5년 동안 애디슨은 치안질서가 나빠졌고 범죄가 들끓었다. 애디슨에서는 매년 1만 건 이상 범죄가 늘어나서 현재는 1년에 5만 5천 건이 넘는 범죄 사건이 발생하고 있다. 시가 다만 두 집단에게 보여 준 글의 첫 문장만 조금 달랐지. 첫 번째 집단에겐 "범죄는 애디슨 시를 망치는 괴물이다"라는 문장을, 두 번째 집단에겐 "범죄는 애디슨 시를 망치는 바이러스이다"라는 문장을 제시했어. 총 79개의 영단어로 이뤄진 글에서 괴물과 바이러스라는 단 한 개의 단어만 달랐던 거야. 글을 읽은 사람들의 반응은 어땠을까? 작은 차이가 결과에 큰 영향을 미쳤어.

첫 번째 집단의 경우 경찰관을 늘리고 감옥을 더 지어야 한다고 제안하는 비율이 매우 높았지. 일종의 '체포 및 투옥' 전략이야. 반면에 두 번째 집단의 경우 범죄를 예방하고 교도소 안에서의 교도 및 갱생을 강조했어. '예방 및 교화' 전략이야. 이러한 결과는 지지하는 정당이나 정치적 성향, 나이, 성별 등과 무관하게 나타났지. 물론 실험 참가자 대부분은 괴물과 바이러스라는 비유가 자신의 결정에 영향을 미쳤다는 사실을 거의 인식하지 못했어. 의사 결정 과정에 가장 영향을 미친 요소를 설명해 달라고 요구하자 단 3퍼센트만이 단어의 차이를 지적했을 뿐이야.

또 다른 실험을 볼까. 앞에서 동조 효과를 설명하면서 언급한 솔로몬 애쉬 교수가 1946년에 진행한 실험이야. 애쉬는 실험 참가자들을 두 집단으로 나누고, 참가자들에게 가상의 인물에 대한 여러 가지 정보를 준 뒤, 그 사람이 어떤 사람인지 추측해 보도록 했어.

첫 번째 집단에게 보여 준 조건이야.

〈A 조건〉
지적이다.
부지런하다.
충동적이다.
비판적이다.
고집이 세다.
질투심이 강하다.

두 번째 집단에게 보여 준 조건이야. 보이는 것처럼 내용은 똑같아. 제시된 순서만 다를 뿐이지. 두 조건의 순서는 완전히 거꾸로 되어 있어.

〈B 조건〉
질투심이 강하다.
고집이 세다.
비판적이다.
충동적이다.
부지런하다.
지적이다.

식사하면서 반찬으로 콩나물 무침과 시금치 무침을 먹었다고 해 볼까. 콩나물을 먼저 먹으나 시금치를 먼저 먹으나 영양학적으로는 아무런 차이가 없지. 어차피 순서만 다를 뿐 같은 음식을 먹은 거니까 말이야. 마찬가지로 정보를 받아들일 때도 같은 정보라면 순서에 상관없이 같게 처리해야겠지. 즉 누군가에 대한 동일한 정보가 순서가 다르게 주어졌다 해도, 동일한 인상을 형상해야 할 거야. 그러나 정보와 인상의 관계는 반찬과 몸의 관계와는 완전히 다르지. 정말 다른지, 너희도 직접 확인해 봐.

실험 결과 A 조건에서 형성된 인상이 B 조건에서 형성된 인상보다 훨씬 더 호의적이었어. 그 이유는 각 특성이 어느 특성 뒤에 오는지에 따라 해석이 달라지기 때문이야. 가령 '지적이다'는 특성은 A 조건에선 "조금은 충동적이고 고집이 세지만, 천재들이 다 그렇지 않나?"라며 천재형 이미지로 받아들여졌지만, B 조건에서는 교만하고 차가운 이미지로 이해됐지. 앞서 제시된 정보들이 뒤에 오는 정보를 해석하는 데 영향을 주었던 거야.

초두 효과(primacy effect)라는 게 있지. 초두 효과란 인상 형성 과정에서 최초에 제시된 정보가 전체 인상을 결정짓는 현상을 뜻해. 첫인상이 중요한 것도 초두 효과 때문이야. 이 실험 역시 초두 효과를 잘 보여 주지. 참고로, 초두 효과랑 반대되는 최신 효과도 있어. 가장 마지막에 주어진 정보가 기억에 남는다는 거야. 그렇다면 초두 효과와 최신 효과는 서로 모순되는 걸까? 그렇지는 않아. 상황과 조건에 따라서 다른 효과가 적용된다고 보면 돼. 주어진 정보들이 연결되어 있을 때는 초두 효과가 나타나고, 그렇지 않을 때는 최신 효과가 나타나지. 애쉬의 실험에서 주어진 정보들은 한 사람에 대한 것이라는 점에서 정보들이 연결되어 있다고 봐야겠지.

언어 2 - 우리를 속이는 숫자

심리학자 엘렌 피터스는 숫자를 이용한 재미있는 실험을 했어. 일명 젤리빈 연구라고 불리는 실험이지. 100개의 젤리빈이 큰 사발에 담겨 있는데, 9개만 붉은색이고 나머지는 흰색이야. 작은 사발에는 10개의 젤리빈이 있는데, 1개만 붉은색이고 나머지는 흰색이야. 붉은색 젤리빈을 고를 확률이 작은 사발에서 더 높다는 건 누구라도 알 수 있지. 작은 사발은 10분의 1(즉, 100분의 10)이고, 큰 사발은 100분의 9니까. 게다가 사람들이 정확한 판단을 내리는 데 참고하라고 큰 사발에는 '9퍼센트의 붉은색', 작은 사발에는 '10퍼센트의 붉은색'이라는 라벨까지 친절하게 붙여 놓았어.

눈을 감고 붉은색 젤리빈을 고르면 돈을 받을 수 있다고 제안했지. 그런데 예상 밖의 결과가 나왔어. 실험 참가자들은 이길 확률이 낮은데도 큰 사발에서 고르려는 경향이 더 컸지. 왜 그랬을까? 코넬 대학의 심리학자 발레리 레이나와 찰스 브레이너드는 이를 설명하기 위해 '분모 무시'라는 용어를 사용했지. 쉽게 말해 분자에 지나치게 신경을 쓴 나머지, 분자보다 더 중요한 분모를 미처 생각하지 못하는 거야. 그래서 사람들이 10분의 1보다 100분의 9를 더 선호하는, 비합리적 결과가 발생하지. 먼저 눈에 띄는 것은 분자지만, 사실은 분모가 분자보다 훨씬 중요하지. 분수의 전체 값은 분자가 아니라 분모에 의해서 결정되니까 말이야. 분자가 1000이라고 할지라도, 분모가 1000보다 더 커 버리면 전체 값은 1도 안 되잖아.

사람들에게 큰 사발을 고른 이유를 묻자, 사람들은 왜 그런 선택을 했는지 제대로 설명하지 못했어. 아마도 9라는 숫자가 주는 정서적 '타격'이 그만큼 셌다는 거겠지. 사람들이 명확한 이유를 모른 채 손을 뻗을 만큼 말이야. 그들은 큰 사발에 들어 있는 91개의 흰색 젤리빈을 무시하고, 대신 붉은색 젤리빈 9개에 시선을 빼앗겼던 거야. 붉은색 젤리빈이 더 많이 담긴 사발에 손을 뻗는 게 더 낫다고 순간적으로 판단한 결과지. 반면에 계산이 빠른 이들은 분자가 아니라 전체 분수 값에 초점을 맞춘 덕분에 순간적인 인상에 흔들리지 않았어.

좀 더 충격적인 사례를 볼까. 사람들이 '10퍼센트'와 '열에 하나'를 다르게 평가하는 경향이 있다는 사실을 알고 있어? 한 실험에서 법정 심리학자와 정신의학자들에게 정신병원에 입원 중인 환자의 퇴원 여부를 결정해 달라고 요청했지. 첫 번째 집단에겐 "해당 환자와 유사한 환자 100명 중에 20명이 타인에게 폭력을 행사할 것으로 추정된다"고 말했어. 반면에 두 번째 집단에겐 "해당 환자와 비슷한 환자는 타인에게 폭력을 행사할 가능성이 20퍼센트인 것으로 추정된다"라고 말했지.

당연히 '100명 중에 20명'과 '20퍼센트'는 동일한 의미를 담고 있어. 그런데 실험에 참가한 이들의 반응은 사뭇 달랐지. '100명 중에 20명'으로 전해 들은 사람들의 41퍼센트는 해당 환자를 퇴원시켜선 안 된다고 말했어. 반면에 같은 정보를 백분율로 전달받은 사람들은 21퍼센트만이 퇴원에 반대했지. 이런 차이는 왜 발생할까? 사람들이 분수와 백분율을 다르게 지각하기 때문이야. 숫자 정보를 빈도의 형태로, 즉 100명 중에 20명이 문제를 일으킨다고 들으면 우리는 즉시 부정적인 이미지를 떠올리게 되지. 문제를 일으키는 환자의 모습을 바로 상상하는 거야. 그런데 백분율로 전해 들으면 그런 즉각적인 정서 반응이 덜 나타나지.

가령 너희가 병원에서 어떤 수술을 받는다고 쳐 보자. 의사가 수술 후 합병증이 나타날 가능성을 언급하는데, 10번 중에 1번이라고 말했다고 해 봐. 어때? 겁나지 않겠어? 이때는 '~번'이 중요하게 다가오지. 그런데 합병증의 가능성을 10퍼센트라고 말하면 조금은 안심이 되지. 10퍼센트라는 추상적인 숫자가 합병증조차 추상화(관념화)시키는 듯하지. 이런 반응의 차이는 수술 여부를 결정할 때도 영향을 줄 거야. 그런데 우리가 이렇게 동일한 정보에 대해서 다르게 판단한다면 제대로 된 판단이라고 할 수 있을까? 객관적이고 냉정하게 판단한 게 아니라 주관적이고 감정적으로 판단한 거잖아. 생사가 걸린 문제인데 말이야.

이와 비슷한 오류가 또 있어. 수술을 받고 얼마나 살 수 있는지에 관한 문제야. 이건 단순히 합병증 정도가 아니라 목숨이 걸린 더 중대한 문제지. 의사가 이렇게 말한다고 해 볼까. "이 수술을 받은 100명 가운데 90명이 5년 후에도 생존했습니다." 어때? 너희 같으면 이 말을 듣고 수술을 결정하겠어? 만약 의사가 똑같은 사실을 이렇게 말한다면 어떨까? "이 수술을 받은 100명 가운데 10명이 5년 이내에 죽었습니다." 보통 사람이라면 의사의 말에 다소 충격을 받겠지. 아마 수술을 거부할 가능성도 높아질 거야.

실제로 두 말에 담긴 내용과 정보는 똑같아. '100명 중에 90명이 살았다'와 '100명 중에 10명이 죽었다'는 똑같은 내용을 다르게 표현할 뿐이지. 그런데도 우리는 각각의 표현에 다르게 반응하는 거야. 똑같은 정보를 어떻게 표현하느냐에 따라 생사가 걸린 판단이 달라질 수 있다니, 좀 섬뜩하지 않아? 재미있는 건 일반인만 그런 게 아니라는 거야. 의사들에게도 두 가지 표현을 제시했는데, 마찬가지로 각각 다르게 반응했어. 즉 그런 반응이 전문성의 문제와 별상관이 없다는 뜻이지. 우리가 아무리 합리적인 척해도 이렇게 사소한 표현 차이에도 휘둘리는 존재인 거야. 인간의 합리성은 그만큼 엉성하고 허술하지.

정보 1 – 가용성 편향

제목이 좀 어렵지? 쉽게 설명해 줄 테니까, 너무 겁먹지 마. 긴장을 푸는 의미로 간단한 게임을 하나 해 볼까. 머릿속에 2에서 9 사이의 숫자를 하나 선택해 봐. 그리고 그 숫자에 9를 곱해. 두 자리 숫자가 나왔지? 그 두 숫자를 더해. 예를 들어 75면 7+5, 이렇게 하면 돼. 이제 그 수에서 5를 빼. 마지막으로, 나온 숫자를 1은 A, 2는 B, 3은 C, 4는 D… 이런 식으로 알파벳으로 바꿔 봐. 다 바꿨으면

243

그 숫자에 해당하는 알파벳으로 시작하는 나라 이름을 생각해 봐. 이번에는 그 숫자에 1을 더해서 역시 알파벳으로 바꿔 볼까. 그 알파벳으로 시작하는 동물을 생각해 봐.

어때? 나라와 동물을 떠올렸어? 이제 내가 너희가 생각한 나라와 동물을 맞춰 볼게. 아직까지 제대로 따라 하지 않은 친구들은 읽던 걸 잠시 멈추고 꼭 생각해 보길 바라. 예전엔 나도 이런 비슷한 경우에 저자가 시키는 대로 하지 않았던 것 같은데, 그러지 말고 조금만 적극적으로 참여해 볼래? 자, 이제 정답을 공개할게. 정답은 덴마크와 코끼리야! 코끼리가 아니라면, 독수리! 어때, 맞지?

이제 이 신기한 게임의 비밀을 알려 줄게. 우선 2에서 9 사이에 있는 수는 뭐든 9를 곱해서 십의 자리와 일의 자리를 더하면 반드시 9가 나오게 돼 있어.[2] 가령 2×9는 18이고, 1+8는 9가 되잖아. 하나만 더 해 볼까. 3×9는 27이고, 2+7은 9가 되잖아. 2와 9 사이에 있는 수는 전부 다 그래. 신기하지?

이제 9에서 5를 빼면 4가 남지. 4에 해당하는 알파벳은 D가 되고. 다시 4에 1을 더하면 5가 되고, 5에 해당하는 알파벳은 E가 되겠지. 그렇다면 D로 시작하는 나라는 뭐가 있을까? 여기에 이 게임의 비밀이 숨어 있지. D로 시작하는 나라는 몇 개 안 되거든. 덴마크가 대표적이지. E로 시작하는 동물은 Elephant, 코끼리가 대표적이야.

---

2 사실, 더 정확히는 2~9만이 아니라 1을 제외한 모든 수가 그렇다. 가령 55 곱하기 9는 495니까 4+9+5는 18이 된다. 18을 다시 1+8로 하면 9가 나온다. 이 신기한 사실을 발견한 사람은 《이상한 나라의 앨리스》를 쓴 루이스 캐럴이다. 루이스 캐럴은 작가이기도 했지만 뛰어난 수학자이기도 했다.

물론 Eagle, 독수리도 있지만 대체로 코끼리를 많이 떠올리지. 이렇게 머릿속에 쉽게 떠오르는 것들에 의지해 사고하는 경향을 '가용성 편향'이라고 불러. 간단히 말해, 가용성은 쉽게 생각나는 성질 정도로 이해하면 돼. 어른들은 '치킨' 하면 대개 '맥주'를 떠올리지. '치맥'이라는 말도 있잖아.

예를 하나 더 들어 볼까. 심리학자 대니얼 카너먼 교수와 같은 대학의 언어학자 아모스 트버스키 교수는 인간의 판단과 결정에 관한 공동 연구를 진행했어.[3] 연구진은 실험 참가자를 모집해서 영어에서 첫 번째 글자가 r인 단어와 세 번째 글자가 r인 단어 중 어느 것이 더 많을지 추정하도록 했지. 참가자들은 첫 번째 글자가 r인 단어가 더 많다고 대답했어. 하지만 영어에선 세 번째 글자가 r인 단어가 세 배나 더 많지. 그럼 참가자들은 왜 r로 시작하는 단어가 더 많다고 답했을까? 상대적으로 r로 시작하는 단어가 머릿속에 쉽게

---

3 가용성 편향을 연구한 미국 프린스턴대학의 대니얼 카너먼 교수는 2002년 노벨 경제학상을 수상했다. 심리학자의 경제학상 수상이라니, 다소 의아스럽다. 카너먼 교수는 인간의 판단과 의사 결정 과정이 전통적인 경제학 규범과 다르게 이뤄질 수 있음을 보여 줬다. 전통적인 경제학에선 사람들이 불확실한 상황에서도 이성적으로 생각하고 판단한다고 여긴다. 그러나 카너먼 교수의 연구에 따르면 인간의 생각과 판단에는 다분히 이성적이라고 보기 어려운 부분이 많다. 카너먼의 업적은 이성에 기초할 거라 믿어 의심치 않았던 경제적 판단의 토대가 매우 허술함을 증명한 것이다.

대니얼 카너먼의 이름 옆에는 또 하나의 이름이 늘 따라다닌다. 바로 본문의 실험을 함께 진행한 아모스 트버스키다. 카너먼과 트버스키는 이스라엘 히브루대학의 동문이며 한때 모교에서 함께 연구하고 가르쳤다. 그들은 '주먹구구식 사고와 편향' 연구 프로그램을 중심으로 인간이 불확실한 상황에서 어떻게 의사 결정을 내리는지 연구했다. 그런데 안타깝게도 1996년 트버스키가 먼저 세상을 떠나고 말았다. 사망한 사람에겐 노벨상을 수여하지 않는다는 선정 원칙에 따라 카너먼만 노벨상을 수상했다. 기자회견장에서 한 기자가 "왜 어떤 논문에는 선생님 이름이 먼저 표기되고, 다른 논문에는 트버스키 이름이 먼저 표기되어 있죠? 기준이 뭔가요?" 라고 물었다. 카너먼은 이렇게 대답했다. "우리 둘은 서로 완전히 동의할 때까지 끊임없이 토론했지요. 그런 후에는 동전을 던져 제1 저자를 정했어요." 두 사람은 거의 평생을 같이 연구하며 위대한 지적 성취를 함께 이룬, 멋진 우정의 동반자였다.

떠올랐기 때문이야.

　심리학자 리처드 탈러는 미국인들에게 자살과 타살 중 어느 쪽이
더 많이 발생하는지 물었어. 대부분의 사람이 타살이 더 많이 발생
한다고 대답했지. 매스컴을 통해 자살보다 타살을 더 많이 접하기

때문에 그렇게 답했던 거야. 그러나 1983년을 기준으로 자살은 2만 7300건, 타살은 2만 400건으로 조사됐어. 사람들은 실제로 발생한 사건의 빈도가 아니라 자기 머릿속에서 쉽게 꺼내 쓸 수 있는 정보를 근거로 판단하는 경향이 있지. 우리가 어떤 문제에 부딪쳤을 때

가장 먼저 떠오른 정보를 경계해야 하는 이유야. 그 정보는 정답이 아니거나, 정답을 가릴 수 있거든. 결론적으로 가용성 편향은 어떤 사태를 객관적으로 파악하지 못하게 하고 주관적인 기억에 의존해 파악하게 만들지. 어떤 문제의 정답을 올바르게 도출해 내려면 머릿속에 가장 먼저 떠오른 정보에 의존하기보다 차분하게 따져서 생각해 볼 필요가 있어.

정보 2 - 기준점 오류

독일의 심리학자 잉그리치는 의사 결정에 영향을 미치는 외부 요인 중에서 기준점과 관련된 실험을 했지. 수습 변호사 177명에게 판사의 입장이 되어 강간 사건의 피고인에게 형을 선고하도록 했어. 그들은 증인 진술, 전문가 평가 및 사건과 관련된 중요 정보가 담긴 서류를 형법전^{刑法典}과 함께 전달받았지.

그런데 이 실험에는 한 가지 비밀이 숨어 있었어. 법정에서 사건을 재판하는 도중에 훼방꾼이 난입하도록 계획되어 있었지. 감정이 격한 소송 사건에선 가끔 일어날 수 있는 일인데, 이 실험에서는 사전에 치밀하게 계획된 난입이었어. 훼방꾼은 두 종류가 있었지. 첫 번째 훼방꾼은 피해자의 남자 친구인 척하며 법정에 들어가 "그놈한테 5년형을 언도하라"라고 소리쳤고, 두 번째 훼방꾼은 가해자의 친구인 척하며 "그 사람을 석방하라"고 외쳤어. 수습 변호사들은 잠시 이 해프닝을 겪은 뒤 형을 선고했지.

자, 수습 변호사들은 훼방꾼에게 영향을 받을까? 어차피 훼방꾼은 피해자나 피고인 등 사건 당사자와 관련된 사람이기 때문에 아무런 영향을 받지 않아야겠지. 공정한 판결이 되려면 당연히 그래야 할 거야. 그런데 결과는 놀라웠어. 수습 변호사들은 훼방꾼이 난입한 사건을 무시해야 한다는 걸 누구보다 잘 알고 있었지만, 영향을 받고 말았지. "그놈한테 5년형을 언도하라"고 외친 훼방꾼을 본 변호사들은 평균 33개월을 언도했어. 반면 "그 사람을 석방하라"고 외친 훼방꾼을 본 변호사들은 그보다 형기가 3분의 1 정도 짧은 평균 23개월을 언도했지.

이들은 아직 정식 판사가 아니라서 그렇게 판단했을까? 잉그리치는 이런 의문을 갖고 정식 판사 158명을 연구했지. 판사들을 A, B, C그룹으로 나눠 강간 사건의 판결을 살펴봤어. 강간은 독일 형법상 법정형이 5년이야. A그룹에서는 검사 구형이 2년이었고, B그룹에서는 10년이었고, C그룹에서는 구형에 대한 언급이 전혀 없었지.

결과는 B그룹과 C그룹 판사들의 판결은 평균 57.2개월과 57.5개월로 거의 비슷하게 나왔어. 하지만 검사 구형이 2년으로 짧았던 A그룹 판사들의 양형 평균은 42.5개월로 큰 차이를 보였지. 검사 구형 2년이 법적으로 불가능할 정도로 낮은데도 판사의 판단에 영향을 미친 거야. 이 실험을 통해 경험이 풍부한 판사들조차 검사의 구형에 영향을 받는다는 사실을 알 수 있지.

고도의 훈련을 받은 이들조차 이런 판단 착오를 일으킨다면 평범한 우리도 그와 같은 오류에서 결코 자유롭지 않겠지. 이런 착오는 왜 생기는 걸까? 외부에서 주어진 기준점에 따라 판단을 내리기 때문이야. 그래서 이를 '기준점 오류'라고 부르지. 기준점 오류는 사람들이 어떤 값을 추정하거나 결정을 내릴 때 일정한 기준점에 따라 판단하는 현상이야. 백화점에서 진행하는 할인 행사가 싸 보이는 것이 대표적이지. 실제 원가 기준에선 전혀 싸지 않은데도, 가격표에 적힌 정가를 기준점으로 여기다 보니 싸다고 착각하는 거야.

정보 3 - 정보가 많으면 배가 산으로 간다

많은 어른들이 주식 투자를 하지. 대부분은 벌기보다 잃기 십상이야. 그런데 신기하게도 이른바 주식 고수라는 사람들이 있어. 남들은 다 손해를 보는데도 승승장구하지. 왜 그럴까? 사람들은 주식고수들이 더 많은 정보를, 더 특별한 정보를 손에 쥐고 있다고 생각하지. 정말로, 정보만 많으면 주식 대박을 낼 수 있을까?

심리학자들은 정보의 양이 사람들의 의사 결정에 어떤 영향을 미치는지를 연구했어. 먼저 주식 애널리스트를 대상으로 한 실험부터 살펴볼까. 주식 애널리스트들에게 15개 기업의 4분기 실적을 예측하도록 했지. 이때 정보의 양이 다른 3종류의 분석지를 제공했어. 첫 번째 분석지는 기업의 가장 기본적인 정보만을 담고 있고, 두 번째, 세 번째 분석지로 갈수록 기본 정보 외에 추가적인 정보를 늘려 갔지. 이 실험에서 주식 애널리스트들은 정보의 양이 늘어날수록 자신들의 실적 예측에 더 강한 자신감을 보였어. 그러나 예측 정확도는 오히려 단계가 올라갈수록 떨어졌지.

비슷한 결과는 일반인을 대상으로 한 실험에서도 확인됐어. 일반인들에게 4대의 자동차를 보여 주고 자동차와 관련된 정보를 4가지와 12가지로 각각 제공했지. 4가지의 정보만을 제공했을 때는 실험 참가자의 60퍼센트가 최고 품질의 자동차를 골라냈어. 하지만 정보의 양을 12가지로 늘리니까 고작 20퍼센트만이 최고 품질의 자동차를 가려냈지. 오히려 더 많은 정보가 주어질수록 합리적인 의사 결정을 방해한 셈이야. 이처럼 많은 정보가 꼭 좋은 판단으로 이끄는 건 아니지. 어느 정도의 정보는 필요하겠지만, 정보의 양이 무한정 늘어나면 인간의 사고 능력이 이를 제대로 따라가지 못하지. 경제학자 장하준의 지적대로 어떤 결정을 내릴 때 "중요한 문제는 정보의 부족이 아니라 정보를 처리하는 우리 능력의 한계야."《그들이 말하지 않는 23가지》, 233쪽)

캐나다 토론토대학의 클레이 차이 교수에 따르면 남보다 지식이 많을수록 자신의 판단이 절대적으로 옳다고 믿는 경향이 강해진다고 해. 그런 사람일수록 자신감이 지나쳐서 '내가 하는 말은 절대로 옳다'는 독선의 함정에 빠지기 쉽지. 차이 교수는 실험 참가자들에게 정보의 양을 달리 주고 어떤 판단을 내리도록 했어. 그리고 그 판단에 대한 실험 참가자의 입장을 조사했지. 주어진 정보가 6개였을 때는 "내 판단이 옳다"고 대답한 사람이 68퍼센트였지만, 주어진 정보를 30개로 늘리자 자기 판단이 옳다고 대답한 비율이 79퍼센트로 늘어났어. 무식하면 용감하다는 말도 있지만, 오히려 이 실험은 많은 정보를 가진 사람일수록 자신의 오판 가능성을 닫아 두고 있다는 사실을 보여 주지. 그야말로 유식해서 용감해진 셈이야.

감각 1 - 감각을 유혹하는 것들

우리는 언어나 숫자, 기준점 말고도 수많은 것들에 의해 영향을 받지. 특히 현대사회에서는 감각적인 유혹들이 무수하게 눈짓과 손짓을 보내고 있어. 상품과 서비스를 팔고자 하는 기업이나 상인 등은 향기, 소리, 색깔, 접촉 등을 매개로 우리의 잠재의식 속에서 의사 결정에 영향을 미치려 하지.

향기는 우리에게 중요한 영향을 미치는 자극 중 하나야. 앨린 허시는 실험을 위해 똑같은 나이키 운동화를 동일한 조건의 두 방에 놓았어. 그리고 한쪽 방에만 꽃향기가 나는 향수를 뿌리고 다른 방에는 뿌리지 않았지. 어떤 일이 일어났을까? 실험에 참가한 소비자의 84퍼센트는 향기가 나는 방에 전시된 나이키 운동화를 더 선호했어. 또한 향기가 나는 방에 전시된 운동화가 그렇지 않은 운동화보다 평균적으로 10.33달러 더 비쌀 거라고 추정했지. 어떤 향기에 노출되느냐에 따라 똑같은 운동화를 다르게 평가하다니, 그저 신기할 따름이지.

1995년 '향기와 맛 치료 연구재단'이 라스베이거스 힐튼호텔 카지노에서 실시한 실험 역시 향기의 영향력을 잘 보여 주지. 공기 중에 좋은 향수를 뿌린 다음 손님들의 슬롯머신 베팅 액수를 비교해 본 결과, 베팅 액수가 45퍼센트나 늘었다고 해. 향수가 공포심을 관장하는 뇌 편도체의 작용을 억제해 베팅 액수를 키운 거야. 또 주변에 향수를 뿌린 슬롯머신과 그렇지 않은 슬롯머신을 비교해 보니 향수를 뿌린 쪽의 방문객이 30퍼센트 정도 더 오래 머물렀어.

향기 마케팅의 대표 주자는 싱가포르 항공이야. 싱가포르 항공은 비행기 안에 '스테판 플로리디안 워터스'라는 고급 향수를 뿌린다고 해. 이 향수는 승무원들도 사용하고, 기내의 물수건에도 뿌려지지. '스테판 플로리디안 워터스'의 향기는 어느새 싱가포르 항공의 트레이드마크가 되었어. 향기가 곧 브랜드가 된 거지. 최근 국내에서도 향기나 냄새를 이용한 마케팅이 주목받고 있어. 대상 청정원은 국내 최초로 사과로 만든 올리고당을 출시하면서 진열대 근처에 향긋한 사과향이 풍기도록 했지.

소리의 영향 역시 빼놓을 수 없을 거야. 영국의 아드리안 노스 연구팀에 따르면, 소리 역시 의사 결정에 직접적인 영향을 미치지. 와인 매장에서 이루어진 실험이야. 프랑스 음악을 틀면 소비자의 77 퍼센트가 프랑스산 와인을 구입했고, 독일 음악을 틀자 독일산 와인을 더 많이 샀지. 그러나 구매 고객들 중에서 배경음악을 직접적인 구매 동기로 꼽은 사람은 딱 한 사람밖에 없었어. 레스토랑에선 대중음악보다 클래식이나 템포가 느린 음악을 틀 때 사람들이 돈을 더 많이 쓴다고 해. 소리는 구매 행동뿐만 아니라 사회적 행위에도 영향을 미치지. 가령 런던 지하철에서는 클래식 음악을 틀자 범죄가 줄었어. 시설물 파괴는 37퍼센트, 강도 사건은 33퍼센트, 역무원에 대한 폭행은 25퍼센트 감소했지.

음악 소리 말고도 음식을 씹는 소리나 상품을 개봉하는 소리도 우리에게 영향을 줄 수 있어. 가령 프링글스 포테이토칩 캔을 개봉할 때 나는 소리는 입맛을 다시게 하는 신선함을 연상하도록 개발됐지. 캘로그는 자사의 시리얼을 씹을 때 나는 아삭하는 소리를 디자인하기 위해 여러 해 동안 연구했어. 그래서 캘로그 시리얼을 씹을 때 나는 소리는 캘로그만의 독특한 테마 사운드를 가지고 있다고 하지. 오랜 연구와 노력으로 개발된 소리들은 미국에서 법으로 보호받고 있어. 미국에서 소리 상표는 1950년대부터 출원됐지. 냄새 상표는 그보다 늦은 1990년부터 출원되기 시작했어.

색깔 역시 우리가 어떤 대상을 평가할 때 미묘한 영향을 미치지. 프레젠테이션을 할 때 컬러 슬라이드는 흑백 슬라이드보다 고급 데이터를 갖추고 있다는 인상을 주지. 남성은 여성의 사진을 흰색이나 파란색 등을 배경으로 해서 보여 주는 것보다 빨간색을 배경으로 보여 줄 때 육체적인 매력과 성적 호감을 더 느낀다고 평가해. 실제로 프랑스 남브레타뉴대학 연구팀이 레스토랑의 여성 종업원 11명에게 각각 다른 색깔의 옷을 번갈아 입히고 6주 동안 근무하게 했어. 종업원들은 흰색, 검정색, 노란색보다 빨간색 옷을 입었을 때 팁을 가장 많이 받았지. 또 버지니아대학 연구팀은 인터넷 경매 사이트에서 상품을 소개할 때 배경을 빨간색으로 하면 고객들이 더 높은 값을 부른다는 연구 결과를 발표하기도 했어.

가벼운 접촉 역시 의사 결정에 영향을 미치지. 〈사이언스〉에 발표된 미국 예일대학의 연구 결과에 따르면, "첫인상을 좌우하는 것은 사람의 신체 컨디션이고, 악수 등을 할 때 손이 따뜻하면 좋은 인상을 주지만 반대로 차가우면 부정적인 인상을 준다"고 해.[4] 고객과 가볍게 접촉한 웨이터는 그렇지 않은 웨이터보다 더 많은 팁을 받지. 탄원서에 서명을 해 달라는 요청을 받은 사람들은 가벼운 신체 접촉이 있을 때 서명할 가능성이 더 높아. 의사가 1~2초 정도 팔뚝을 만진 환자는 그렇지 않은 환자보다 약물 치료 요법을 더 충실하게 따르는 경향을 보이지. 남성이 여성보다 그럴 확률이 더 높다고 해.

4　온기와 관련해서는 '따뜻한 커피 효과'라는 것도 있다. 미국 뉴욕대학의 존 바그 교수가 실험을 통해 밝혀냈다. 면접관 10명 중 5명에겐 따뜻한 커피를 주고 다른 5명에겐 시원한 콜라를 줬다. 지원자나 면접 질문 등 모든 조건이 같은 상태에서 면접관들의 평가 결과를 비교해 봤다. 따뜻한 커피를 마신 면접관 쪽에서는 합격이 많았지만, 시원한 콜라를 마신 경우에는 불합격이 훨씬 많았다.

누구나 그런 경험들이 있을 거야. 배는 많이 고픈데 밥을 먹을 수 없어서 신경이 곤두선 경험 말이야. 배고픔이나 수면 부족 등도 우리의 판단을 심각하게 왜곡할 수 있어. 특히 조종사, 의사 등 판단 착오나 실수가 치명적 결과로 이어질 수 있는 직업일수록 이런 문제에 더 주의를 기울여야겠지. 실제로 일부 조종사 훈련 교본은 배고픔이 판단을 흐릴 수 있다고 경고하고 있어. 배고픔은 외과 의사가 실수를 범하는 주요 외부 스트레스 요인 중 하나로도 꼽히지.

이스라엘의 심리학자 사이 댄지거는 이스라엘 법원의 가석방 결정을 분석했어. 8명의 가석방 전담 판사들이 내린 1112건의 가석방 판결이었지. 댄지거는 가석방 전담 판사들이 가석방 허가를 결정하는 주요 요인은 재소자의 죄질이나 인종, 성별이 아닌 판사 자신이 간식을 먹었느냐의 여부인 것으로 밝혀냈어. 누군가의 자유를 구속하는 결정이 판사의 허기에 달려 있다니, 놀라울 따름이지.

판사가 과일이나 샌드위치 같은 간식을 먹는 시간인 10시 바로 직전에 재소자가 판사 앞에 서게 된다면 이는 대단히 나쁜 타이밍이야. 이 시간대에 가석방 허가를 받을 확률은 거의 0퍼센트에 가까웠거든. 반면에 간식을 먹은 직후에는 가능성이 65퍼센트로 치솟았어. 점심시간 직전도 나쁜 시간대야. 이때도 가석방 확률이 10퍼센트에 지나지 않았지. 점심 식사 후에는 다시 65퍼센트까지 치솟았어. 유독 이스라엘 판사들이 배고픔에 민감한 걸까? 그렇지는 않겠지. 배고픔과 같은 본능적 욕구는 우리의 사고와 결정에 근본적인 영향을 줄 수 있어. 심리학자 조너선 하트는 "감정이라는 꼬리가 합리적인 개의 몸통을 흔든다"라고 했지.

미국 사우스다코타대학의 왕 샤오텐과 로버트 드보락 교수는 배고픔이 경제적 결정에 어떤 영향을 미치는지 알아보는 실험을 했어. 실험 참가자들은 최소 3시간 이상 아무것도 먹지 않고 실험에 참가했지. 설문 조사를 하는 것처럼 위장하고, 실험 중간의 휴식 시간에 참가자들에게 음료수를 제공했어. 한 집단에는 설탕이 든 일반 콜라를, 다른 집단에는 설탕이 들어 있지 않은 다이어트 콜라를 줬지. 물론 참가자들은 콜라의 차이를 전혀 알 수 없었어.

그러고 나서 두 가지 선택지 중 하나를 택하도록 했지. 내일 당장 90달러를 받는 경우와 먼 훗날인 939일 후에 570달러를 받는 경우 두 가지였어. 실험 결과, 설탕이 든 콜라를 마신 집단은 차분히 기다려서 나중에 큰 금액을 받는 쪽을 선택하는 경향이 강했지. 반면에 무설탕 다이어트 콜라를 마신 집단은 적은 금액을 당장 받는 쪽을 선택하는 경향이 강했어. 그러니까 배가 고프고 혈당이 떨어진 상태에선 중요한 결정을 신중하게 처리할 필요가 있지. 가능하면 결정을 미루고 허기부터 채우는 게 낫겠지. 그렇지 않으면 충동적으로 잘못된 투자 결정을 내릴 수 있으니까.

배고픔뿐만 아니라 수면 부족도 판단을 흐리게 만들지. 스리마일섬 원전 사고, 체르노빌 원전 사고, 세계 최대의 해양오염을 일으킨 엑슨발데즈 호의 원유 유출 사고 등은 모두 이른 아침 시간에 발생했어. 이 사고들을 조사한 결과, 공통적으로 관련자들의 수면 부족이 사고 발생에 상당한 영향을 미쳤다는 사실이 밝혀졌지. 수면 부족은 집중력, 기억력, 인지능력을 전반적으로 떨어뜨리지. 수련의 2737명을 조사한 연구에 따르면, 24시간 이상 근무했을 때 주사바늘 등으로 환자에게 부상을 입힐 가능성은 두 배로 늘어났어. 한국의 교통사고 사망 원인 1위도 졸음운전이야.

뇌가 수면 부족에 시달리게 되면 어떤 결정의 장단점을 정확하게 판단하기 어렵지. 그리고 침착함을 잃거나 충동적인 모습을 보일 수 있어. 또, 위험할 정도로 지나친 자신감을 보이기도 하지. 즉 상황을 안일하게 보게 만드는 거야. 빌 클린턴 미국 전 대통령은 2008년 CNN과의 인터뷰에서 이렇게 말했어. "길었던 제 정치 인생에서 제가 했던 실수 대부분은 지나치게 피곤할 때 내린 결정이었습니다. 사람들은 피곤하지 않을 때 더 나은 결정을 내립니다. 이것이 제가 할 수 있는 유일한 조언입니다."

어떻게 판단해야 할까?

언어의 이면을 보자

지금까지 살펴본 것처럼 정보나 질문이 어떻게 주어지느냐에 따라 우리의 판단은 달라질 수 있지. 우선 냉정하게 이 현실을 받아들여야 해. '나는 늘 합리적이다'가 아니라 '나는 언제든 속을 수 있다'고 인정할 때 오히려 쉽게 속아 넘어가지 않을 수 있지. 우리는 스스로 합리적이라고 생각하지만, 실은 대강 생각할뿐더러 자기가 원하지 않는 자극과 꼬임에 쉽사리 걸려들지.[5] 중요한 판단을 내리

---

5   어쩌면 인간은 합리적 존재가 아니라 합리화하는 존재인지도 모른다. 다시 말해 합리적으로 사고하고 행동하는 게 아니라, 먼저 행동하고 나서 이후 그 행위를 합리화하는 것이다. 부정행위와 관련된 실험은 이 사실을 잘 보여 준다. 실험은 부정행위에 대한 아이들의 생각을 묻는 것으로 시작된다. 설문 조사 후에 아이들은 간단한 시험을 치르면서 부정행위를 하도록 유도된다. 아이들은 반 정도가 부정행위를 저지르고, 반 정도는 그렇지 않다. 시험이 끝난 뒤에, 아이들에게 같은 질문을 던져 보면 답변 내용이 처음보다 더 극명하게 갈라진다. 부정행위를 저지른 아이들은 실험 전보다 더 부정행위에 관대해지고, 부정행위를 저지르지 않은 아이들은

기 전에 자기에게 주어진 정보나 질문을 다시 구성해 보면서 자신의 반응을 점검할 필요가 있어. 물론 주어진 정보나 질문을 재구성하는 일이 그리 쉽진 않지. 다만 언어가 우리를 속일 수 있다는 사실을 분명히 인식하고 있다면, 그나마 조금이라도 언어의 마수를 눈치챌 수 있을 거야.

예를 들어 어떤 음료수 라벨에 '95퍼센트 무가당'이라고 써 있다고 해 볼까. 다이어트에 신경 쓰는 여성이라면 이런 문구를 보고 음료수 구입을 결정할 수 있겠지. 하지만 '95퍼센트 무가당'이라는 정보는 다시 말해 5퍼센트의 당분을 포함하고 있다는 의미잖아. '95퍼센트 무가당'과 '5퍼센트 당분'은 의미는 똑같지만 느낌은 전혀 다르지. '95퍼센트 무가당'에서 느껴지던 가벼움(살이 전혀 안 찔 것 같은 느낌)이 '5퍼센트 당분'에선 전혀 느껴지지 않잖아. 당연히 사고 싶은 마음도 덜 들 거야. 실제 실험에서도 압도적 다수가 5퍼센트의 당분 포함 주스보다는 95퍼센트 무가당 주스를 선택한다는 사실이 확인됐지. 쉽진 않겠지만, 이렇게 같은 정보를 다른 표현으로 바꿔서 이해하려는 노력이 필요해. 그렇게 했는데도 사고 싶은 마음이 든다면 그때 사면 되겠지.

언어는 인간에게 매우 중요한 의사소통 수단이지. 그러나 우리는 언어가 지닌 침투력에 너무나 둔감해. 자기 의견을 형성하고 판단을 내리는 과정에서 우리가 언어의 미묘함에 얼마나 취약하게 반응

더 강하게 부정행위를 비판한다.

하는지는 믿기 힘들 정도야. 사소한 단어나 표현의 차이가 의식하지 못하는 사이에 우리의 의사 결정에 중대한 영향을 미치는 사례는 너무도 많아. 가령 영국의 카디프대학에서 최우수 성적을 받은 여학생의 비율은 34퍼센트 정도였어. 그런데 답안지에 이름을 쓰지 말도록 하자 그 비율이 47퍼센트로 올라갔지.

비슷한 사례는 또 있어. 심리학과 교수 238명을 대상으로 교수직에 지원하는 두 사람의 이력서를 평가해 달라는 실험을 진행했지. 두 이력서는 이름을 제외하고 완전히 똑같았어. 하나는 남자 이름이고, 다른 하나는 여자 이름이었지. 다들 예상하는 것처럼 전체 교수 가운데 4분의 3이 남자 이름의 이력서를 추천했어. 여기에는 두 가지 가능성이 있지. 첫째는 이름이 무의식중에 영향을 미쳤을 가능성이고, 둘째는 남자 이름이라는 걸 알고 일부러 추천했을 가능성이야. 두 번째 경우도 문제가 되겠지만, 첫 번째 경우라면 더더욱 문제겠지.

우리는 겉으로 드러난 이름이나 표현의 이면을 보려고 노력해야 해. 이를 위해 이름이나 광고 문구 등을 가리고 제품이나 사람을 대할 수 있겠지. 가령 책을 고를 때 제목을 아예 안 볼 순 없겠지만, 최소한 목차나 머리말 정도는 확인하고 책을 골라야겠지. 그리고 앞서 봤던 제목이나 표지 등을 가능한 배제하고 이런 내용의 책이라면 사서 읽을 만한지 판단해야겠지. 특히 답안지를 채점하거나 이력서를 심사하는 자리에 있는 사람이라면 더욱 그래야 할 거야.(그래 봤자 이력서의 경우에는 바로 옆에 사진이 있긴 하지만.) 마트에서 찬거리를 고를 때, 누구에게 투표할지 고민할 때, 누구를 선발하거나 채용할지 결정할 때, 시험지나 과제물을 채점하거나 평가할 때, 재판관 자격으로 판결을 내릴 때, 우리는 보다 신중해질 필요가 있지.

또한, 숫자에 대한 두려움을 버려야 해. 많은 사람이 책을 읽는 중간에 숫자가 나오면 읽는 속도가 현저히 떨어지거나 대충 보고 넘기는 경향이 있지. 숫자가 나오면 무언가 어렵고 복잡해진다고 생각하기 때문이야. 그러나 전문직인 서적이 아닌 이상, 숫자가 나온다고 해서 특별히 어려워지거나 복잡해지는 건 아니지. 그러니까 숫자가 나온다고 무조건 두려워하지 않아도 돼. 바르고 정확한 판단을 위해서도 우리는 숫자에 대한 두려움을 버릴 필요가 있지.

속이는 세상에서 속지 않는 법

가용성 편향에 대해선 어떻게 대처해야 할까? 머릿속에 가장 먼저 떠오른 정보를 일단 의심하는 노력이 필요하지. 우리는 대개 가장 먼저 떠오른 게 정답이라 생각하지만, 실제로는 그렇지 않을 가능성이 높아. 가령 흡연과 비행기 사고 중에서 뭐가 더 위험할까? 아마도 비행기 사고라고 생각하기 쉬울 거야. 질문을 듣자마자 단번에 비행기 추락 사고가 떠오르겠지. 대중매체를 통해 종종 접하는 비행기 사고의 강렬한 인상 때문에 추락 사고가 우리 머릿속에 선명히 각인된 탓이야. 비행기 추락 사고는 끔찍하고 충격적이어서 우리의 뇌리에 깊이 박히지. 반대로 폐암에 걸린 흡연자가 죽는 장면은 직접 보는 일이 드물잖아.

그러다 보니 사람들은 흡연으로 인한 폐암보다 비행기 사고를 더 쉽게 떠올리게 되지. 그러고는 비행기 사고가 흡연보다 더 위험하고 죽을 확률도 높다고 추론해 버리는 거야. 그러나 폐암 환자의 86퍼센트가 진단을 받은 지 5년 안에 사망한다고 해. 폐암의 가장 큰 원인은 흡연이야. 폐암의 약 85퍼센트가 흡연 때문에 발생하는 것으로 보고되지. 반면에 비행기 추락 사고의 확률은 6천만 분의 1에 불과해. 폐암의 경우는 한국에서만 한 해에 1만 7천 명이 목숨을 잃는 반면에, 비행기 사고는 전 세계를 다 합쳐도 한해에 500명가량만이 목숨을 잃지.[6] '머릿속에 가장 먼저 떠오른 놈은 함정이다!' 그렇게 생각한다면 가용성 편향에 덜 빠질 수 있을 거야.

기준점 오류도 마찬가지야. 가용성 편향에서처럼 기준점이 어떤 경로로 자기 머릿속에 자리 잡았는지 고민하지 않고 결정을 내리지. 자기도 모르는 사이에 자리 잡은 부적절한 숫자나 정보 등을 기준으로 중요한 결정을 할 수도 있겠지. 어떻게 해야 이런 불상사를 줄일 수 있을까? 세뇌든 우연이든 머릿속에 단단히 고정된 기준점을 당연하게 받아들이지 말고 의심할 필요가 있어. 마음 밭에 뿌리내린 기준점이 정말 주의를 기울일 만한 가치가 있는 기준점인지 말이야. '내 머릿속의 기준점은 부적절하게 오도되거나 조작된 것은 아닐

---

6 비슷한 관점에서 우리는 교통사고와 비행기 사고를 비교해 볼 수도 있다. 자동차 타는 것은 두려워하지 않으면서, 비행기에 대해서는 유독 공포스러워하는 사람들이 있다. 그러나 통계의 관점에서 객관적으로 보자면 이들의 공포는 헛되고 근거 없는 것이다. 왜냐하면 전 세계적으로 한 해에 비행기 사고로 천 명 이하가 희생되지만, 교통사고로는 무려 130만 명에 달하는 사람이 사망하기 때문이다. 많은 사람이 거의 매일 이용하는 자동차가 비행기보다 훨씬 위험하고 끔찍한 교통수단인 셈이다.

까?' 이런 식으로 스스로에게 끊임없이 되묻는 거야.

더불어 기준점이 어떻게 생겨났는지에 대해서도 따져 물을 수 있겠지. 내가 스스로 설정한 것인지, 타인이 내게 준 정보에 따라 설정된 것인지에 대해서 말이야. 우리에게 정보를 전해 준 사람이 있다면 그이가 누구인지, 어떤 의도를 가지고 있는지, 그 의도가 나에게 어떤 영향을 미치는지 등에 대해서도 함께 고민할 수 있겠지. 연구에 따르면 이런 질문을 하는 것만으로도 기준점 오류에서 어느 정도 벗어날 수 있다고 해. 이런 질문들은 오도된 기준점과 유인책을 거르는 렌즈가 되어 우리가 한층 뚜렷한 시각에서 대상을 판단할 수 있도록 도와주지.

더 나아가 우리가 스스로 새로운 기준점을 찾을 수 있다면 더없이 좋겠지. 어차피 기준점이란 절대적인 게 아니니까. 조금만 상상력을 발휘하면 새로운 기준점을 쉽게 찾아내거나 떠올릴 수 있지. 그렇게 찾아낸 새 기준점으로 기존 기준점을 대체한 뒤에 어떻게 판단하고 결정할 것인지 고민하면 좋을 거야. 가령 집을 구하러 다닌다고 해 볼까. 부동산 업자들은 대개 비싸고 좋은 집을 먼저 보여주고 점차 낮은 가격의 집을 보여 주는 편이야. 그러다 보면 처음에 본 고가의 주택이 슬그머니 기준점으로 자리 잡게 되지. 더 넓고 깨끗한 집에서 살고 싶은 마음이야 누구나 비슷하니까.

그런데 그런 집들을 보지 않은 상태에서의 결정과 보고 나서의 결정은 달라질 수밖에 없겠지. 어쩌면 현재 자신의 재정 여건에서 좀 무리를 해서 다소 비싼 집을 선택하는 경우도 있겠지. 누구나 다 그렇다는 게 아니라, 어떤 이들은 그럴 수도 있다는 거야. 따라서 부동산 업자가 보여 준 최초의 주택을 머릿속에서 지우고 다른 기준점을 찾아봐야 해. 다른 기준점을 멀리서 찾을 필요는 없어. 현재 자신이 살고 있는 집이 더없이 좋은 기준점이 아니겠어? 이렇게 확실한 기준점이 있는데도, 우리는 남이 제시한 엉뚱한 기준점을 가지고 엉뚱한 결정을 내리려 하는 거야. 자신이 가진 좋은 지도는 거들떠보지도 않고 남이 건네준 엉뚱한 지도를 보며 길을 찾아가는 것과 같지.

감각적 자극에는 어떻게 대처해야 할까? 감각적 자극에서 벗어나기란 대단히 어려운 일이야. 우리가 몸을 가지고 살아가는 한 아무 자극도 없는 진공 상태에 있는 것처럼 행동할 순 없겠지. 현대인은 어디서나 감각적 자극에 무방비로 노출되어 있어. 게다가 감각적 자극은 의식보다 잠재의식을 파고들기 때문에 알아채기도 쉽지 않지. 따라서 어떤 판단을 하고 결정을 내릴 때 주변에 아무것도 없는 것처럼 행동하기가 쉽지 않아. 이때 좋은 방법은 잠시 판단을 미루고 숨을 고르는 거야. 향기나 빛깔, 배경음악 등이 우리를 잡아끄는 환경에서 일단 벗어나 생각에 여백을 주면 보다 나은 판단을 할 수 있어.

가령 신발가게에 들어갔는데, 아주 맘에 드는 운동화를 발견했다고 해 볼까. 이때 바로 사지 말고 다른 매장을 좀 더 둘러보는 거지. 강렬한 자극이 넘실대는 환경에서 벗어나 자극의 영향력을 약화시키는 거야. 그리고 잠시 생각할 여유를 갖는 거지. 아주 짧은 시간일 수 있지만, 그 시간이 좋은 결정과 나쁜 결정을 가를 수 있어. 그러고 나선 한 번 더 고민해 보면 좋겠지. 운동화 매장에서 풍기던 은은한 향기 탓에 그곳의 신발들이 더 멋져 보였던 건 아닐까, 그렇게 생각해 보는 거야. 그래서 아무런 냄새가 나지 않는다고 상상하면서 마음에 들었던 운동화를 다시 떠올려 보는 거지. 비록 완벽하진 않겠지만, 효과가 아예 없진 않을 거야.

미지막으로 중요한 판단을 내릴 때는 정신뿐만 아니라 몸도 잘 가다듬을 필요가 있어. 사람들은 몸과 정신을 나눠서 생각하는 경향이 있지. 본능이나 욕구는 몸의 영역에 속하고, 판단이나 결정은 정신의 몫이라고 말이야. 그러나 여러 연구와 실험은 생리적인 욕구가 의사 결정에 결정적인 영향을 미친다는 사실을 보여 주지. 따라서 중요한 판단을 내릴 때는 배고픔이나 피곤함 같은 생리적인 욕구부터 먼저 해소하는 게 좋아. 중요한 결정을 내리기 전후에는 자신이 올림픽이나 월드컵 같은 큰 운동경기에 출전하는 선수처럼 생활하는 것도 괜찮겠지. 잠을 잘 자고 식사를 잘하는 등 컨디션 조절을 잘해야 정상적인 조건에서 정상적인 판단을 할 수 있으니까.

개인적 합리성을 넘어서

몰상식은 상식에서도 나온다

지금까지 개인적 차원에서의 합리성에 대해서 논했지만, 사실 더 중요한 것은 사회 전체의 합리성이야. 개인들이 아무리 합리적으로 행동한다 해도, 그것이 모였을 때 꼭 합리적이라는 법은 없거든. 사회학자 노명우는 이렇게 말하지. "사람들은 각자 상식적인 판단을 한다. 단지 각자의 상식적인 판단이 모였을 때, 무시무시한 몰상식이 생겨난다."《세상물정의 사회학》, 26쪽) 합리성의 역설이야. 우리가 합리적 판단을 위해 아무리 노력한다 해도, 그것은 필연적으로 제한된 합리성일 가능성이 높지. 경제학자 케인스가 오래전에 보여준 통찰처럼, 개인에게 합리적인 선택이더라도 사회 전체에는 합리적이지 않을 수 있어.

가령 경제가 침체되면 회사와 노동자는 지출을 줄이기 마련이지. 기업 입장에선 수요 감소에 대비하고, 노동자 입장에선 임금 삭감과 실업에 대비하기 위해서야. 그런데 모든 경제 주체들이 그렇게 행동한다면, 상황은 더욱 나빠질 수밖에 없겠지. 그런 식의 경제 행위가 사회 전체로 확산되면 총수요는 감소하고 기업 실적은 더욱 나빠지지. 결국 기업은 줄줄이 파산하고 노동자는 일자리를 잃을 수밖에 없어. 개인에게 최선의 선택이 사회에는 최악의 결과를 낳는 셈이지. 즉, 합리적 의도를 가지고 한 행동이 사회 전체적으로 비합리적 결과를 초래하는 거야.

　우리 사회를 예로 들어 볼까. 이과생들이 기초과학을 멀리하고 돈을 잘 번다는 이유로 의대에 진학하고, 의대생들은 돈벌이가 잘 된다며 성형외과로 몰리고 있지. 만약 모든 이과생들이 의대 진학을 원하고, 또 모든 의대생이 성형외과 전문의가 되려고만 한다면, 아플 때는 정작 누가 치료해 줄까?(물론, 그런 일이 실제로 일어나긴 힘들겠지. 원한다고 모두가 의대생이 되고, 성형외과 전문의가 되는 건 아니니까. 그때도 누군가는 치료해 줄 거야. 다만 가장 똑똑한 의사가 아니라 덜 똑똑한 의사일 가능성이 높지. 가장 똑똑한 의사들은 얼굴을 뜯어고치고 있을 테니까.) 이는 분명 상식에서 벗어난 상황이지. 이쯤 되면 합리성이 그리 단순한 문제가 아니란 사실을 알 수 있을 거야. 대체로 우리는 합리성을 경제적 관점에서 생각하지. 자기에게 무엇이 이로울지 가장 잘 아

는 개인이 자기가 가진 한정된 자원으로 최대한의 욕망을 충족시키기 위해 내리는 선택, 그게 바로 합리적인 선택이라고 말이야. 그런데 여기에서 확인할 수 있는 것처럼 (경제적) 합리성에는 윤리적으로 올바르다거나 사회적으로 바람직하다는 의미는 전혀 없어.

자본주의 사회에서 어떤 결정이 돈이 되는가는 대단히 중요하게 여겨지지. 사람의 능력도, 자연의 가치도 모두 돈이라는 절대자이자 지배자에 의해 판단되잖아. 돈을 벌어들이지 못하는 능력은 가치 없는 능력, 즉 무능력으로 전락하게 되지. 돈이 안 되는 것들은 시장에서 철저히 배제되고 축출될 따름이야. 현재 재배되는 상업용 작물의 품종은 100년 전과 비교해서 4퍼센트밖에 안 된다고 해. 환금성이 떨어진다는 이유로 토종 작물들이 대거 땅에서 쫓겨난 결과야. 상품성이 떨어지는 품종들은 가차 없이 버려지고 사라지지.

가장 큰 문제는 종의 단일화가 가져올 생태계의 취약성이야. 단일한 작물을 대량으로 재배하는 단작화는 생태계에 커다란 재앙을 불러올 수 있지. 가장 잘 알려진 사례는 19세기에 발생한 아일랜드의 감자 기근이야. 19세기 아일랜드의 주식은 감자였어. 그런데 1845년 아일랜드에 감자 잎마름병이 유행하면서 감자밭이 쑥대밭이 되고 말았지. 재배하던 감자가 한 종이었던 탓에 병해가 순식간에 아일랜드 국토를 덮쳤어. 결과는 참혹했지. 무려 100만 명이 굶어 죽고 300만 명이 아일랜드를 떠나야 했어. 만약 여러 종자의 감자가 재배되었더라면, 대량 아사의 참사는 일어나지 않았을지도 몰라.

　농부들 입장에선 품질과 수확량이 좋은 외
래 종자를 사서 심는 게 당연하지. 그게 그들
에겐 자연스러운 상식이야. 그런데 그 상식이
몰상식을 만들어 내는 거지. 그렇다면 어떻게
해야 할까? 하나의 상식이 세상을 휩쓸지 않

환금성에서 밀린 탓에
토종 작물 대신 단일
품종이 대량으로 경작되고
있다. 그러나 그것이
초래한 생태계의 파괴는
어떤 재앙을 불러올지
아무도 예측할 수 없다.

도록 해야 해. 즉, 다양한 상식이 공존하고 경합하는 사회를 만들어
야지. "상식과 상식이 서로 견제할 때는 몰상식이 생겨나지 않는다.
하나의 상식만이 존재하는 사회가 비상식적인 사건을 낳을 뿐이
다."(노명우《세상물정의 사회학》, 26쪽) 우리는 현재의 제도를 당연하게
생각하는 경향이 있어. 이는 현재의 제도가 우리가 경험하는 유일
한 제도라는 점에서 기인한 착각이지. 그러나 현대사회를 지배하는

경제 질서, 즉 시장경제는 역사상 유일한 경제 형태가 아니야. 완전 무결한 경제 형태는 더더욱 아니고. 그것이 효율성의 측면에서 다른 경제 시스템보다 뛰어날지 몰라도, 효율성이 절대적 가치가 될 순 없지. 더구나 경제적 효율성이 사회나 공동체에 늘 이로운 것도 아니야.(지구촌 곳곳에서 생산 단가를 줄인다는 명목 아래 기업이 노동자를 착취하거나 환경을 파괴하는 일을 생각해 봐.)

인간을 움직이는 동기

'인간은 본래 이기적이고 경쟁적이며 자기 이익을 위해 타인을 희생시키는 존재다.' 기존의 경제학이 인간에 대해 가진 관점이야. 그런데 그 관점으로 설명되지 않는 현상들이 나타나고 있지. 2009년 마이크로소프트사는 무려 16년 동안이나 공들인 사업을 하루아침에 중단해야 했어. 16년 동안 공들인 사업은 바로 'MSN 엔카르타(Encarta)'라는 인터넷 백과사전이었지. 이 사업이 중단된 이유는 위키피디아(Wikipedia)의 출현 때문이었어. 위키피디아는 240여 년의 역사를 지닌 브리태니커 사전의 폐간에도 결정적인 영향을 미쳤지. 위키피디아는 네티즌들이 자발적으로 참여해 만드는 온라인 사전이야. 누구든지 지식과 정보를 올릴 수 있고, 이미 등록된 지식과 정보를 수정·보완할 수 있지. 위키피디아는 인터넷을 능숙하게 사용하며 자란 세대가 공동의 이익을 위해 자신의 지식과 전문성, 심지어 재화까지도 다른 이들과 나눌 수 있다는 명백한 증거야.

'구텐베르크 프로젝트(Project Gutenberg)'라는 것도 있지. 이 프로젝트는 전 세계에서 저작권이 만료된 책 수만 권을 무료로 제공하는 사업이야. 이 프로젝트에 참여하는 사람들은 저작권이 만료된 책들을 전자책 형태로 공유하지. 오늘날 널리 대중화된 e-BOOK도 사실은 구텐베르크 프로젝트에서 시작되었어. 사이트에 전자책을 올리기 전에 원본이 오래돼서 글자가 흐릿하거나 불분명한 것을 교정하고, 최소한 두 명 이상이 교차 검증을 거쳐 내용을 확인하지. 구텐베르크 프로젝트에 참여하는 이들은 서로 전혀 모르는 사이야. 그런데도 이들은 더 많은 책을 공유하기 위해 협력하지. 전 세계에서 수천 명의 사람들이 기꺼이 자신의 시간을 들여 가며 인류 공동의 지식 창고를 짓는 데 헌신하고 있는 거야.(알렉스 스테픈《월드체인징》참고)

예전에는 사람들이 아무런 대가도 없이 자기 시간과 노력을 들여서 무언가를 생산할 수 있을 거라고 상상하기 어려웠지. 자원봉사를 제외하면 말이야. 그러나 오늘날에는 다양한 분야에서 이런 일들이 가능해지고 있어. 대표적인 예로 '오픈 소스(공개 소프트웨어)'를 들 수 있겠지. 오픈 소스는 소프트웨어 등을 어떻게 만들었는지 알 수 있도록 하는 프로그래밍 설계지도인 소스코드를 무료로 공개·배포하는 거야. 오픈 소스로 가장 대표적인 것이 리눅스(Linux) 운영체제지. 리눅스 운영체제는 누구나 무료로 이용할 수 있고, 공개된 소스코드를 바탕으로 프로그램을 마음대로 수정·개선할 수 있어. 아마도 대부분의 사람이 컴퓨터 운영체제 하면 리눅스보다 윈도우를 먼저 떠올릴 거야. 그러나 전 세계적으로 PC(개인용 컴퓨터)를 제외하면 슈퍼컴퓨터, 서버 등에서는 리눅스의 영향력이 상당하지. 일례로 전 세계에서 가장 빠른 슈퍼컴퓨터 500대 중 485대가 리눅스 기반의 컴퓨터라고 해.

미국 MIT대학 경영학과의 카림 라카니 교수가 오픈 소스 개발자 684명을 조사한 바에 따르면, 이들은 소스를 공개하는 활동의 동기로 크게 세 가지를 중요하게 꼽았어. 첫째 일할 때 느끼는 몰입과 즐거움, 둘째 사회에 대한 책임감, 셋째 경제직인 보상. 다시 말해 보수나 인정 같은 보상도 중요하지만, 일 자체의 즐거움과 봉사한다는 자부심이 보상 못지않게 중요한 동기로 작용하는 거야.(다니엘 핑크《Drive(드라이브)》참고) 즐거움과 자부심(책임감, 의미 추구 등)은 자발성에 속하는 내적 동기지. 반면에 보수, 권력, 명예 등은 외적 동기에 가깝겠지. 그렇다면 인간에게 내적 동기인 자발성과 외적 동기인 보상 중 어느 것이 더 결정적으로 작용할까?

이와 관련된 실험이 있지.[7] 실험에서는 병원으로 아이들을 데려가서 노인 환자를 돌보도록 했어. 봉사 활동을 끝내고 절반의 아이들에게는 장난감을 선물로 주고, 나머지 절반에게는 아무런 보상 없이 칭찬만 해 주었어. 그러고 나서 아이들에게 봉사를 다시 할 생

---

7 이스라엘에서도 비슷한 실험이 이루어졌다. 이스라엘에서는 매년 기부의 날이 되면 학생들이 돌아다니면서 기부금을 모금한다. 그런데 이러한 활동에 금전적인 대가를 지불하면 동기가 더 부여될지 실험해 봤다. 학생들을 세 그룹으로 나눈 후에 A그룹에게는 기부 활동의 중요성만 설명해 주고, 나머지 B그룹과 C그룹에게는 같은 설명을 한 다음에 B그룹에게는 모금액의 1퍼센트를, C그룹에게는 10퍼센트를 수고비로 제안했다. 그 결과 A그룹 학생들이 모은 기부금은 B그룹과 비교해서 55퍼센트나, C그룹과 비교해서는 9퍼센트가 더 많았다. 여기서 금전적인 보상이 오히려 활동 의욕을 꺾었음을 확인할 수 있다.(최현석《인간의 모든 동기》참고) "(경제적) 유인책이 창의성을 파괴한다." 《제3의 물결》을 쓴 앨빈 토플러와 함께 세계적인 미래학자로 꼽히는 다니엘 핑크가 한 말이다. 여기에서 창의성을 자발성으로 바꾸면 이 상황에 딱 들어맞는 표현이 된다.

각이 있는지 물었지. 놀랍게도 장난감을 받은 아이들은 44퍼센트만이 긍정적으로 대답한 반면, 아무것도 받지 않은 아이들은 100퍼센트 전원이 긍정적으로 대답했어. 우리는 경제적 보상 같은 유인책이 인간을 움직이는 유일한 동기라고 생각하지만, 사실 인간을 움직이는 동기는 경제적 보상 말고도 많이 있어. 그리고 때로는 다른 동기들이 경제적 보상보다 더 중요하게 작용하지.

일찍이 아리스토텔레스는 인간을 사회적 동물로 정의했지. 아리스토텔레스가 옳았어. 인간은 경제적 동물인 동시에 사회적 동물이야. 경제사학자 칼 폴라니가 적절히 지적한 것처럼, 인간은 오직 경제적 동기에서만 행동하는 건 아니지. 인간을 움직이는 동기는 매우 복합적이야. 경제적 동기는 다른 강력한 동기들과 함께 작용할 때가 많지. 가령 사회적 선의, 연대의식, 인정욕구 등이 경제적 동기와 결합할 수 있어. 다만 사회와 학교가 그러한 사실을 적극적으로 알려 주고 가르치지 않을 뿐이지. 그러다 보니까 우리가 사회적 존재라는 사실을 망각하며 살아가는 거야. 사회적 존재라는 사실을 알려 주고 사회적 존재로 살아갈 기회를 줘야 비로소 사회적 존재로 살아가지 않을까? 사람은 누구나 잘할 기회를 주고 북돋울 때 잘할 수 있는 법이야.

공동체를 복원하자

> "나는 나처럼 끔찍한 괴물을 본 적이 없으며,
> 나처럼 놀라운 기적을 본 일도 없다."
>
> ─몽테뉴

경쟁은 공존을 죽인다

우리에게 필요한 합리성은 '사회'를 고려하는 합리성이야. 당장의 이익만 따진다면 더 많은 돈을 벌 수 있는 일을 추구하는 게 나을지도 몰라. 그러나 보다 멀리 생각하면, 당장의 이익보다 장기적인 이익을 추구하는 게 모두에게 이로울 때도 많지. 나만 이로운 게 아니라 모두에게 말이야. 이 점이 우리가 기억해야 할 '사회적 합리성'의 비밀이지. 그렇기에 앞에서 살펴본 협력의 지혜를 명심할 필요가 있어. 4장에서 언급한 인도의 마을 기억하지? 서로 대화하고 협력하지 않아서 파종이 늦어지고 수확량이 줄어들었던 팔란푸르 마을 말이야.

모두가 협력하려면 무엇보다 원활한 소통이 중요해. 집단의 크기가 작을 때는 (실제로 소통되느냐 안 되느냐를 떠나서) 물리적인 소통의 문제는 없지만, 집단이 커지면 소통 자체가 어려워지지. 사회를 이루는 수많은 사람이 한자리에 모여서 대화하기가 힘드니까. 그렇지만 우리는 인터넷이라는 소통의 공간을 가지고 있지. 더 나은 세상을 꿈꾸는 사람들이 인터넷을 매개로 자유롭게 생각을 나누고 행동을 공유한다면 사회적 합리성에 조금은 더 가까워지지 않을까?

지난 2011년에 튀니지를 비롯해 이집트, 리비아 등에 민주화 혁명(일명 '자스민 혁명')이 일어났어. 2014년에도 홍콩에서 민주화를 요구하는 시위(일명 '우산 혁명')가 벌어졌지. 서로 다른 시간과 장소에서 벌어진 일들이지만, 이들 혁명에는 공통점이 하나 있어. 바로 인터넷이야. 자스민 혁명에서는 '페이스북'이, 우산 혁명에서는 '파이어챗'이 통제된 언론을 대신해 시민들의 눈과 귀가 되어 주었어. 덕분에 시민들은 기성 언론이 알려 주지 않는 정보를 서로 공유하며 혁명의 불길을 이어 갈 수 있었지.

소통과 더불어서 연대의식과 사회의식도 중요하지. 주변의 작은 공동체 속에서 연대의식과 사회의식을 길러야 해. 사회란 너무 커다란 공동체라 마치 우리를 모래알처럼 흩어진 개인으로 착각하게 만들어. 그래서 타인과 협력하면서 사회적 가치를 추구하는 것을 어렵게 하지. 뿐더러 현대사회에서 사람들 사이의 연결 고리는 점점 더 약해지고 있어. 거대한 도시 안에서 타인과 친밀한 관계를 맺기란 사실상 매우 어렵지. 특히, 짧은 시간에 급격한 근대화를 이룬 한국 사회에서는 더욱 그렇지.

앞에서 언급했듯이 2015년 OECD가 발표한 〈2015 삶의 질 (How's Life?)〉 보고서에 따르면, 필요할 때 도움을 받을 수 있는 친척이나 친구가 있는지를 묻는 질문(공동체 지수)에 한국인들은 72퍼센트만이 긍정적으로 응답했어. 이는 OECD에서 꼴찌에 해당하는 수치였지. OECD 평균은 88퍼센트였거든. 아이슬란드, 아일랜드, 스위스가 96퍼센트로 공동 1등, 덴마크, 핀란드, 스페인 등이 95퍼센트로 그 뒤를 이었어. 연대의식이 무너지고 공동체가 붕괴하는 자리에 '각자도생各自圖生의 지옥'이 펼쳐지고 있지. 즉, 각자 알아서 자기 생존을 모색하는 사회인 거야.

우리는 열심히 경제를 성장시켜서 각자가 잘살면 된다고 철석같이 믿고 살아왔어. 그래서 지금까지 '경제만 성장하면 된다'를 상식처럼 여겼지. 그런데 경제가 성장한 만큼 우리의 삶이 나아졌을까? 1970~80년대의 고도성장기에는 어느 정도 그랬지. 그러나 지금은 상황이 달라졌어. 일례로 경제가 성장해도 고용은 늘어나지 않지. 갈수록 그렇지. '취업 유발 계수'라는 게 있어. 10억 원 생산할 때 생기는 일자리 수를 나타내는 지표야. 수출이 10억 원 늘어서 창출되는 고용은 1990년 65.4명이었어. 그러다 2005년 10.8명으로, 2013년 7.8명으로 떨어졌지.(한국은행 〈2013년 산업연관표 작성 결과〉) 1990년에 비해 거의 10분의 1로 줄어든 거야. 즉, 경제가 성장해도 고용

은 줄어들지.[1]

불안정한 고용, 불안한 현재, 불투명한 미래. 갈수록 살기가 힘들어지지. 다들 젖 먹던 힘까지 짜내며 죽어라 달리지만, 삶은 늘 제자리를 맴돌 뿐이야. 더 나은 곳으로 가려면 어떻게 해야 할까? "다른 곳으로 가고 싶으면 아까보다 최소한 두 배는 더 빨리 달려야 해."《이상한 나라의 앨리스》에서 붉은 여왕이 한 말이야. 죽을힘을 다한 것보다 두 배 더 빨리 달려야 한다는 뜻이지. 한마디로 '노오력'(연애, 결혼, 출산, 취업 등을 포기할 수밖에 없는 젊은 세대에게 '노력이 부족하다', '더 노력하면 된다'고 말하는 기성세대를 향해, 아무리 노력해도 처지가 나아지지 않는 사회 현실을 풍자하는 신조어)이 부족하다는 말씀. 여왕님 말씀 따라 남녀노소 구분 없이 생존경쟁의 전쟁터로 뛰어들지. 그 결과가 '만인(萬人)에 대한 만인의 무한 경쟁'이겠지. 낙오되지 않기 위해 눈을 부라리며 서로 경쟁하는 거야. 이런 사회라면 공감과 연대와

---

1 '경제만 성장하면 좋아진다'로 상징되는 상식(이라는 이름의 맹신)이 우리 사회를 지배하는 동안 삶은 더욱 황폐해졌다. 2014년 기준으로 전체 임금 노동자 1877만 명 가운데 무려 852만 명에 달하는 비정규직이 그 증거다. GDP 역시 대표적인 맹신 혹은 미신이다. 들판에 서 있는 아름드리 느티나무의 값은 얼마일까? 경제학의 눈으로 보면 0원이다. 그 나무가 베어져 목재가 되지 않는 이상 말이다. 나무가 살아 있는 한 그 나무의 경제적 가치는 없다. 자동차가 많이 팔려도 GDP가 올라가지만, 교통사고가 증가해서 사망자가 늘어나도 GDP가 올라간다. 치료비, 자동차 수리비 등이 모두 GDP에 포함되기 때문이다. GDP는 풍요의 지표라기보다 누군가의 고통, 죽음까지도 게걸스레 집어삼키는 탐욕의 지표라 할 수 있다.
기존의 경제학은 죽음의 경제학인지도 모른다. 모든 살아 있는 것들이 죽음을 맞을 때만 경제적 가치가 생겨난다는 점에서 말이다. 그러나 살아 있는 나무는 우리에게 무한한 가치를 선물한다. 푸르른 나뭇잎의 싱그러움, 울긋불긋 물든 단풍의 아름다움, 나무가 뿜어내는 공기의 신선함 등은 가격을 매길 수 없는 가치를 지닌다. 세상의 많은 것들이 값싼 가격 아래 값비싼 가치를 숨기고 있다. GDP 같은 생산물 총액만으로는 경제를 올바르게 진단하기 어려운 이유다. 따라서 생산 활동이 사회에 전가하는 비용(대개의 생산 활동은 가족의 지원과 뒷받침을 받는다. 쉽게 말해, 가사활동이 생산 활동을 받쳐 준다. 그런데 기업은 노동자의 생산성을 높이는 데 기여한 가사활동에 아무 대가도 지불하지 않는다)이나 경제 활동에서 발생하는 비용(환경오염, 자원 고갈, 생태계 파괴 등)을 감안할 필요가 있다. 즉, 일종의 '사회적 회계'가 요구되는 셈이다.

협력과 공존은 불가능하지 않을까?

'섬'은 없다

1960년대 미국 펜실베이니아 주 로제토 마을을 조사하던 의사들은 신기한 사실을 발견했지. 이탈리아 이민자들로 구성된 마을 주민들이 비만인 데다 술과 담배를 즐기는데도 심장병 사망자가 거의 없다는 사실이었어. 또한 치매 환자나 중독자 발생률도 아주 낮았지. 이유를 추적해 보니, 친밀한 사회적 관계 덕분이었어. 마을에는 3대가 함께 사는 대가족이 많았고, 이웃들끼리는 사이가 가까웠지. 이처럼 공동체적 요인이 건강에 좋은 영향을 미치는 현상을 '로제토 효과'라고 불러. 로제토 마을은 심지어 경제 수준이 비슷한 다른 지역에 비해 대학 진학률도 훨씬 높았어. 범죄율은 제로였지. 친밀한 관계가 개인의 건강은 물론이고 마을의 안녕도 지켜 주었던 거야. 그러나 로제토의 기적은 오래가지 못했지. 마을이 개발되면서 공동체가 붕괴하기 시작했거든. 주머니는 두둑해졌는지 몰라도, 건강과 유대와 안정은 깨지고 말았지. 심장병 사망률이 가파르게 상승해 1970년에는 1940년보다 두 배 가까이 늘어났어.

아인슈타인은 이렇게 말했어. "사람은 자신의 존재, 자신의 생각과 감정이 타인과는 무관하다고 착각한다. 이 내면의 착시 현상은 감옥처럼 우리 시야를 좁혀 자기 자신의 욕망을 채우고 주변의 몇 명만 돌보게 한다." 여기서 '주변의 몇 명'이란 자기 가족이나 연인을 가리키지. 오직 자기 자신과 가족만 돌보는 각자도생의 삶인 셈이야. 그러나 인간은 서로가 서로를 의지하는 가운데 존재할 수 있어. "어느 누구도 섬이 아니야(No man is an island)."(존 던 〈기도서 17〉) 누구나 섬처럼 고립되어 있다고 느끼지만, 누구든 섬에서 탈출할 수 있어. 섬에서 탈출하는 방법은 간단하지. 다른 섬의 존재를 확인

하는 거야. 서로가 서로에게 연결되어 있다는 사실을 깨닫는 순간, 우리 삶은 훨씬 더 풍요로워질 수 있지.

사진은 개미들이 허공에다 일명 '개미 다리(ant bridge)'를 만들어서 건너는 광경이야. 개미 다리는 놀라운 비밀을 숨기고 있지. 얼핏 보면 개미 다리를 이루는 개미들은 서로를 붙잡은 채 고정되어 있고, 다리를 건너는 개미들만 부지런히 움직이는 것처럼 보이지. 그런데 과학자들의 연구에 따르면, 다리기 되어 주는 개미들 역시 끊임없이 움직인다고 해. 분주하게 움직이면서도 그 어떤 지지대도 없이 허공에 다리를 놓을 수 있다는 사실에서, 개미들의 조직력이 상상 그 이상임을 알 수 있지. 일반적으로 우리는 낱낱의 개미를 생명체로 생각하지만, 개미들은 무리 전체가 하나의 생명체처럼 움직이는 거야. 개미들은 낱낱이 하나의 생명이면서 동시에 전체가 커다란 생명이기도 하지. 즉, 무리 전체가 커다란 생명체인 셈이야. 그 커다란 생명체에서 떨어져 나온 낱낱의 개미는 생명체로서 온전히 살아가기 어렵지.

과학자 장회익은 이를 낱생명과 온생명의 관계로 설명했어. 낱낱의 개미가 낱생명이고 개미 무리가 온생명이지. 무리에서 떨어져 나온 낱낱의 개미가 제대로 살아갈 수 없듯이, 낱생명은 온생명 없이는 존재할 수 없어. 우리는 각각의 개체가 독립적으로 존재한다고 생각하지만, 그건 어디까지나 우리의 착각이야. 시선을 조금만 더 넓혀 보면, 온생명이라는 대지 위에 낱생명이 뿌리내리고 있음을 깨닫게 되지. 낱생명과 온생명의 관계를 더 확장하면 지구에서 살아가는 모든 생명체를 낱생명으로, 지구를 거대한 온생명으로 이해할 수 있어. 지구라는 생명의 터전이 없다면, 그 안에서 살아가는 생명체도 없을 테니까. 가장 큰 온생명이 바로 지구야. 이처럼 생명은 거대한 그물처럼 얽혀 있지.

모든 생명체는 모래알이 아니라 물방울이야. 모래알은 다른 모래알과 부딪히면 튕겨 나가지만, 물방울은 서로 스미고 섞이지. 인간도 마찬가지야. 인간은 저 홀로 존재하는 것 같아도, 실제로는 '관계' 없이 존재할 수 없지. 한마디로 인간은 관계 속의 존재야. 인간의 한자어를 보아도 알 수 있지. '人間'에 사이 간間 자가 들어 있잖아. 즉, 인간은 어디까지나 '사이-존재'인 셈이야. 무릇 사람이란 사람과 사람 사이의 관계에 기대어 존재하지. 인간의 삶은 서로에게 빚지지 않고서는 단 한순간도 유지될 수 없어. 타인은 나의 '존재 조건'이야. 영화 〈어바웃 어 보이〉(2002)에는 앞서 인용한 존 던의 시구를 풀어 쓴 이런 대사가 나오지. "어떤 사람도 섬이 아니다. 섬이라 하여도 그것은 줄지어 늘어서 있는 열도列島의 일부이고, 모든 열도는 바다 밑에서 연결돼 있다."

〈월-E〉(2008)라는 애니메이션을 보면, 미래의 인류는 인공지능과 자동화된 시스템에 완전히 장악된 채로 안마의자 비슷한 1인용 자동차에 앉아서 살아가지. 1인용 자동차에 앉은 채 먹고 자고 이동해. 여기서 1인용 자동차는 미래 인류의 불구성과 고립성을 상징하고 있어. 대화도 화상채팅을 통해서만 이루어지지. 심지어 대화하는 두 사람이 바로 옆에 있는데도 화면을 보고 이야기할 정도야. 인터

넷이나 SNS에 매몰된 현대인의 모습을 다소 과장되게 표현한 설정이지. 그런데, 어느 날 인공지능이 갑자기 오작동을 일으키면서 사람들이 자동차에서 떨어지게 돼. 그 순간 아무도 예상치 못한 일이 벌어지지. 자동차에서 벗어난 사람들이 손을 맞잡자 놀라운 변화가 일어난 거야. 접촉의 신비로움과 함께 사람들은 인공지능의 지배에서 벗어나게 되지. 지배에 대한 일종의 반란인 셈이야.

우리에게도 반란이 필요하지. 각자도생에서 벗어나 상리공생[2]의 반란을 일으켜야 해. 그러려면 '경제만 성장하면 된다'거나 '나만 잘살면 된다'는 생각에서 벗어나 다른 해법을 찾아야겠지. 이 책에서 미처 다루진 못했지만, 복지 정책과 사회 서비스의 확대를 통해 꽉 막힌 한국 사회의 돌파구를 마련해야 해. 우리는 복지를 비용으로 생각하는 경향이 있는데, 복지는 버리는 돈이 아니라 미래를 위한 투자야. 출산, 보육, 교육, 실업, 일자리 등에 대한 지원은 사회 공동체의 건강성을 유지시키지. 이러한 방법들은 4장에서 다룬 협력과 연대, 5장에서 강조한 실질적 기회 균등, 6장에서 논의한 개인적 합리성을 넘어선 사회적 합리성 등과도 밀접히 관련되지. 자기 삶을 제대로 건사할 수 없는 사회에서 남을 돌볼 여유를 기대하긴 어렵겠지. 사회가 누구나 자기 삶을 온전히 지켜 낼 수 있도록 도와야 해. 복지가 바로 그중 한 방법이지. 복지는 국가가 베푸는 특별한

---

2 상리공생은 공생의 한 양식이다. 개미와 진딧물 등에서 볼 수 있듯이 서로에게 이익을 주는 공생이다. 참고로, 상리공생 말고 편리공생도 있다. 편리공생은 공생자 한쪽만 이익을 보고 다른 쪽은 특별히 이익이나 불이익을 받지 않는 관계를 뜻한다.

시혜가 아니라 시민이 누려야 할 당연한 권리야.

오병이어의 기적

접촉과 연대와 협력과 공존이 가능하려면 사고나 행동을 피부에 와 닿는 작은 공동체에서 시작할 필요가 있어. '던바의 법칙'이라는 게 있지. 영국 옥스퍼드대학의 로빈 던바 교수가 침팬지 등 영장류 30종을 대상으로 연구한 결과, 복잡한 사고를 담당하는 뇌 영역(대뇌 신피질)이 발달할수록 관계를 맺는 집단의 크기가 커진다는 사실을 발견했어. 이를 바탕으로 던바 교수는 인류가 평균 150명과 관계를 맺는다고 추론했지. 즉 인간의 뇌가 같은 편으로 인식하고 기억할 수 있는 무리의 규모는 150명 안팎이라는 거야. 던바 교수는 이를 실제로 확인하기 위해 호주, 뉴기니, 그린란드 등에서 원시부족 마을을 조사했지. 이를 통해, 자연부락의 평균 규모가 150명 내외라는 사실을 확인했어. 인간 두뇌의 생물학적 조건과 인류학적 증거가 모두 '150'이라는 숫자를 뒷받침하는 거야. 150명이 넘어가면 두뇌의 한계 때문에 사람들을 제대로 기억하고 파악해서 관계 맺지 못하지.(로빈 던바 《발칙한 진화론》, 32~37쪽 참고)

이와 관련해 《성경》에 나오는 오병이어(다섯 개의 떡과 물고기 두 마리)의 기적은 우리에게 시사하는 바가 크지.[3] 어느 날 군중이 예수에게 몰려들어 말씀을 듣다 보니 날이 어둑해졌어. 저녁 먹을 때가

---

3 이 이야기는 〈마태복음〉 14장 14~21절, 〈마가복음〉 6장 35~44절, 〈누가복음〉 9장 12~17절, 〈요한복음〉 6장 5~14절 등에 기록되어 있다.

지났지만 준비된 음식은 하나도 없었지. 배고픈 군중을 안타깝게 여긴 예수는 제자들에게 먹을 것을 주라고 명했어. 그런데 5천 명에 이르는 군중을 먹일 만한 게 당장 마땅히 없었지. 그래서 제자들은 "떡을 사다가 먹일까요?"라고 물었어. 말하자면 제자들의 해결책은 '돈'이었던 셈이야. 제자들은 공동체 안에서가 아니라 밖에서 해결책을 찾았던 거지. 그러자 예수는 다른 대안을 제시했어. 예수는 "지금 먹을 것이 얼마나 있냐?"고 제자들에게 물었지. 제자들이 급히 수소문한 끝에, 한 아이가 내놓은 보리떡 다섯 개와 물고기 두 마리를 구할 수 있었어. 그리고 기적이 일어났지. 떡 다섯 개와 물고기 두 마리로 5천 명이 배불리 먹는 기적이 말이야.

이 일화는 무에서 유가 생겨난 기적이 아니라 공동체가 만든 기적으로 해석할 수 있지. 예수의 역할은 공동체 안에서 기적이 일어날 수 있는 환경을 조성한 거야. 5천 명이 하나의 무리일 때는 서로가 서로에게 익명적일 수밖에 없어. 즉 5천 명이 뒤섞여 있으면 하나의 공동체에 속해 있다고 느끼기 힘들지. 그런데 예수는 5천 명을 50~100명 단위의 작은 무리로 나눠서 앉게 했어.[4] 이렇게 작은 무리가 만들어지면 얼굴을 마주한 공동체가 비로소 가능해지지. 옆사람과 인사도 나누고 안부도 물으면서 익명적 관계에서 좀 더 친근한 관계로 발전할 수 있거든. 공동체 안에서 작은 나눔(보리떡 다섯

---

4 일찍이 토머스 모어도 《유토피아》에서 풀뿌리 민주주의의 단위(토머스 모어는 "지방행정 조직"이라고 표현했다)를 제시하면서 30세대를 언급하기도 했다. "30세대가 모여 식사를 하는"(128쪽), "30세대를 한 단위로 나누어 관리하면서 매해마다 공무원을 한 명씩 선출"(114쪽) 등의 표현이 그것이다. 1세대를 4~5명으로 잡으면 30세대는 대략 120~150명이 된다.

개와 물고기 두 마리)은 마중물(말라 있는 펌프에서 물을 끌어올리기 위해 붓는 물)이 되어 저마다 꼭꼭 숨겨 둔 식량을 꺼내게 만들었지. 사람들은 같은 공동체에 속한다고 생각하게 되면 이것저것 따지며 계산하지 않잖아. 즉, 자기가 가진 것을 조건 없이 내놓잖아.

가장 작고 친밀한 공동체인 식구를 떠올려 봐. 식구라는 말은 같이 밥을 나눠 먹는 공동체를 뜻하지. 그래서 '밥상 공동체'라는 말도 있어. 집에서 식사를 하면서 아무도 돈을 내진 않잖아. 《대지》의 작가 펄 벅은 이렇게 말했지. "가정은 나의 대지다. 나는 거기서 정신적인 영양을 섭취하고 있다." 가정은 입에다 먹여 주기도 하지만, 정신적으로도 먹여 주는 셈이야. 우리는 가족과 함께 밥을 먹으면서 사람의 정과 온기를 나누지. 예수가 하라는 대로 빙 둘러앉은 사람들은 식구가 된 것처럼 그렇게 각자가 지닌 것들을 꺼내서 함께 나눠 먹기 시작했겠지. 오병이어의 기적은 그렇게 탄생했을 거야. 매일이 기적 같은 천국이란 저 멀리가 아니라 아주 가까이에 있는지도 몰라. 바로 우리 안에 말이야.

영국의 경제학자 에른스트 슈마허가 《작은 것이 아름답다》에서 누누이 강조한 것도 바로 이 점이지. 이 책에서 슈마허는 소규모 경제론과 지역 공동체의 중요성을 강조했어. 고도화된 기술과 거대 자본이 투입되면 이윤은 늘어나지만 전통이 파괴되지. 여기서 전통은 단순히 전통 문화만을 가리키는 게 아니라 전통적 관계, 전통적 공동체 등을 두루 포함한다고 이해하면 돼. 또, 고도화된 기술과 거대 자본은 큰 이윤을 창출하지만, 그 대부분은 소수에게 집중되지.

그런 점에서 슈마허는 지역 공동체 안에서 활용할 수 있고, 거대 자본이 아니라 소규모 자본으로 세운 작업장에서 활용할 수 있는 기술을 강조했어. 슈마허는 이것을 '중간 기술'이라 칭했는데, 어쨌든 중요한 것은 중간 기술이 지역 공동체 안에서 다뤄진다는 점이야.

우리는 공동체를 살려야 해. 주변에 믿을 만한 이웃이 있다면, 급하게 외출할 때 아이를 돌봐 달라고 맡길 수 있겠지. 당연히 아기 놀보기 서비스를 이용하지 않아도 될 거야. 사설 경비업체의 도움을 빌릴 필요도 없겠지. 로제토 마을의 범죄율이 제로였던 것도 그 때문이야. "인간은 기대를 걸기에는 너무 단순하고, 포기를 하기에는 너무나 복잡한 존재"(박민규《죽은 왕녀를 위한 파반느》, 328쪽)일지도 몰라. 우리 앞에 '기대'와 '포기'라는 두 갈래 길밖에 없다면, 우리가 선택할 길은 '기대'여야 해. 우리는 결코 포기해선 안 돼.《안네의 일기》의 마지막 일기에는 "내가 꿈을 버리지 않는 이유는 인간이 결국 선하다는 것을 믿기 때문"이라고 쓰여 있지. 안네가 그랬던 것처럼 우리도 인간의 내면에 깃든 선함의 씨앗을 믿을 필요가 있어. 우리가 믿고 실천한다면 언젠가 그 씨앗은 아름다운 꽃을 피워 낼 거야. 그러면 세상도 그만큼 더 아름다워지겠지.

《가라앉은 자와 구조된 자》 프리모 레비 지음, 이소영 옮김, 돌베개, 2014

《가족 부활이냐 몰락이냐》 프랑크 쉬르마허 지음, 장혜경 옮김, 나무생각, 2006

《감정 독재》 강준만 지음, 인물과사상사, 2013

《거짓말하는 착한 사람들》 댄 애리얼리 지음, 이경식 옮김, 청림출판, 2012

《검은 피부, 하얀 가면》 프란츠 파농 지음, 노서경 옮김, 문학동네, 2014

《경쟁의 종말》 로버트 프랭크 지음, 안세민 옮김, 웅진지식하우스, 2012

《경제를 읽는 기술 HIT》 고영성 지음, 스마트북스, 2011

《고독한 군중》 데이비드 리스먼 지음, 이상률 옮김, 문예출판사, 1999

〈고령화에 따른 노년 부담과 시사점〉 현대경제연구원, 2014

《교사, 가르고 치다》 김준산 시음, 네시간, 2012

《괴짜 심리학》 리처드 와이즈먼 지음, 한창호 옮김, 웅진지식하우스, 2008

《국가는 왜 실패하는가》 대런 애쓰모글루 외 지음, 최완규 옮김, 시공사, 2012

《군대를 버린 나라》 아다치 리키야 지음, 설배환 옮김, 검둥소, 2011

《권위에 대한 복종》 스탠리 밀그램 지음, 정태연 옮김, 에코리브르, 2009

《그들이 말하지 않는 23가지》 장하준 지음, 김희정 외 옮김, 부키, 2010

《그리운 친구여》 프란츠 카프카 지음, 서용좌 옮김, 아인북스, 2011

《나는 왜 쓰는가》 조지 오웰 지음, 이한중 옮김, 한겨레출판, 2010

《나만 모르는 유럽사》 역사교육자협의회 지음, 양인실 옮김, 모멘토, 2004

《내 마음을 읽는 28가지 심리실험》 로터트 에이벌슨 외 지음, 김은영 옮김, 북로드, 2013

《내 마음속 1인치를 찾는 심리실험 150》 세르주 시코티 지음, 윤미연 옮김, 궁리, 2006

《내 머릿속에선 무슨 일이 벌어지고 있을까》 김대식 지음, 문학동네, 2014

《내 안의 유인원》 프란스 드 발 지음, 이충호 옮김, 김영사, 2005

《넛지》 리처드 탈러 외 지음, 안진환 옮김, 리더스북, 2009

《누가 내 생각을 움직이는가》 노리나 허츠 지음, 이은경 옮김, 비즈니스북스, 2014

《눈치 보는 나, 착각하는 너》 박진영 지음, 시공사, 2013

《당신의 고정관념을 깨뜨릴 심리실험 45가지》 더글라스 무크 지음, 진성록 옮김, 부글북스, 2007

《당신의 이성을 마비시키는 그럴듯한 착각들》 실뱅 들루베 지음, 문신원 옮김, 지식채널, 2013

《당신의 감정, 판단, 행동을 지배하는 착각의 심리학》 데이비드 맥레이니 지음, 박인균 옮김, 추수밭, 2012

《대지의 저주받은 사람들》 프란츠 파농 지음, 남경태 옮김, 그린비, 2010

《대한민국 몰락사》 강인규 지음, 오마이북, 2016

《도덕적 인간은 왜 나쁜 사회를 만드는가》 로랑 베그 지음, 이세진 옮김, 부키, 2013

〈도시와 마을을 보는 문인들의 상상력〉 이문재(제9회 도시인문학세미나 발표문)

《드라이브》 다니엘 핑크 지음, 김주환 옮김, 청림출판, 2011

《디지털 미디어의 이해》 김주환 지음, 생각의나무, 2008

《루시퍼 이펙트》 필립 짐바르도 지음, 임지원 외 옮김, 웅진지식하우스, 2007

《마음의 시계》 엘렌 랭어 지음, 변용란 옮김, 사이언스북스, 2011

《만들어진 생각, 만들어진 행동》 애덤 알터 지음, 최호영 옮김, 알키, 2014

《망가뜨린 것, 모른 척한 것, 바꿔야 할 것》 강인규 지음, 오마이북, 2012

《말이 세상을 아프게 한다》 오승현 지음, 살림Friends, 2011

《무엇이 행동하게 하는가》 유리 그니지 외 지음, 안기순 옮김, 김영사, 2014

〈부모의 소득 계층과 자녀의 취업 스펙〉 한국직업능력개발원, 2013

《부의 기원》 에릭 바인하커 지음, 안현실 외 옮김, 랜덤하우스코리아, 2007

《발칙한 진화론》 로빈 던바 지음, 김정희 옮김, 21세기북스, 2011

《불확실한 상황에서의 판단》 다니엘 카네만 지음, 이영애 옮김, 아카넷, 2010

《비합리성의 심리학》 스튜어트 서덜랜드 지음, 이세진 옮김, 교양인, 2008

《사람은 왜 서로 도울까》 정지우 지음, 낮은산, 2015

《사회를 보는 논리》 김찬호 지음, 문학과지성사, 2001

《삶과 온생명》 장회익 지음, 솔, 1998

《상식 밖의 경제학》 댄 애리얼리 지음, 정석훈 옮김, 청림출판, 2008

《상식의 배반》 던컨 와츠 지음, 정지인 옮김, 생각연구소, 2011

《상호부조 진화론》 피트르 크로포트킨 지음, 구자옥 외 옮김, 한국학술정보, 2008

《생각에 관한 생각》 대니얼 카너먼 지음, 이진원 옮김, 김영사, 2012

《생각의 오류》 토머스 키다 지음, 박윤정 옮김, 열음사, 2007

《서른 살이 심리학에게 묻다》 김혜남 지음, 갤리온, 2008

《설득의 심리학 1》 로버트 치알디니 지음, 이현우 옮김, 21세기북스, 2002

《세상물정의 사회학》 노명우 지음, 사계절, 2013

《세상에서 가장 무서운 싸움》 김승희 지음, 세계사, 1999

《소비의 사회》 장 보드리야르 지음, 이상률 옮김, 문예출판사, 1992

《소유냐 존재냐》 에리히 프롬 지음, 차경아 옮김, 까치, 1996

《소유의 역습, 그리드락》 마이클 헬러 지음, 윤미나 옮김, 웅진지식하우스, 2009

《쉬나의 선택 실험실》 쉬나 아이엔가 지음, 오혜경 옮김, 21세기북스, 2010

《스마트한 생각들》 롤프 도벨리 지음, 두행숙 옮김, 걷는나무, 2012

《스마트한 선택들》 롤프 도벨리 지음, 두행숙 옮김, 걷는나무, 2013

《스키너의 심리상자 닫기》 김태형 지음, 세창미디어, 2007

《스키너의 심리상자 열기》 로렌 슬레이터 지음, 조증열 옮김, 에코의서재, 2005

〈시험형 인간으로 살아가기〉 최선주 외《아시아교육연구》 2012년 13권 1호)

《심리 상식 사전》 마테오 모테를리니 지음, 이현경 옮김, 웅진지식하우스, 2009

《심리학 나 좀 구해줘》폴커 키츠 외 지음, 김희상 옮김, 갤리온, 2013

《아우슈비츠의 여자들》캐롤라인 무어헤드 지음, 한우리 옮김, 현실문화, 2015

《아웃라이어》말콤 글래드웰 지음, 노정태 옮김, 김영사, 2009

《아Q정전·광인일기》루쉰 지음, 정석원 옮김, 문예출판사, 2006

《앨 고어, 우리의 미래》앨 고어 지음, 김주현 옮김, 청림출판사, 2014

《오늘, 우리는 감옥으로 간다》신시아 Y. 레빈슨 지음, 박영록 옮김, 낮은산, 2013

《오락가락, 선택은 어려워》오형규 지음, 자음과모음, 2013

《온생명과 환경, 공동체적 삶》장회익 지음, 생각의나무, 2008

《왕따와 금메달》이득재 지음, 우물이있는집, 2012

《왜 똑똑한 사람이 어리석은 결정을 내릴까》마이클 보부신 지음, 심성수 옮김, 청림출판, 2010

《왜 우리는 불평등을 감수하는가?》지그문트 바우만 지음, 안규남 옮김, 동녘, 2013

〈외국인보호소 실태조사 결과 보고서〉대한변호사협회, 2015

《우리는 왜 이렇게 사는 걸까?》강준만 지음, 인물과사상사, 2014

《우리 안의 그들, 역사의 이방인들》이희근 지음, 너머북스, 2008

《우리와 그들, 무리짓기에 대한 착각》데이비드 베레비 지음, 정준형 옮김, 에코리브르, 2007

《유토피아》토머스 모어 지음, 권혁 옮김, 돋을새김, 2006

《월드체인징》알렉스 스테폰 지음, 김명남 외 옮김, 바다출판사, 2009

《위험한 생각 습관 20》레이 허버트 지음, 김소희 옮김, 21세기북스, 2011

《위험한 호기심》알렉스 보즈 지음, 김명주 옮김, 한겨레출판, 2008

《이것은 왜 청춘이 아니란 말인가》엄기호 지음, 푸른숲, 2010

《이기적 원숭이와 이타적 인간》마이클 토마셀로 지음, 허준석 옮김, 이음, 2011

《이상한 나라의 뇌과학》김대식 지음, 문학동네, 2015

《이상한 나라의 이상한 생각들》오승현 지음, 낮은산, 2015

《이타적 인간의 출현》최정규 지음, 뿌리와이파리, 2009

《이타주의자가 지배한다》슈테판 클라인 지음, 장혜경 옮김, 웅진지식하우스, 2011

《인간의 두 얼굴》EBS〈인간의 두 얼굴〉제작팀 지음, 지식채널, 2010

《인간의 모든 동기》최현석 지음, 서해문집, 2014

《인간의 유래 1》찰스 다윈 지음, 김관선 옮김, 한길사, 2006

〈일진에 속하면 덜 괴롭힐 것 같았어요〉이승연(《우리교육》2012년 여름호)

《자본주의 어디서 와서 어디로 가는가》로버트 하일브로너 외 지음, 홍기빈 옮김, 미지북스, 2010

〈자살 권하는 사회〉이동연(《문화과학》2013년 여름호)

《작은 것이 아름답다》에른스트 슈마허 지음, 이상호 옮김, 문예출판사, 2002

《정의론》존 롤즈 지음, 황경식 옮김, 이학사, 2003

《정희진처럼 읽기》정희진 지음, 교양인, 2014

《종자, 세계를 지배하다》KBS 스페셜 〈종자, 세계를 지배하다〉 제작팀 지음, 시대의창, 2014

《죽은 왕녀를 위한 파반느》박민규 지음, 예담, 2009

《즐거운 일상을 만드는 심리 실험 이야기》시부야 쇼조 지음, 이규원 옮김, 일빛, 2003

《질문하는 공부법, 하브루타》전성수·양동일 지음, 라이온북스, 2014

《착한 인류: 도덕은 진화의 산물인가》프란스 드 발 지음, 오준호 옮김, 미지북스, 2014

《천재를 이긴 천재들 2》이종호 지음, 글항아리, 2007

《철학에게 미래를 묻다》안광복 지음, 휴머니스트, 2012

《청소년을 위한 정신 의학 에세이》하지현 지음, 해냄, 2012

《타인만이 우리를 구원한다》자가예프스키 지음, 최성은·이지원 옮김, 문학의숲, 2012

《토요일의 심리 클럽》김서윤 지음, 창비, 2011

《파리대왕》윌리엄 골딩 지음, 유종호 옮김, 민음사, 1999

《판타스틱 개미지옥》서유미 지음, 문학수첩, 2007

《팝콘을 먹는 동안 일어나는 일》김선희 지음, 풀빛, 2011

《페이퍼 머니》애덤 스미스 지음, 노승영 옮김, W미디어, 2007

《페어 소사이어티》김태기 외 지음, 한국경제신문, 2011

《펭귄과 리바이어던》요차이 벤클러 지음, 이현주 옮김, 반비, 2013

《편향》이남석 지음, 옥당, 2013

《평등이 답이다》리처드 윌킨스 외 지음, 전재웅 옮김, 이후, 2012

《푸른 눈, 갈색 눈》윌리엄 피터스 지음, 김희경 옮김, 한겨레출판, 2012

《프랑켄슈타인》메리 셸리 지음, 김선형 옮김, 문학동네, 2012

《프레임》최인철 지음, 21세기북스, 2007

《한국 자본주의》장하성 지음, 헤이북스, 2014

〈학교 인터넷 따돌림 실태와 대책 방안〉이창호, 2014

《행동 경제학》도모노 노리오 지음, 이명희 옮김, 지형, 2007

《행복에 걸려 비틀거리다》대니얼 길버트 지음, 서은국 외 옮김, 김영사, 2006

《행복의 사회학》정태석 지음, 책읽는수요일, 2014

《협동의 경제학》정태인 지음, 레디앙, 2013

《환대받을 권리, 환대할 용기》이라영 지음, 동녘, 2016

《18세상》김성윤 지음, 북인더갭, 2014

〈2015 삶의 질(How's Life?)〉OECD, 2015(www.oecd.org/statistics/how-s-life-23089679.htm)

《21세기 자본》토마 피케티 지음, 장경덕 외 옮김, 글항아리, 2014

〈2013년 산업연관표 작성 결과〉한국은행, 2015

《3차 산업혁명》제러미 리프킨 지음, 안진환 옮김, 민음사, 2012

비행청소년 14

생각의 주인은 나

합리적이고 공정한 사회로 이끄는 사고 나침반

초판 1쇄 발행 2017년 6월 30일
초판 3쇄 발행 2019년 6월 27일

지은이 오승현 **그린이** 안병현
펴낸이 홍석 **전무** 김명희
책임편집 김재실 **디자인** 정계수
마케팅 홍성우·이가은·홍보람·김정선·정원경 **관리** 최우리

펴낸 곳 도서출판 풀빛 **등록** 1979년 3월 6일 제8-24호
주소 03762 서울특별시 서대문구 북아현로 11가길 12 3층
전화 02-363-5995(영업), 02-362-8900(편집) **팩스** 02-393-3858
홈페이지 www.pulbit.co.kr **전자우편** inmun@pulbit.co.kr

ISBN 978-89-7474-416-8 44190
ISBN 978-89-7474-760-2 44080 (세트)

이 책의 국립중앙도서관 출판시도서목록(CIP)은 서지정보유통지원시스템
홈페이지(seoji.nl.go.kr)와 국가자료공동목록시스템(www.nl.go.kr/kolisnet)에서
이용하실 수 있습니다.(CIP제어번호 : CIP 2017003822)

＊책값은 뒤표지에 표시되어 있습니다.
＊파본이나 잘못된 책은 구입하신 곳에서 바꿔드립니다.
KOMCA 승인 필